꿈풀이의 元祖

꿈해몽대백과

The Art of Dream Interpretation

꿈해몽대백과

초판   1쇄 발행일 1999년 01월 01일
       5쇄 발행일 2000년 01월 01일
       8쇄 발행일 2009년 01월 01일
개정판 2쇄 발헹일 2015년 01월 01일
개정2판 2쇄 발행일 2022년 01월 01일

원 저 주   공 周公
역 자 이 성 천 李成天
펴낸이 김 민 철
펴낸곳 문 원 북
디자인 황 지 영

등록번호 제 4-197호
등록일자 1992년 12월 5일
주   소 서울시 마포구 토정로 222 한국출판콘텐츠센터 422
대표전화 02-2634-9846 팩스 02-2365-9846
이 메 일 wellpine@hanmail.net
홈페이지 http://cafe.daum.net/samjai
ISBN 978-89-7461-410-2

꿈풀이의 元祖

꿈해몽대백과

문원북BOOK

역자의 말

　이 책의 원작자 주공(周公)은 이름이 단(丹)이고 시호(諡號)는 원(元) 입니 다. 그는 부친 주(周) 문왕(文王)과 형님 무왕(武王)을 도와 주(紂) 와 상(商) 을 멸망시키고, 이듬해 형님 무왕이 서거하자 나이 어린 조카 성왕(成王)을 도와 주(周) 왕실의 기초를 세우고 제도(制 度)와 예 악(禮樂)을 정하여 주 (周) 문화 발전에 매우 큰 공헌을 한 분입니다.

　더욱이 그가 문왕과 함께 창성(創成)하고, 후에 공자(孔子)가 보충하 여 완성된 역학(易學·易經·周易)은 세계적으로도 그 영향이 큽니다. 일 직이 조선 제 14대 임금 선조(宣祖)는 친리 명을 내려 〈주역〉을 한글 로 번역한 바, 그것이 바로 9권 5책으로 된 〈주역언해(周易諺解)〉입니 다. 1626년에는 또 라틴어로도 번역되어 서방까지 전파되었습니다.

본서 〈꿈해몽대백과〉는 주공이 우리 일상 생활에서 흔히볼수 있는 수천 가지의 꿈을 역학적 관점에서 그 길흉을 풀이한 것입니다. 이 책은 주 공이 역학 저작 중 비교적 영향이 큰 저서입니다. 현재 이 책은 중국 독자 들의 매우 큰 환영을 받고 있습니다.

제가 이 책을 한글로 옮겨 고국 동포들에게 이바지하는 뜻은 주 공의 해 몽이 여러분의 사업과 생활에 다소나마 도움이 되지 않을까 하는 바람에서 입니다.

己卯年 乙丑月
이성천

차례

11

1장

천天에 관한 꿈

하늘

● 낮 하늘을 본 꿈
재난과 불행이 닥칩니다.

● 밤하늘을 본 꿈
신체가 건강해집니다.

● 구름 한점 없는 푸른 하늘을 본 꿈
불행한 소식이 들려 올 것입니다.

● 달 밝은 밤하늘을 본 꿈
사랑이 성공합니다.

● 하늘이 어두컴컴한 꿈
재난이 닥칠 것입니다.

● 하늘에서 번개가 번쩍인 꿈
당신이 곤경에서 벗어나게 됩니다.

● 황혼을 본 꿈
큰 재난이 떨어질 흉조입니다.

● 하늘의 문이 열렸다가 닫힌 것을 본 꿈
연구하던 일의 결과를 얻거나 승진하게 됩니다.

● 뇌성과 함께 나타난 무지개를 본 꿈
은근히 걱정하고 있던 국가적인 일이 현실로 나타납니다.

● 공중에서 울리는 큰소리를 들은 꿈
국가적으로 좋지 않은 일이 일어납니다.

● 하늘이 무너지거나 두 갈래로 갈라져서 깜짝 놀랐던 꿈
인연을 맺고 있었던 사람과 헤어지거나 주위에서 좋지 않은 변화가
일어나 게 됩니다.

● 자신이 하늘에 오른 꿈
하는 일마다 순조로워서 성공을 하게 되며 명예도 따라서 많은 사람
들이 우 러러 볼 것입니다.

🍂 하늘의 문을 통해서 하늘로 들어간 꿈
생애 최고의 목적이 달성되며 명예로운 자리에 추대됩니다.

🍂 하늘에서 사람들의 음성이 들린 꿈
자신과 관련된 여러 가지 일들이 한꺼번에 발생할 것입니다.

천상계

(天上界, 하늘 위에 있다는 상상의 세계)

🍂 천상계에 올라갔거나 그곳에서 즐겁게 지낸 꿈
가난한 사람은 부자가 될 꿈이고, 부유한 사람은 많은 사람들의 존중을 받 게 될 꿈입니다. 자식이 없는 사람은 자식을 얻게 될 것입니다.

🍂 천상계에서부터 인간 세계로 내려 온 꿈
파직당하고 위신을 잃을 꿈자리입니다.

태양

🍂 아침 햇살이 비치는 꿈
이 꿈을 꾼 사람이 남자라면 운수가 좋고 생활이 행복할 것이고, 부인이라면 장차 걸출한 인물이 될 사내아이를 낳을 것입니다.

🍂 저녁노을이 비치는 꿈
이 꿈을 꾼 사람이 남자라면 액운에 부딪치겠지만, 기혼 여자가 이 꿈을 꿨다면 딸을 낳게 됩니다. 미혼 여자가 이 꿈을 꾸면 가난한 가정에 시집가게 됩니다.

🍂 정오의 태양을 본 꿈
꿈을 꾼 사람이 좋은 자리에 발탁될 꿈입니다. 이 꿈을 꾼 사람이 환자라면 건강이 차차 회복될 것이고, 죄수라면 오래지 않아 자유를 되찾게 됩니다. 가난한 사람이 이런 꿈을 꾸면 뜻밖의 금전과 재물을 얻게 됩니다.

● 태양이 갑자기 검은 구름에 덮여 버린 꿈
당신에게 재수 없을 날이 닥쳐 올 것입니다.

● 당신의 침실에 햇볕이 비친 꿈
당신이 병으로 앓아눕게 될 징조입니다.

● 햇볕이 방 안에 가득 찬 꿈
생활이 즐겁고 행복할 꿈입니다.

● 태양이 타는 듯 폭염을 내뿜는 꿈
당신에게 눈병이 생길 꿈입니다. 장사에서는 적자가 발생할 것이고,
여행자는 여행 중에 많은 곤란과 사고가 생길 것입니다.

● 뙤약볕 아래서 잠을 잔 꿈
곤경에 빠질 것이지만 나중에 성공하게 됩니다.

● 해가 두 쪽으로 갈라진 꿈
집안에 분열이 생기거나 자기와 관련된 단체 등에서도 분열이 생기
게 됩니다.

● 해를 단숨에 꿀꺽 삼켜 버린 꿈
어느 모임이나 단체에서 지도자의 자리에 앉게 됩니다.

● 해를 향해서 경건한 마음으로 절을 한 꿈
국가기관에 부탁할 일이 생기고 그 부탁이 받아들여져 어떤 이득을
취하게 됩니다.

● 두 해가 나란히 떠 있는꿈
어떤 일에 부딪히던 두 갈래의 길이 있으며 진행 방향도 마찬가지일
것입 니다.

● 떨어진 해를 받아서 안고 방으로 들어간 꿈
초년, 중년은 지극히 평범하나 노년에 부귀영화를 누리게 됩니다.

● 강에서 해가 떠오르는 것 같았는데 눈 깜짝할 사이에 중천까지 치솟아
있는 것을 본 꿈
모자가 이별을 하나 자식이 성공한 다음에 다시 만나게 됩니다.

◗ 해가 둥글지 않고 찌그러져 있는 꿈
현재 추진하고 있는 일에 발전이 없을 꿈입니다.

◗ 지구와 기타 별 무리가 태양을 둘러싸고 도는 꿈
건강, 장수할 좋은 징조입니다.

달

◗ 달이 뜬 꿈
모든 일이 뜻대로 될 것입니다.

◗ 보름달이 뜬 꿈
당신이 부자가 되고 귀공자를 보게 될 꿈입니다. 임신부가 꿈에 보름
달을 보았다면 출중한 아들을 낳게 될 것입니다.

◗ 밝은 달빛이 온 대지에 비친 꿈
꿈을 꾼 남자의 돈과 재물이 그늘에 가리고 사고를 칠 꿈입니다.

◗ 그믐달을 본 꿈
선원이 항해할 때 반드시 사고를 당할 불행한 꿈입니다.

◗ 초생달이 뜬 꿈
청년이 밤마다 불면증으로 밤을 새워 연인은 청년을 버리고 떠날 것
입니다.

◗ 반달이 뜬 꿈
처녀에겐 불길한 흉조입니다. 하지만 환자가 꿈에 보름달을 보았다
면 신체가 건강해질 것입니다.

◗ 물 속에 비친 달을 본 꿈
사회적으로 유명한 사람과 접촉하게 됩니다.

◗ 달을 품에 꼬옥 안은꿈
결혼할 상대자가 나타나게 됩니다.

● 방으로 달빛이 들어와 대낮처럼 밝았던 꿈
집에 경사가 생기고 기쁜 소식이 오며 걱정하고 있었던 일이 말끔히
해결됩니다.

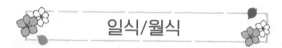

일식/월식

● 일식을 본 꿈
생활 능력을 상실하고 경제적 손실까지 생길 꿈입니다.

● 월식을 본 꿈
가족 중 한 명 특히 여자가 병에 걸리거나 사망할 흉조입니다.

● 반쯤 진행된 월식을 본 꿈
여자가 이 꿈을 꾸면 시집간 딸이 사망할 것입니다.

● 일식이 반 정도 진행된 꿈
아들이 병에 걸리거나 남편의 월급이 줄어들 꿈입니다.

● 월식 혹은 일식이 일어나고 검은 구름이 하늘을 덮은 꿈
이는 곤경에 처했을 때 벗들의 도움을 받게 될 꿈입니다.

별

● 밤하늘에 별이 반짝이는 꿈
운수가 좋을 것입니다. 기혼 여자가 이 꿈을 꾸면 부부 생활이 행복
하고, 미혼 여자는 어딜 가나 많은 구혼자가 있을 것입니다. 환자는
오래지 않아 건강이 회복됩니다.

● 달 밝은 밤하늘에 별이 반짝이는 꿈
당신이 적을 정복할 수 있음을 뜻합니다.

● 반짝이던 별이 검은 구름에 가려진 꿈
당신이 병으로 앓아눕게 됩니다.

유성이 떨어진 꿈

병에 걸리지 않으면 액운에 부딪칩니다.

혜성

혜성이 보인 꿈

자기가 열중하고 있는 사업에 액운이 낄 것입니다. 과부가 이 꿈을 꾸면 집에 도둑이 들거나 가까운 친척 중 누군가가 사망할 것입니다.

백주白晝

백주(白晝)가 보인 꿈

당신의 앞날이 밝게 빛날 것입니다.

맑게 개인 날씨가 보인 꿈

생활이 안녕할 꿈입니다.

흐린 날이 보인 꿈

고통이 있을 꿈입니다.

밤

달 없는밤

기혼여자는 남편을 아끼며 사랑하고 싶지만 그럴 힘이 없어 안타까워 할 그 런 꿈입니다.

밤이 금세 밝아진 꿈

당신의 신체가 건강해지고 생기가 흘러넘칠 것입니다. 환자가 이 꿈을 꿨다면 오래지 않아 병이 나을 것입니다.

구름

● 구름을 본 꿈
액을 당할 사나운 꿈입니다.

● 흰색 구름을 본꿈
당신과 이웃의 농작물에 풍년이 깃들 것입니다.

● 검은 구름을 본꿈
당신이 사는 지역에 전염병이 돌 꿈입니다.

● 오색구름이 보인 꿈
모든 사람들이 부러워하고 긍정적인 생각으로 받아들일 사업을 벌이게 됩 니다.

● 구름이 바람에 날려가 하늘이 말끔히 개인 꿈
오래지 않아 당신에게 일어났던 모든 재난이 사라질 것입니다.

● 태양 부근에 구름이 모여 있는 꿈
귀인(貴人)의 도움을 받아 곤경에서 벗어날 길조입니다.

● 구름 속에서 날아다닌 꿈
당신이 지역의 지도자가 될 꿈입니다.

● 구름이 서서히 노란색으로 변한 꿈
명예로운 일과 재물을 한꺼번에 얻게 됩니다.

● 신선처럼 구름을 타고 다닌 꿈
어떤 모임이나 단체에서 최고의 자리에 앉게 되며 현재 하고 있는 사업도 승승장구할 것입니다.

● 먹구름이 끼고 계속해서 번개가 치는 꿈
어떤 회사에서 귀찮을 정도로 입사를 권고하거나 신문지 상 등에 자기에 대한 좋은 기사가 실리게 됩니다.

안개

🍃 안개가 낀 꿈

친구의 속임을 당할 꿈입니다. 회사원이 이 꿈을 꾸면 사장에게 잘못 보인 탓으로 해직 당하게 될 것이고, 농부가 이 꿈을 꾸면 폭우로 인하여 논밭이 전부 훼손될 꿈입니다.

🍃 안개가 개인 꿈

고통이 사라지고 결국에는 승리를 얻게 될 꿈입니다.

이슬

🍃 이슬이 내린 꿈

생활이 행복하고 평안할 것입니다. 농민에겐 풍년이 들 길조입니다.

🍃 이슬에 옷이 흠뻑 젖은 꿈

환자는 병상에서 일어나지 못할 흉조입니다.

공기

🍃 맑고 향기로운 공기를 들이마신 꿈

여행이 평안하고 성공적일 것을 예시합니다. 사업가가 이런 꿈을 꾸었다면 사업이 번창할 길조이고, 환자가 신선한 공기를 마셨다면 병세가 호전될 것 입니다.

🍃 더럽고 악취 나는 공기를 마신 꿈

큰 재난을 겪게 될 꿈입니다. 환자가 이런 꿈을 꾸었다면 불행과 고통을 겪게 될 것입니다.

바람

🍃 상쾌한 바람이 솔솔 부는 꿈
운수가 좋을 징조입니다.

🍃 탁한 바람이 부는 꿈
당신이 진행하는 일에 고통과 불행이 생길 꿈입니다.

🍃 뼈를 에이는 찬바람이 부는 꿈
오래지 않아 기쁜 소식이 들려옵니다. 기혼 여자가 꿈에 찬바람이 불어 이를 부딪칠 정도로 덜덜 떨었다면 초청되어 친정나들이를 하게 됩니다.

🍃 습기 찬 바람이 불어온 꿈
귀한 손님이 찾아 올 꿈입니다. 기혼 여자가 이 꿈을 꿨다면 오래지 않아 임신하게 됩니다.

🍃 열풍이 부는 꿈
병에 걸리게 됩니다.

🍃 태풍이 불어 많은 나무들이 꺾어진 꿈
외부의 압력으로 인해 친분이 두터운 훌륭한 인재가 사망하거나 재산이 없어지게 됩니다.

🍃 불상이 있는 곳에 매서운 바람이 몰아치는 꿈
사회적으로 유명한 종교인과 관계를 맺게 됩니다.

🍃 바람을 일으키는 기구를 사용한 꿈
도움을 받을 수 있는 협조기관과 유대를 맺게 됩니다.

🍃 태풍이 부는 가운데에서도 작업을 한 꿈
권력기관의 간섭에 의해 진행 중인 일이 중단되어 좌절감을 맛보게 됩니다.

🍃 의복이나 소지품이 바람에 날린 꿈
외부의 간섭으로 손해를 입게 됨 해결할 수 없는 일을 다른 사람에게 부탁 하게 됩니다.

비

🌸 큰비가 내린 꿈

사업에 장애가 생길 것입니다. 아내와 떨어져 있는 남자가 이 꿈을 꿨다면 그녀와 더욱 오랫동안 떨어져 있게 될 것입니다. 농부에겐 대풍이 들 상서이지만 상인에겐 장사에서 손실을 볼 꿈입니다. 환자가 이런 꿈을 꾸게 되면 그냥 병으로 누워 있을 것입니다. 여행자가 이런 꿈을 꾸면 여행이 원만 하게 끝날 것입니다.

🌸 비바람이 세차게 몰아친 꿈

당신 수입이 좋아질 것입니다. 여인이 이런 꿈을 꿨다면 가정에 고난이 생깁니다.

🌸 비가 와서 말랐던 논에 물이 가득 고인 꿈

재물이 생기거나 막강한 세력을 얻게 됩니다.

🌸 말리기 위해 헤쳐 놓은 물건 위에 빗방울이 떨어진 꿈

남의 물건을 빌려 주거나 빚을 주고 떼이게 됩니다.

🌸 비가 내리는데 그 속에 눈이 섞여있는 꿈

하는 일마다 두 마리의 토끼를 쫓는 꼴이 되어 일이 이루어지지 않는다.

🌸 비를 피하기 위해 처마 밑으로 들어간 꿈

시비를 걸어오는 사람이 있거나 사회적인 제재를 받을 일이 있어도 순조롭게 피해가게 됩니다.

🌸 강가에 널려있는 조약돌 위에 비가 내리는 걸 본 꿈

자기의 일에 대해 타인으로부터 칭찬을 받거나 작품전에 출품한 작품이 입상을 하게 됩니다.

🌸 유리창문으로 빗방울이 거세게 들이친 것을 본 꿈

자신의 신분이나 실력을 많은 사라들로부터 인정받게 됩니다.

눈

눈이 내리는 꿈

이 꿈을 꾼 사람이 남자라면 부유해질 것이고, 여자라면 모든 근심 걱정이 사라질 꿈입니다. 환자가 이 꿈을 꾸었다면 오래지 않아 건강이 회복될 것이고, 상인은 머나먼 외국에 가서 장사를 하게 됩니다. 산골에 사는 사람이 이 꿈을 꾸면 먼 도시나 읍으로 이사를 갈 것입니다.

눈에 찍힌 발자국을 그대로 따라간 꿈

사회적으로 지도자격인 사람의 동상을 세우는 등 업적을 기리게 되고 추종 할일이 생깁니다.

폭설이 쏟아져 수많은 건물이 내려앉는 것을 목격한 꿈

자기가 하고 있는 개인적인 일에 국가가 협조해서 크게 번창하게 됩니다.

눈 위에서 썰매나 스키를 탄 꿈

사업가는 사업이 급속도로 성장하게 되고 취직, 시험 등에 좋은 소식을 듣게 됩니다.

함박눈을 맞으며 한없이 걸어간 꿈

국가의 지원을 받게 되며 법을 지켜야 할 일과 직면하게 될 것입니다.

눈사태 등이 일어나서 건물의 일부가 부서져나간 것을 본 꿈

시험에 떨어지거나 하던 일이 실패해서 의욕을 상실하게 됩니다.

눈을 맞으며 걷는 사람을 본 꿈

집안사람 중에서 누군가가 죽게 되거나 고소당할 일이 생기게 됩니다.

싸라기눈이 내리는 것을 본 꿈

일 같지도 않은 일들이 얽히고 설켜서 복잡한 마음이 사라지지 않게 됩니다.

폭풍우

🌿 **폭풍우 치는 꿈**
뜻밖의 수확이 생길 꿈입니다. 기혼 여자가 이 꿈을 꾸게 되면 생활이 부유해지고 자녀도 많아지며 남편의 수입도 크게 증가하게 됩니다. 미혼 여자가 이 꿈을 꾸면 돈 있는 사람과 결혼하게 되고, 미혼 남자는 잘 사는 집 딸과 결혼하여 부유하게 살 것입니다.
상인은 판로를 확대하여 큰돈을 벌게 되고, 환자는 건강이 회복될 것이며, 여행자는 여행이 즐거울 것입니다.

우박

🌿 **우박이 내린 꿈**
장사에 꼭 손실이 있겠습니다.

🌿 **우박에 맞아 상처 입은 꿈**
재난이 닥칠 꿈입니다. 임신부는 태어날 아이에게 고난과 고통이 닥칠 것이고, 처녀는 그저 그런 남자에게 시집가게 됩니다. 하지만 농민에겐 곡식이 잘 자랄 좋은 징조입니다.

벼락/천둥/번개

🌿 **눈부신 번개가 치는 꿈**
외국 여행을 떠날 꿈입니다.

🌿 **벼락을 맞아 죽는 꿈**
국가나 사회적으로 명성을 얻거나 보상받을 일이 생길 것입니다.

🌿 **나무가 벼락을 맞아 꺾어진 꿈**
사업에 큰 타격을 입거나 추진 중인 일이 잘 풀리지 않는다.

● 벼락이 공처럼 땅 위에서 굴러다닌 꿈
　응시한 시험에 합격하거나 감히 상상도 할 수 없었던 일을 성사시켜
　많은 사람들로부터 칭송을 듣게 됩니다.

● 먼 곳에서 천둥치고 번개가 번쩍이는 꿈
　불행과 손실을 당할 꿈입니다. 하지만 학생에게는 시험 성적이 우수
　하게 나올 좋은 상서이고, 처녀에게는 명망이 있는 가정에 시집가게
　될 꿈입니다. 환자가 이런 꿈을 꾸면 그의 건강이 회복됩니다.

● 천둥, 번개가 있은 후 주변이 캄캄해진 꿈
　재난이 닥칠 것입니다. 이 재난은 꿈을 꾼 당신에게 떨어질 수도 있
　고 아니면 당신의 보호를 받는 사람에게 떨어질 수도 있습니다.

● 번개가 수시로 번쩍거려 길이 똑똑치 않아 더듬더듬 길을 걸어간 꿈
　이는 적을 격퇴하고 난관과 불행을 뛰어넘을 꿈입니다.

● 천둥과 번개에 맞아 죽을 뻔한 꿈
　당신이 재난을 피할 수 있을 꿈입니다.

● 길을 가는데 등에 벼락을 맞은 꿈
　사업의 동업자나 자신을 협조해주던 사람에게 좋은 일이 일어납니다.

● 알수 없는먼 곳으로부터 천둥소리가 희미하게 들린 꿈
　멀리 떨어진 곳, 즉 외국 등지에서 무슨 소식이 옵니다.

● 외출할 때 청천 하늘에 천둥이 치는 꿈
　당신이 승진되려면 난관이 많을 꿈입니다.

● 번개가 번쩍이는 꿈
　농민에겐 가뭄과 흉작이 날 꿈입니다.

● 뇌우가 억수로 퍼부은 꿈
　당신의 사업이 성공할 꿈입니다. 기혼 여자가 이 꿈을 꾸면 남편을
　더욱 사랑하게 되고, 미혼 여자라면 명망이 있는 사람에게 시집가게
　됩니다.

● 놀랄 정도로 큰 뇌성을 들은 꿈

당신이 상인이라면 큰돈을 벌게 되고, 환자라면 건강이 차차 회복됩니다. 죄수가 이런 꿈을 꾸게 되면 오래지 않아 출옥하게 됩니다.

무지개

● 무지개가 뜬 꿈

기혼 남자에게는 생활이 행복하고 애정이 넘칠 꿈이고, 기혼여자에게는 남편과 장기간 별거할 꿈입니다. 미혼나자가 이 꿈을 꾸면 오래지 않아 결혼을 하게 되고, 미혼여자는 총명하고 당신을 살뜰히 보살펴 주는 남자에게 시집가게 됩니다. 열애 중인 남자가 꿈에 무지개를 보게 되면 그는 연인과 매우 다정하고 행복하게 지낼것이고, 집 떠난 사람은 오래지 않아 집으로 돌아가 처자와 한자리에 모이게 됩니다. 환자는 건강이 회복이 빠를 것이고, 죄수는 건강 상태가 나빠질 것이며, 군인은 오래지 않아 전방의 치열한 전투에 참가하게 됩니다. 농민이 이 꿈을 꾸면 대풍이 듭니다. 하지만 상인은 장사에서 손실을 보게 되니 주의해야 하고, 여행자가 이 꿈을 꾸면 여행의 목표를 꼭 실현할 수 있습니다. 망명자가 이런 꿈을 꾸게 되면 오래지 않아 조국으로 돌아가게 됩니다.

● 절반밖에 없는 무지개가 뜬 꿈

재난이 닥칠 것입니다.

● 자신의 집에서 무지개가 피어오르는 꿈

진행 중이던 혼담이 성사되거나 멀리 객지에 나갔던 가족이 무사히 귀환하게 됩니다.

❶ 12지지(地支)란?

태음력(음력)은 기원전 2637년 중국에서 시작된 역법(法)이다. 음력은 60 년을 큰 주기로 순환하는데 그 60년은 다시 12년을 주기로 하는 5개의 작은 주기로 이루어진다. 이 12년에는 각각 하나씩의 동물이 배속되어 있다. 전설 에 의하면 부처님께서 이 세상을 하직할 때 모든 동물들을 다 불렀는데 12동 물만이 하직 인사를 하기 위해 왔다고 한다. 부처님은 동물들이 도착하는 순 서에 따라 그들의 이름을 각 해마다 붙여 주었다. 쥐(子)가 가장 먼저 도착하였고, 그 뒤를 이어 소(丑)·호랑이(寅)·토끼(卯)· 용(龍)·뱀(巳)·말(午)·양(未)·원숭이(申)·닭(酉)·개(戌)·돼지(亥)가 도 착했다. 자기가 무슨 띠로 태어났느냐에 따라 사람의 운명은 크게 달라진다. 동양 사람들이 말하듯이 '띠는 각 사람들의 심장에 숨어 있는 동물'이기 때문이다.

각 지지는 오행(五), 즉 금(金)·목(木)·수(水)·화(火)·토(土)의 성분을 지 니고 있으며 동시에 각 음(陰)과 양(陽)으로 나뉜다.

태어난 시(生時)의 동물은 각 사람의 운세와 성격을 지배한다. 예를 들어 같은 쥐띠라도 인시(寅時)에 태어난 사람은 대체로 과격한 성격을 지니지만 사시 (巳時)생은 뱀의 차가운 기운을 받아 대체로 침착하다.

그리고 12지지는 동적인 것(양)과 정적인 것(음)으로 나누어진다. 쥐·호랑 이·용·말·원숭이·개는 동적인 것, 즉 양이고 소·토끼·뱀·양·닭·돼 지는 정적인 것, 즉 음이다.

▶내궁합·사주·팔자 中에서

2장

땅地에 관한 꿈

땅

🍃 **대지가 갈라지거나 금이 가 있는 꿈**
나라에 재해가 닥치고 전염병이 퍼질 것입니다.

🍃 **주위의 지세가 높았다 낮았다 한 꿈**
직장에서 급속히 승진할 꿈입니다.

🍃 **땅 속에서 동물이나 불길이 나온 꿈**
여러 방면으로 자기의 발전을 위해서 연구를 하게 됩니다.

🍃 **지진이 난 꿈**
좋은 징조입니다. 하지만 가정 내에 언쟁이 일어나고 환자도 생겨 종일토록 조용할 새가 없습니다. 학자는 뛰어난 성과로 세상에 이름을 떨칠 것입니다.

🍃 **지진이 오랫동안 지속된 꿈**
사업이나 장사가 호전될 것입니다.

🍃 **자기가 땅에서 기고 있는 꿈**
이는 운수가 좋지 못할 꿈입니다. 소녀가 이런 꿈을 꾸었으면 장차 자신보 다 낮은 지위의 남자에게 시집갈 것이고, 환자는 병이 더디게 호전될 것입니다. 상인이 이런 꿈을 꾸었다면 상품의 시세가 떨어질 징조입니다.

🍃 **계속 땅바닥을 치는 꿈**
승진하는데 장애물이 없어질 징조입니다. 파산할 지경에 이른 사람이라면 이런 꿈은 좋은 꿈입니다.

🍃 **땅을 파는꿈**
남자가 땅 파는 꿈을 꿨다면 길한 징조입니다. 상인은 큰 돈을 벌 징조입니다. 하지만 여인이 이런 꿈을 꾸었다면 집안에 큰 난리가 날 것입니다. 소녀가 이런 꿈을 꾸면 가난하고 마음에 들지 않는 남자에게 시집가게 될 것입 니다. 군인이 땅을 파는 꿈을 꾸었으면 관운이 형통할 길조입니다.

섬

🍃 여러 섬들이 보인 꿈
친구와 갈라질 꿈입니다.

🍃 어떤 섬에 기어오른 꿈
당신이 환자라면 오래지 않아 건강한 몸이 될 것입니다.

진흙탕/수렁

🍃 진흙탕을 걸어서 지나간 꿈
당신은 위험과 불행에 부딪치게 됩니다. 기혼 여자가 이 꿈을 꾸면
세속의 자질구레한 일로 시끄러움을 당해야 할 꿈입니다.

🍃 수렁에 빠진 꿈
병으로 앓아누워 일어나지 못하게 될 것입니다.

🍃 진흙탕에 돌을 던진 꿈
자기 부하와 말다툼을 하여 명예가 훼손될 것입니다.

🍃 온몸이 진흙으로 엉망이 된 꿈
당신의 신체가 건강해질 꿈입니다.

불모지

🍃 불모지를 본 꿈
남자에게는 건강이 날로 나빠질 꿈이고, 여자에게는 오래지 않아 분
만할 꿈 입니다. 환자가 이 꿈을 꾸면 오랫동안 병이 낫지 않을 것입
니다.

땅굴

🍃 양식을 저장한 땅굴을 본 꿈

마음에 드는 사람과 결혼을 하게 될 것입니다. 남자의 꿈에 땅굴이
보였다면 그의 아내는 현처로서 집안을 평안하고 화목하게 할 것입
니다.

🍃 양식을 저장한 굴이 텅 비어 있는 꿈

파산할 것을 예시합니다.

🍃 땅굴에서 연기 나는 꿈

재난이 닥칠 흉조입니다.

지하

🍃 자신이 지하도나 지하실에 숨은 꿈

남자는 재난에 봉착하고, 기혼 여자는 중병에 걸리거나 유산하게 됩
니다. 환자가 이 꿈을 꿨다면 병을 치료할 수 없게 될 것입니다.

🍃 다른 사람이 지하도나 지하실에 숨은 꿈

당신은 관운이 형통할 것입니다.

🍃 아내가 지하에 숨은 꿈

이는 당신이 부유해질 길조입니다.

🍃 친구가 지하로 숨은 꿈

당신은 친구의 도움을 받을 수 있습니다.

구덩이

🍃 구덩이가 보인 꿈

재난이 떨어집니다.

🍃 구덩이에 빠진 꿈

사업이 실패합니다. 여자가 이 꿈을 꿨다면 모욕을 당할 것이고, 회사원은 강직을 당하거나 입지가 약해집니다. 환자가 이와 같은 꿈을 꾸면 병상에서 장기간 일어나지 못하게 됩니다. 상인이 이런 꿈을 꾸면 장사가 망할 것입 니다. 꿈에 구덩이를 팠다면 적들의 흉계에 조심해야 합니다.

🍃 구덩이를 파는 꿈

여행하는 사람은 강도의 계략에 빠져 손실을 보게 됩니다. 재판에 걸려 있는 사람은 오랜 시간 형을 살아야 할 것입니다. 군인이 구덩이를 파는 꿈을 꿨다면 전선으로 나가 전공을 세우고 훈장을 탈 것입니다.

먼지

🍃 먼지가 많은 꿈

좋은 이득이 있을 꿈입니다.

🍃 먼지를 쓸어버리는 꿈

당신의 명예가 추락할 꿈입니다.

🍃 먼지 속에서 뒹구는 꿈

돈 한 푼 없는 거지가 될 흉조입니다.

산/숲

🍃 삼림이 보인 꿈

일반적으로 부자가 될 꿈입니다. 집 떠난 사람에겐 집으로 곧 돌아올 꿈이고, 환자에겐 병세가 더 악화될 징조입니다.

🍃 산 속에서 길을 잃고 헤맨 꿈

원수의 속임에 꼬여 들어 곤경에 빠질 것입니다.

● 사냥터인 숲을 본 꿈
적에게 전패할 꿈자립니다.

● 군부대가 산에서 천막을 치는 꿈
당신이 병에 걸릴 꿈입니다.

● 산의 토사가 붕괴되는 꿈
당신이 고난을 무릅쓰고 용감히 전진할 꿈입니다.

● 날아서 산 정상에 오른 꿈
가장 빠른 방법으로 목적을 달성하게 됩니다.

● 산 정상에서 큰 소리로 외친 꿈
세인의 관심을 한 몸에 받거나 자기 신변에 관한 일을 타인으로부터 듣게 됩니다.

● 산 속에서 신발을 잃어버린 꿈
자기 작품이나 일거리가 보류된 채 발표되지 않게 됩니다.

● 산을 짊어지거나 산을 떠밀고 들어올린 꿈
강대한 세력이나 단체를 자기 마음대로 움직일 수 있는 실력자가 됩니다.

● 높은 산 정상에서 사방을 굽어 살펴본 꿈
사회적으로 큰 업적을 이루거나 신분이 고귀해질 것입니다.

● 정상까지 오르는데 멀다고 느껴진 꿈
목적한 일이 자기 뜻대로 쉽게 이루어지지 않게 됩니다.

● 등산(登山)하거나 나무에 기어오른 꿈
좋은 운이 열려 부자가 되거나 혹은 승진할 길조입니다.

● 산에서 내려오는 꿈
운수도 사나우며 명예도 훼손될 징조입니다.

● 먼저 등산한 다음 뒤이어 하산한 꿈
이는 곤란한 고비를 넘길 수 있는 꿈입니다.

● 남이 하산하는 것을 본 꿈
자신에 비하여 상대방의 위신이 더 낮아질 꿈입니다.

산굴

● 혼자서 산굴에 들어간 꿈
이는 재난과 불행이 발생할 징조입니다.

● 자신이 굴에서 무사히 빠져나온 꿈
어려운 고비를 무사히 넘을 수가 있음을 상징합니다.

벼랑

● 벼랑이 보인 꿈
당신의 생명, 재산이 모두 위협을 받게 됩니다.

● 낭떠러지에 다가선 꿈
당신과 가족의 머리에 재난이 떨어질 것입니다.

● 벼랑에서 떨어진 꿈
당신의 사업이 도산할 꿈입니다. 기혼 여자가 이 꿈을 꿨다면 남편의
업신 여김을 당할 것이고, 젊은 남녀가 이 꿈을 꿨다면 아무리 가깝
게 지내던 사이라도 헤어지고 맙니다. 상인은 장사가 갑자기 충격을
받게 되고, 환자는 괴로운 처지가 될 것입니다. 회사원은 해고당하거
나 혹은 그럴 위기에 처하 게 됩니다.

● 낯선 사람이 벼랑에서 떨어지는 것을 본 꿈
당신은 당신의 라이벌을 굴복시킬 수 있습니다. 그러나 당신을 지지
하는 사람과는 갈라서게 됩니다.

● 누군가가 당신을 낭떠러지에서 떠민 꿈
어떤 사람이 당신에게 위해를 가하려 할 것이고 이로 인해 당신의 목
숨이 위태로워질 것입니다.

산골짜기

● 산골짜기에서 즐거웠던 꿈
남자는 병을 앓게 되고, 여자는 남편과 별거하게 됩니다.

● 아내 혹은 정부와 산골짜기에서 즐거웠던 꿈
이 꿈을 꾼 남자는 아내나 정부와 헤어지게 됩니다.

● 다른 사람이 산골짜기에서 먹고 마시고 놀며 즐기는 것을 본 꿈
직장 운이 형통할 좋을 꿈자립니다.

● 자신이 골짜기를 기어 다닌 꿈
이는 생활에 장애가 생길 꿈입니다.

언덕

● 언덕에 오른 꿈
당신이 등용될 꿈입니다.

● 친구와 함께 언덕을 오른 꿈
곤란할 때 친구의 도움을 받게 될 꿈자립니다.

풀밭

● 풀밭이 보인 꿈
신체가 건강해지고 풍년이 들 꿈입니다.

● 풀밭에 물을 대는 꿈
술을 끊을 꿈입니다.

● 풀밭을 깨끗이 정리하는 꿈
장사가 순조로우며 일체가 질서정연할 꿈입니다.

● 건초지가 보인 꿈
  당신이 손해를 입을 꿈입니다.

● 풀밭에 누워 잠을 잔 꿈
  이는 국외로 쫓겨날 꿈입니다. 그러나 국외에 거주하고 있는 당신의
  심정은 유쾌할 것입니다.

● 풀밭에서 달리기를 한 꿈
  신체가 건강해질 꿈입니다.

토지

● 토지를 받은 꿈
  이 꿈을 꾼 사람이 청년이라면 단아하고 아름다운 처녀를 아내로 삼
  게 될 것이고, 기혼 남자라면 그의 처가 매우 많은 재산을 갖다 줄 꿈
  입니다. 기혼 여자가이 같은 꿈을 꾸었으면 살림이 부유해질 것입
  니다.

● 자기 토지가 끝없이 넓고 많은꿈
  당신의 생활이 부유하고 행복할 징조입니다.

● 검은색 토지를 본꿈
  장사에서 손실이 있을 꿈입니다.

● 곡식이 자란 토지를 본 꿈
  큰돈을 벌 것입니다.

● 땅갈이를 하는 꿈
  농사가 풍년이 될 꿈입니다.

● 땅을 사는꿈
  신체가 건강해질 꿈입니다.

● 땅을 파는꿈
  굶주림에 시달릴 꿈자립니다.

● 밭을산꿈
선량하고 아름다운 아내를 얻거나 혹은 장사가 잘될 길조입니다.

● 밭을 팔아 버리는 꿈
가정이 헐벗고 굶주리는 정도로 몰락할 것입니다.

● 밭, 가축 그리고 가구를 본 꿈
모든 노력이 다 성공할 꿈자립니다.

● 농기계와 밭을 본 꿈
바다 건너 먼 곳에 가 장사를 하면 큰돈을 벌 징조입니다.

● 아무 곡식도 심지 않고 묵힌 밭을 본 꿈
고난에 부딪칠 것입니다.

● 곡식을 가득 심은 밭을 본 꿈
생활이 부유해질 꿈자립니다.

● 묵은 땅에 곡식을 심은 꿈
집안에 말다툼이 생기거나 혹은 다른 사람과 언쟁이 발생할 것입니다.

● 불모지에 곡식을 심은 꿈
자식이 없는 부부에겐 못생기고 또 게으른 자식을 하나 낳을 꿈입니다. 상인은 장사가 민질 꿈입니다.

● 밭들이 빗물에 잠긴 꿈
자기가 수해를 입게 될 꿈자립니다.

● 많은 농민이 논밭에서 경작하고 있는 꿈
큰 장사만 한다면 경영을 잘하여 아주 큰돈을 벌게 될 꿈입니다.

● 여자가 밭에서 일하고 있는 꿈
꿈을 꾼 사람이 병에 걸릴 징조입니다.

● 논이 보인꿈
돈을 벌 징조입니다.

소유지

🍃 **남의 소유지가 보인 꿈**
사업이 성공합니다. 꿈에 적의 지역이 보였다면 적을 정복할 수 있습니다.

🍃 **아내의 소유지가 보인 꿈**
부부 감정이 언제나 신혼처럼 새로울 것입니다.

정원/화원

🍃 **널따란 정원을 본 꿈**
기혼 여자가 꿈에 널따란 정원을 보았다면 자식이 번창할 것이고, 환자가 넓은 정원을 보았다면 건강을 회복하게 됩니다. 죄수가 큰 정원을 꿈에 보 았다면 오래지 않아 석방됩니다.

🍃 **정원에서 잠을 잔 꿈**
당신의 신체가 건강해지고 장수하게 됩니다.

🍃 **다른 집의 정원에 들어간 꿈**
당신의 권세가 더욱 커질 꿈입니다. 하지만 여자가 남의 집 정원에 들어갔다면 모욕당할 것입니다.

🍃 **화원을 산책한 꿈**
큰돈을 벌게 됩니다. 죄수가 이 꿈을 꾸면 오래지 않아 자유를 회복할 것입 니다.

🍃 **화원에 나뭇잎이 떨어지고 꽃이 쓰러지는 꿈**
고통과 불행의 징조입니다.

🍃 **화원에 갖가지 아름다운 꽃들이 가득한 꿈**
꿈을 꾼 사람이 청년이라면 부유하고 어여쁜 처녀와 곧 결혼할 꿈자립니다. 처녀가 꽃이 만발한 화원을 보게 되면 이 처녀는 돈 많고 잘생긴 남자에게 시집을 갈 것입니다.

🍃 화원을 산책한 꿈

큰돈을 벌게 됩니다. 죄수가 이 꿈을 꾸면 오래지 않아 자유를 회복할 것입니다.

길

🍃 거리가 인산인해인 꿈

오래지 않아 사람을 놀라게 할 무서운 사고가 생길 것입니다.

🍃 좁디좁은 거리를 걸은 꿈

집에 많은 근심거리가 생깁니다.

🍃 넓은 거리를 걸은 꿈

모든 걱정거리가 없어질 꿈입니다.

🍃 자기가 낯선 사람이 걷던 길을 자신이 걷는 꿈

당신의 사업은 성공할 것입니다.

🍃 한 길을 원수와 동행한 꿈

당신은 그를 꼭 이길 수 있을 꿈입니다.

🍃 벗이나 혹은 아내가 당신과 동행하여 길을 걷는 꿈

당신들의 견해가 일치하지 않을 것입니다.

🍃 혼자 길을 걷는꿈

당신의 원수가 늘어날 꿈입니다.

🍃 당신 앞에 여러 갈래 길에서 갈팡질팡한 꿈

승리의 소식이 연이어 전해 올 것입니다.

🍃 길을 잃은꿈

이는 당신이 노력만 한다면 돈을 벌 수 있을 꿈입니다. 미혼 남자가 꿈에 길을 잃었다면 그는 뜻이 맞는 연인을 찾게 되고, 환자가 꿈에 길을 잃었다면 당신은 매우 좋은 치료를 받아 오래지 않아 건강을 회복하게 됩니다. 직원이 꿈에 길을 잃었다면 발탁도 되고 승진도 됩니다.

다리

🍃 다리를 건너는 꿈

당신이 노력만 한다면 사업에서 성과를 얻을 수 있음을 의미합니다.

🍃 다리에서 떨어지는 꿈

이는 하는 일이 일체 수포로 돌아 갈 꿈입니다.

🍃 다리 밑으로 지나간꿈

운수 사나울 꿈입니다.

철도

🍃 철도가 보인 꿈

장거리 여행을 떠나게 될 꿈입니다. 기혼 여자가 이런 꿈을 꿨다면 남편과 헤어집니다. 미혼 여자가 꿈에 철도를 보면 머나먼 도시로 시집가게 됩니다. 죄인이 이런 꿈을 꾸면 다른 감옥으로 이감됩니다. 군인이 꿈에 철도가 보이면 적들의 기습을 당할 흉조입니다.

🍃 철도를 건너는 꿈

위험이 닥칠 것입니다.

🍃 철도를 건설하는 꿈

권력이 더욱 커질 꿈입니다. 장교가 이 꿈을 꾸면 전투에서 전승할 것입니다.

❷ 음양이란?

옛날부터 중국에서는 모든 사물이 운동을 하는 원동력을 음(陰)과 양(陽)의 두 힘이 균형을 이루면서 끊임없이 서로 끌어당기는 것으로 설명해 왔다.

음양은 태극(太極)으로 표현되고, 원은 생명의 근원을 상징한다. 양은 출생 혹은 낮을 상징하고 음은 죽음 혹은 밤을 상징한다. 태극의 두 부분이 서로 완전한 균형을 이루고 있기 때문에 이 태극을 '만물의 궁극적 원리'라고도 한다.

동양에서는 예술·의학·철학을 비롯한 모든 사물이 이 두 가지로 분류된다. 우주 혹은 인체 내에서 조화와 질서가 유지되는 것은 음과 양이 끊임없이 정교한 균형을 유지하기 때문이다. 이 상호 균형이 어떤 식으로든 무너지게 되면 물질서와 상극이 일어나게 된다.

▶내궁합·사주·팔자 中에서

3장

불火에 관한 꿈

불

● 불꽃이 날아다니는 꿈
　돈이 생길 꿈입니다.

● 불을꺼 버린 꿈
　헐벗거나 또는 사랑에서 실패할 꿈입니다.

● 불이 쉽게 달아오른 꿈
　여인이 이 꿈을 꾸면 아들이 총명하고 아름다울 것입니다.

● 불이 쉽게 달아오르지 않은 꿈
　당신이 실망하고 부끄러워할 꿈입니다.

● 팔 다리를 불에 데인 꿈
　오래지 않아 몸에 열이 높아지며 앓게 될 것입니다.

● 집에 불이 붙는꿈
　사업이 융성해져서 탄탄한 기반을 잡게 됩니다.

● 많은 가옥들이 불에 탄 꿈
　수많은 사람들이 굶어 죽거나 혹은 전염병이 돌게 됩니다.

● 불에 타고 남은 재를본꿈
　불길한 흉조입니다.

● 숲이나 얕은 언덕이 불타는 꿈
　하고 있는 일이 번창하고 잘 이루어질 것입니다.

● 상대방 몸에 불이 붙어 타는 것을 본 꿈
　자신이 하고 있는 일이나, 사업이 번창하게 됩니다.

● 남의 발에 붙은 불이 자기 집으로 옮겨 붙어 활활 탄꿈
　남의 권리나 재산을 자기 앞으로 이전해 크게 부자가 될 것입니다.

● 아궁이에 불을 때는 것을 본 꿈
　사업을 계획성 있게 추진시켜 나갈 수 있습니다.

● 자신이 불에 타 죽는 꿈
큰 돈을 벌 징조입니다.

● 자기 몸에 불이 붙은꿈
자기가 하고 있는 일이 순조롭게 잘 이루어지고 신분이 올라갑니다.

● 강물에 불이 붙은 꿈
어떤 기관과 협력한 사업이 크게 성공합니다.

● 불이 여러 군데 옮겨 붙은꿈
언론이나 출판계에서 자기와 관련 있는 기사를 다루거나 광고하게
됩니다.

● 타오르는 불길을 끈 꿈
번창하던 사업이 도중에 방해물이 생겨 중단하게 됩니다.

● 자기가 불을 지른 꿈
재산에 손실이 생길 꿈입니다.

● 남이 불을 지르는 꿈
곤경에서 벗어날 꿈입니다.

● 방화범을 징벌하는 꿈
당신이 큰 직책을 얻을 꿈입니다.

불화살

● 불화살을 본 꿈

이 꿈을 꾼 사람이 남자라면 직위가 상승되고 권력도 커지게 되고, 여자라면 집안에 혼사가 있게 됩니다. 선원이 이 꿈을 꾸면 항해에 성공하게 됩 니다.

● 불화살을 판 꿈

재수가 없을 꿈입니다.

● 불화살을 만든 꿈

당신이 적을 정복할 수 있을 꿈입니다.

연기

● 연기가 보인 꿈

남자가 이 꿈을 꾸면 가정에 말다툼이 생기지만 여자가 이런 꿈을 꾸면 남편이 부유해집니다. 환자는 장기간 병으로 누워있게 될 것입니다.

● 연기가 숨 막히게 가득한 꿈

당신의 신체가 아주 건강함을 의미합니다. 기혼 여자는 시댁 식구가 불어나게 되고, 처녀는 명망 있는 가정에 시집가게 됩니다.

● 물건이 타는데 불길은 없고 연기만 난 꿈

공연한 헛소문이 떠돌게 됩니다.

● 벽이 갈라진 틈으로 연기가 나온 꿈

음란한 사업을 하거나 불쾌한 일을 겪게 됩니다.

화산

화산이 폭발하는 꿈

사업 실패로 실망하여 의기소침할 꿈입니다. 당신이 여자라면 예전에 앓았던 병이 재발해 목숨이 위태하게 됩니다. 환자가 이 꿈을 꾸면 건강 회복에 희망이 있고, 수감된 죄수는 탈옥을 시도하지만 그것은 수포로 돌아갈 것입니다. 상인은 강한 경쟁자를 만나 경제 손실을 보게 됩니다.

사(死)화산이 보인 꿈

새 벗을 사귀게 됩니다.

화산 아래를 걸어간 꿈

당신 사업이 불안정할 것입니다.

❸-1 오행이란?

동양철학의 기본은 오행의 상호 관계이다. 이 상호 관계에는 상생(相生)과 상극(相克)이 있다.

상생(相生)
1) 금생수(金生水) : 금(金)은 물을 담을 수 있는 그릇을 의미한다. 즉, 금(金)은 수(水)를 담아 보관한다. 혹은 다른 의미로 한다면 금속은 가열했을 때 액체로 되는 유일한 물질이다.

2) 수생목(水生木) : 물은 식물을 자라도록 하는 비나 이슬을 의미하는데 따라서 수(水)는 목(木)을 만들어낸다.

3) 목생화(木生火) : 불은 그 자체로서 보존할 수 없고 오직 나무를 태움으로써만 만들어진다. 또한 불은 나무토막 두 개를 서로 비벼야 일어난다.

4) 화생토(火生土) : 불은 모든 것을 재로 만들어 버리는데 재는 다시 흙의 일부가 된다.

5) 토생금(土生金) : 모든 금속은 땅에서 캐낸다.

▶내궁합·사주·팔자 中에서

4 장

빛光에 관한 꿈

광채

🍃 눈부신 광채가 나는 사람이나 혹은 신화 속의 인물을 본 꿈
남자는 괜히 한바탕 기뻐했음을 의미하고 여자는 온종일 아이의 안
전 때문에 근심 걱정만 하게 됩니다.

후광

🍃 자기 머리에 후광(後光)이 있는꿈
당신의 명성이 높아지거나 혹은 사람들의 옹호를 받을 꿈입니다. 범
죄자라고 고발된 사람이 이 꿈을 꾸면 고발은 취소되고 그도 무죄로
석방될 것입니다.
기혼 여자는 시집 식구들의 존중을 받게 될 것이고, 과부는 정절을
지킨 그녀의 명성이 친하에 전해질 징조입니다.

불빛

🍃 당신의 집에 등불이 환한 꿈
어떤 일을 하든지 모두 성공할 수 있을 징조이고, 집안의 자녀가 결
혼할 꿈 입니다.

🍃 다른 지 불빛이 몹시 환한 것을 본 꿈
명절을 기쁘게 보낼 꿈자립니다.

🍃 아버지 방에 불빛이 보인 꿈
처녀가 재능이 출중한 청년에게 시집가게 될 꿈입니다.

🍃 집안 불빛이 어두워진 꿈
장사가 잘 안 되거나 혹은 이득이 적어질 꿈입니다.

등불

🍃 배를탈때 멀리 등불이 보인 꿈
생활이 부유하고 행복해질 꿈입니다.

🍃 방안 등불이 눈부시게 빛난 꿈
당신은 백만 재산을 갖고 있게 됩니다. 아내와 헤어진 남자가 이 꿈을 꾸면 아내와 만나게 됩니다.

🍃 등불이 어두운 꿈
병이 생길 꿈입니다.

🍃 자기 손에 등을 들고 있는꿈
모든 슬픔과 고통이 다 지나가고 지기(知己)를 사귀게 될 것입니다.

🍃 등이 여러 차례 켜졌다 꺼졌다 한 꿈
친척 중 누가 사망할 꿈입니다.

🍃 여러 사람이 등을 들고 있는 꿈
널리 이름을 떨칠 꿈입니다.

촛불

🍃 촛불이 빨리 타는 꿈
좋은 소식이 있을 꿈입니다.

🍃 촛불이 매우 느리게 타는 꿈
병에 걸릴 꿈입니다.

🍃 촛불이 꺼진 꿈
나쁜 병에 걸리거나 혹은 생명이 위태로울 꿈입니다.

🍃 방안에 촛불이 환히 밝혀 있는 꿈
사업이나 소원이 자기 뜻대로 이루어지고 근심걱정이 해소됩니다.

초롱불

● 초롱불이 켜진 꿈
고난을 이겨낼 수 있을 꿈입니다.

● 꺼진 초롱이 보인 꿈
불행이 닥칠 꿈자립니다.

● 한 여자가 초롱불을 켜 들고 자기에게로 걸어오는 꿈
먹을 것과 입을 것이 풍족하고 재산이 풍요롭게 될 꿈입니다.

● 초롱불을 들고 밤길을 간 꿈
동업자, 은인 등을 만나 일이 잘 추진될 것입니다.

5
장

물水에 관한 꿈

물

● 깨끗한 물을 마신 꿈
신체가 건강해지고 힘이 강해질 징조입니다.

● 더러운 물을 마신 꿈
병에 걸릴 꿈자립니다.

● 냉수나 단물을 마신 꿈
여행을 떠나 적지 않은 돈을 벌 꿈입니다.

● 더운 물을 마신꿈
병마(病魔)에 시달릴 꿈입니다.

● 물 속을 걸어간 꿈
신령의 도움을 받게 됩니다. 죄인은 곧 자유의 몸이 될 것이고, 환자
는 오래지 않아 신체가 건강해 집니다.

● 자기가 물에 빠진 꿈
재난이 떨어질 흉조입니다.

● 물에 빠져 죽는 순간 구출되어 살아난 꿈
남의 도움으로 재난이 다소 경감될 꿈자립니다.

수증기

● 수증기를 본 꿈
이 꿈을 꾼 사람이 남자라면 적에게 패할 것이고, 여인이라면 가정에
충돌이 생겨 나중에는 사분오열되고 맙니다. 통치자가 꿈에 수증기
를 보았다면 극도로 불안해진 국민이 폭동을 일으켜 그의 통치를 반
대하게 됩니다. 환자는 병으로 장기간 누워 있게 되고, 죄수는 교도
관과 크게 싸우고 무거운 징벌을 받게 됩니다. 여행자가 이 꿈을 꾸
면 낯선 사람의 기습을 받아 모든 여 행이 수포로 돌아갑니다.

얼음

 얼음을 본 꿈
다른 사람의 지지를 받게 될 꿈입니다. 처녀가 이 꿈을 꿨다면 마음에 드는 이상적인 남자를 만나게 될 것이고, 학생은 시험에서 뛰어난 성적을 얻을 것입니다. 청년에겐 그의 연인이 그에 대한 사랑이 변함없는 지조를 다할 꿈입니다. 상인에게도 역시 이 꿈은 장사가 번창할 좋은 꿈이고, 농부에게 도 풍년이 들 길조입니다.

얼음을 얻은 꿈
가정이 부유해질 상서입니다.

얼음이 녹아 버린 꿈
당신의 지지자를 잃게 될 것입니다.

얼음 위에서 미끄럼을 타는 꿈
상인에겐 장사가 안 될 꿈이고, 젊은이에겐 연인이 조삼모사로 변덕을 부리다가 결국은 그를 버리고 말 꿈입니다. 군인은 생명에 위험이 생겨 전사할 수도 있을 꿈입니다.

수재해(水災害)

수재가 난 꿈
돈이 들어올 꿈입니다. 하지만 기혼 여자가 이 꿈을 꿨다면 자궁에 질병이 생겨 고통을 겪을 것이고, 남성 노인은 조용히 세상을 뜰 꿈입니다.

종전에는 볼 수 없던 큰 수재가 난 꿈
적들의 반격을 받게 될 꿈자립니다. 하지만 미혼 처녀에게는 마음에 드는 연인과 결혼하는 것을 부모가 동의할 꿈자리입니다.

바다

바다를 본 꿈
남자가 이 꿈을 꿨다면 오래지 않아 당신의 기운을 진작시키는 기쁜 소식이 들려 올 것이고, 여자는 집안 식솔이 불어나면서 어깨에 걸머진 짐이 점점 무거워져 갈 것입니다. 상인이 꿈에 바다를 보면 장사가 번창하여 각지에 뻗어 나갈 것입니다.

바다를 항해한 꿈
남자가 이 꿈을 꾸면 생활이 부유하고 행복할 것이지만 기혼 여자가 이 꿈을 꾸면 남편과 별거하게 됩니다. 미혼 남녀는 결혼하게 됩니다. 상인이 항해하는 꿈을 꾸게 되면 큰돈을 벌게 됩니다. 죄수가 이 꿈을 꾸면 오래지 않아 다른 감옥으로 옮겨가게 됩니다. 군인이 이 꿈을 꾸면 고급 훈장을 받습니다.

폭풍우 속에서 돛을 올리고 항해한 꿈
당신의 운이 트일 것입니다.

배가 터져 갈라진 꿈
당신에게 재난이 닥칠 것입니다.

바다 속에 침몰한 꿈
당신은 모든 고난을 다 이겨낼 수 있을 것입니다.

남에게 떠밀려 바다에 떨어진 꿈
이 꿈을 꾼 환자는 오래지 않아 건강을 회복합니다.

바다가 만조가 되었거나 혹은 폭풍이 일어난 꿈
고난이 산더미같이 많아질 것입니다.

자신이 바닷가에 서 있던 꿈
생활에 불행이 생길 꿈입니다. 환자는 병세가 악화되고 학생은 서 있다면 시험에 낙제하게 됩니다. 실업자는 취직의 기회가 많았지만 감당할 수가 없어서 모두 수포가 되고 맙니다.

강(江)

🍃 강을본꿈

당신은 행복하고 부유할 것입니다. 여자는 친정에 오라는 부모의 초청을 받 을 것입니다.

🍃 강에 홍수가 난꿈

벼농사에 풍년이 들게 됩니다.

🍃 강이 말라 버린꿈

당신에게 손실이 생깁니다.

🍃 강의 물이 밀려 나간꿈

여행하는 사람의 앞길에 많은 장애가 있을 것입니다.

🍃 강을 건너는 꿈

모든 일이 뜻대로 되고 승리의 소식이 연달아 있게 됩니다. 죄인이 꿈에 강을 건넜다면 오래지 않아 석방되고, 상인은 밑지던 장사가 이익을 얻게 됩 니다.

🍃 강물 밑으로 잠수한 꿈

남자에겐 신체가 건강할 꿈이고, 여자에겐 아들을 낳을 꿈입니다.

🍃 강에서 수영한 꿈

당신은 신체가 건강하고 힘이 있을 것입니다.

🍃 수영해서 강을 건넌 꿈

당신 사업이 성공할 것입니다. 임산부가 꿈에 수영해서 강을 건넜다면 분만 이 아주 순조로울 것입니다. 여행자가 꿈에 바로 헤엄쳐 강을 건너고 있었다면 여행이 원만하게 끝날 것입니다. 환자의 꿈에 자기가 바로 헤엄쳐 강을 건너고 있었다면 병이 오래지 않아 완쾌될 것입니다.

🍃 타인이 수영하여 강을 건너는 것을 꿈
당신이 곤란에 부딪칩니다.

 샘물

🍃 샘물이 보인 꿈
생활이 아름다울 꿈입니다. 당신이 남자라면 당신의 이름이 천하에
알려질 것이고, 여자라면 아이들의 신체가 모두 건강할 것입니다. 하
지만 죄수에게는 무기형이 떨어질 꿈입니다.

🍃 샘물에 들어가서 목욕한 꿈
꿈 꾼 자가 위험을 무릅쓰고 모험할 징조입니다.

🍃 샘에서 맑은 물이 힘 있게 솟아오르는 꿈
부유해질 꿈자립니다. 연인이 이 꿈을 꾸면 이들 사랑이 아주 순조로
우며 결혼 생활도 매우 재미있고 행복할 것을 의미합니다.

🍃 샘에서 더러운 물이 샘솟는 꿈
불행의 흉조입니다.

🍃 샘에서 온수가 솟는 꿈
병이 생길 꿈자립니다.

🍃 친구들과 함께 산수풍경을 감상할 때 샘물을 발견한 꿈
당신 생활이 근심 걱정 없이 행복할 것입니다. 상인은 판매 시장이
당신에게 유리하게 돌아갈 것입니다.

온천

🍃 **온천을 본 꿈**
신체가 건강해질 꿈입니다.

🍃 **온천에서 목욕하는 꿈**
병에 걸릴 꿈입니다. 하지만 기혼여자가 이 꿈을 꾸면 잘난 아들을
낳을 것입니다.

🍃 **누가등 뒤에서 당신을 온천 속으로 떠밀어 넣은 꿈**
적들이 당신을 향해 암살 음모를 하고 있음을 의미합니다.

늪

🍃 **물이 많고 깊은큰 늪을 본꿈**
성공할 예시입니다. 남자에겐 가축이 늘어날 징조이고, 여자에겐 몸
이 튼튼하고 자식이 많은 꿈입니다. 집을 떠난 사람은 부자가 되어
오래지 않아 금의 환향할 꿈이고, 상인은 큰돈을 벌 꿈입니다.

🍃 **썩은 물이 고인 늪을본꿈**
당신에게 병이 생길 꿈자립니다.

🍃 **늪에서 헤엄을 친 꿈**
장사가 부진할 꿈입니다.

🍃 **흐린 날에 늪가에서 밥을 먹는 꿈**
생활이 안녕, 행복할 꿈입니다.

🍃 **물이 마른 늪을본꿈**
흉년이 들고 병에 걸릴 것입니다.

🍃 **늪의 물을 빼는꿈**
아내가 병으로 인해 근심할 것입니다.

- 늪에 물을 대는꿈
  사람들의 추대를 받게 됩니다.

- 늪에서 헤엄을 치는 꿈
  살림이 쪼들릴 꿈입니다.

- 늪 속으로 침몰하는 꿈
  질병과 손실의 상징입니다.

- 늪에서 진흙을 파는 꿈
  유산을 상속받을 꿈입니다.

- 늪에서 목욕하는 꿈
  이 꿈을 꾸면 여자는 몹시 아끼고 사랑하는 남자에게 시집가게 되고,
  남자는 어질고 총명한 아내를 얻게 됩니다.

저수지

- 물이 가득 찬 저수지를 본 꿈
  당신 신체가 건강할 것을 예시합니다.

- 저수지에 물이 말라 버린 꿈
  당신은 굶주림에 쪼들릴 것입니다.

- 저수지에서 목욕을 한 꿈
  남자는 부유해질 길조이고, 여자는 오래지 않아 분만하게 됩니다.
  환자는 건강이 회복됩니다.

- 아내와 함께 저수지에서 목욕한 꿈
  부부 생활이 화목하고 행복할 것입니다.

- 친구와 함께 저수지에서 목욕한 꿈
  사람들의 추대를 받게 됩니다.

● 적과 함께 저수지에서 목욕한 꿈
적들의 속임수에 빠지게 됩니다.

● 저수지에 물을 댄 꿈
큰돈을 벌게 됩니다.

● 저수지 물을 빼 버린 꿈
당신이 사는 지역에 가뭄이 들어가 병이 생길 징조입니다.

● 큰 저수지를 본 꿈
남자는 부자가 될 것이고, 여자는 부부 생활이 행복하고 백년해로하
게 됩니다. 미혼 여자가 이런 꿈을 꾸면 큰 부잣집 남자에게 시집가
게 됩니다. 미혼 남자가 이런 꿈을 꾸면 몸가짐이 단정하고 뜻에 맞
는 여자와 결혼하게 됩니다. 상인이 이런 꿈을 꾸면 장사가 번창할
것입니다.

● 저수지에서 잠수한 꿈
이 꿈을 꾼 남자는 신체가 건강하고 힘도 셀 것입니다. 여자가 이런
꿈을 꿨 다면 이는 그녀가 임신할 것을 의미합니다.

● 저수지를 만든 꿈
당신의 명성이 널리 알려질 것입니다.

● 우유가 저수지에 가득한 꿈
당신에게 자식이 많이 생길 것입니다.

소용돌이

■ 소용돌이를 본 꿈
진행하는 일이 극복하기 어려운 장애에 부딪치게 됩니다. 기혼 여자는 혼자서 집안 전체의 일을 걸머지게 됩니다.

■ 소용돌이 속에 말려들어 간 꿈
당신이 행동하기에 곤란해질 것입니다.

우물

■ 우물에서 물을 길은 꿈
당신은 다른 사람의 유능한 부하가 될 것입니다. 여자가 이런 꿈을 꾸면 이웃 여인들의 칭찬을 받게 됩니다. 상인이 이 꿈을 꾸면 명성 높은 자선가와 인애(仁愛)한 인물이 됩니다.

■ 우물에 몸을 던져 죽으려 한 꿈
위급한 시기에 당신은 다른 사람의 도움을 받게 됩니다.

■ 다른 사람이 우물에 몸을 던지는 꿈
당신은 위험에 빠집니다.

■ 우물곁을 지나간 꿈
이 꿈을 꾼 여행자는 여행 도중 재난이 생깁니다.

■ 우물 혹은 구덩이 안으로 내려가는 꿈
술, 담배 등 나쁜 습관에 물들어 돈을 물 쓰듯 하고 당신 소유의 재산을 몽땅 날릴 전조입니다.

■ 우물을 파는 꿈
이름이 크게 날 꿈입니다.

하수도

● 자기가 낙숫물받이 아래 서 있는 꿈
파산하여 가난으로 고생할 꿈입니다.

● 배수 도랑에 물이 흐르는 것을 본 꿈
농민이 이 꿈을 꾸면 풍년 들 것입니다.

● 자신의 집 하수도에 물이 흐르고 있는 꿈
이 꿈을 꾼 사람에게 큰 재난이 닥칠 것입니다.

● 흙으로 쌓은 하수도가 보인 꿈
고난을 겪어야 할 꿈입니다.

❸-2 오행이란?

상극(相克)

이 오행의 다섯 가지는 서로 의존적이면서도 해악을 끼친다.

1) 화극금(火克金) : 금속은 열을 가하면 녹으므로 주조할 수 있다.

2) 수극화(水克火) : 물처럼 불을 빨리 끌 수 있는 것은 없다.

3) 토극수(土克水) : 땅에 운하나 수로를 파서 물의 방향을 마음대로 조절하거나 물을 보관 사용한다.

4) 목극토(木克土) : 나무뿌리는 땅을 마구 헤치고 영양분을 다 흡수해 버린다.

5) 금극목(金克木) : 아무리 큰 나무라도 도끼의 금속 날에 의해 쓰러진다. 이 철학에서 우리는 오행의 다섯 가지 가운데 어느 것이 가장 강하다거나 약하다고 말할 수가 없다는 것을 알 수 있다. 음양과 마찬가지로 오행도 영원히 상호 의존적이며 평등하다. 그것들은 자신의 존재를 낳는 삶의 사슬에 연결되어 있을 뿐 서로 힘을 다투지 않는다. 각각은 자신의 고유한 위치와 역할이 있는 것이다.

인체 속에서도 오행은 상호관계를 유지하여 금(金)은 폐, 화(火)는 심장, 수(水)는 신장, 토(土)는 비장과 췌장, 목(木)은 간을 지배한다.
한의학에서는 이 관계를 염두에 두어 치료하는데 예를 들어 토(췌장)가 허약할 때는 금(폐)도 역시 악화된다. 만약 수(신장)의 기능이 좋지 않으면 수(水)가 낳는(相生) 요소인 목(木)을 생산할 수 없으므로 간이 나빠지게 된다.

▶내궁합·사주·팔자 中에서

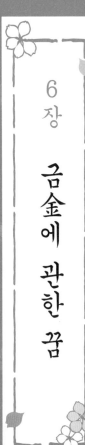

6장

금金에 관한 꿈

황금

🍃 황금을 본 꿈
실패의 징조입니다.

🍃 누군가가 자신에게 황금을 준 꿈
실패할 흉조입니다.

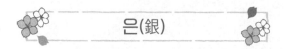

은(銀)

🍃 은을 본 꿈
부자가 됩니다. 그러나 여자가 이 꿈을 꾸면 아이에게 병이 납니다.

🍃 은 장신구를 찬 꿈
여자가 이 꿈을 꾸면 가난에 쪼들리게 됩니다. 미혼 여자는 혼사일로
속을 썩게 됩니다.

🍃 은을 잃어버린 꿈
친구를 잃을 징조입니다.

🍃 은장신구를 남에게 선물한 꿈
친구의 미움을 받게 됩니다.

🍃 은이 생긴꿈
당신이 발탁될 상서입니다.

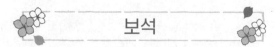

보석

🍃 보석을 사는 꿈
남자는 강도에게 재산을 모두 강탈당할 꿈입니다.

🍃 보석 반지 따위를 찬꿈
친정에서 잔치가 있을 꿈입니다.

🍃 숨겨 놓은 금은보화를 본 꿈
불행에 부딪칩니다.

🍃 진귀한 보물을 축적한 꿈
비참한 생활을 하게 될 꿈입니다.

🍃 진주, 보석을 숨긴 꿈
기혼 여자는 오래지 않아 분만하게 되고, 미혼 여자는 돈 많은 남자에게 시집가게 됩니다. 상인은 장사에 적자가 납니다.

🍃 보석을 본 꿈
여자에게는 상서이지만 남자에게는 액운에 부딪칠 흉조입니다.

🍃 자기의 재산, 보물을 남에게 준 꿈
당신은 큰 돈을 벌게 됩니다. 상인이 이 꿈을 꾸면 장사가 번창합니다.

🍃 예물을 주는 꿈
운수가 좋을 꿈입니다.

🍃 예물을 받은 꿈
여인에겐 귀공자가 생길 꿈이고, 처녀에겐 곧 시집갈 꿈자립니다. 환자가 꿈에 예물을 받았으면 병상에서 일어나지 못할 흉조입니다.

진주

🍃 진주가 보인 꿈
재산에 손해가 있을 꿈으로 남자가 꿈에 진주를 보면 수입이 감소되고 여인의 경우에는 장신구를 잃게 됩니다. 하지만 은행가에겐 영업이 호전되어 큰 돈을 벌 꿈입니다.

🍃 진주 목걸이를 목에 걸은 꿈
아내와 딸이 고생을 하게 됩니다.

■ 진주를 잃어버린 꿈
가정에서 혼사가 있을 것입니다. 실직자는 오래지 않아 일자리를 찾게 됩니다.

■ 진주를 산 꿈
고위직에 등용될 꿈입니다.

■ 적에게 진주를 선물한 꿈
적들이 당신에게 굴복할 것입니다.

■ 벗에게 진주를 선물한 꿈
당신의 명성은 크게 떨쳐질 것입니다.

■ 아내에게 진주를 선물하는 꿈
부부간의 애정이 더욱 짙어질 꿈입니다.

■ 남편에게 진주를 선물한 꿈
남편의 파산으로 말할 수 없는 고통에 싸일 것입니다.

■ 남편에게서 진주를 선물 받는 꿈
남편이 좋은 자리에 발탁될 것입니다.

■ 주택 둘레에 진주를 잔뜩 뿌려 놓은 꿈
가정에 내분이 생길 꿈입니다.

 상아

■ 온전한 상아를 본 꿈
행복, 장수할 꿈입니다. 여자는 새 보석을 사게 됩니다.

■ 금이 가거나 부러진 상아를 본 꿈
액운에 부딪칠 꿈입니다. 임신부가 이 꿈을 꾸면 유산하게 됩니다.

■ 긴 상아를 본꿈
상인은 큰돈을 벌게 됩니다.

● 상아로 만든 물건을 본 꿈
자녀가 결혼하게 됩니다.

● 상아 장사를 한꿈
부자가 될 꿈입니다.

● 상아 팔찌를 낀 꿈
꿈을 꾼 여자의 고향에 재난이 들 것입니다.

● 상아를 조각하는 꿈
배 타고 출국할 꿈입니다.

철

● 철물 장사를 한 꿈
돈을 벌게 될 꿈입니다.

● 철공이 된 꿈
힘을 많이 쓰는 노동자가 될 꿈입니다.

● 철분을 포함한 약을 제조하는 꿈
당신 신체가 건강해질 전조입니다.

● 철제 취사도구를 사용한 꿈
남편의 수입이 줄어들고 살림이 궁핍해질 꿈자립니다.

● 철을 만들어 나른 꿈
구사일생으로 살아날 꿈입니다.

● 제철 공장에 출근하는 꿈
당신이 종사하는 사업이 몹시 어려울 꿈입니다.

청동

● 청동(靑銅)이 보인 꿈
성공할 길조입니다.

● 청동기(靑銅器)를 닦은 꿈
장차 유산을 물려받을 징조입니다.

● 청동기가 보인 꿈
믿을 만하다고 생각한 사람에게 속을 꿈입니다.

금강석

● 금강석으로 만든 반지를 낀 꿈
사랑에 시끄러운 일이 생길 것입니다. 처녀가 이 꿈을 꾸면 돈 많고
마음에 드는 남자에게 시집을 갈 것입니다.

수은(水銀)

● 수은을 본 꿈
남자가 이 꿈을 꾸면 아내가 다른 남자를 사랑하게 되고, 여자가 이
꿈을 꾸면 남편에게 불행이 닥쳐 불순분자들과 휩쓸릴 것입니다. 환
자는 병이 완치되고, 상인은 장사에서 적은 돈을 벌게 됩니다.

● 수은을 사용한 꿈
머지않아 중요한 사명을 짊어지게 될 것입니다. 화학가는 자신의 분
야에서 큰 업적을 이룰 것입니다.

아연

● 아연이 보인 꿈
건강이 갈수록 나빠질 꿈입니다. 여인은 집안 여성들과 말다툼을 하게 됩니다. 환자가 꿈에 아연을 보게 되면 병이 금방 낫지 않을 것입니다.

● 아연을 산 꿈
사기죄로 감옥살이를 하게 될 꿈입니다.

● 남에게 아연을 준 꿈
모든 근심 걱정이 다 사라질 것입니다.

대리석

● 대리석이 보인 꿈
좋은 라이벌이 생길 것입니다.

● 대리석을 톱으로 켜는 꿈
당신이 면밀히 계산해서 살림할 꿈입니다.

● 대리석으로 빌딩을 지은 꿈
당신이 많은 유산을 물려받을 꿈입니다.

● 대리석을 깎아 만든 조각상을 본 꿈
군인이 조국을 위해 전쟁터에서 전사할 꿈입니다.

돌

🍀 **돌이 보인 꿈**

생활이 곤란할 꿈입니다. 여자가 이런 꿈을 꾸면 위장병에 걸립니다.

🍀 **돌이 검은 꿈**

적들이 당신을 반대하는 음모를 꾀하게 됩니다.

🍀 **흰 돌이 보인 꿈**

가정의 재산 분배를 잘 처리할 수 없어 애가 탈 꿈입니다.

🍀 **돌을 머리에 이어 옮긴 꿈**

당신이 맡은 책임을 아주 잘 이행할 것입니다.

🍀 **돌을 치는꿈**

이는 당신이 각고의 노력 끝에 수확이 있을 상서입니다.

🍀 **돌로 사람을 때린 꿈**

큰 재난이 당신에게 찾아들 것입니다.

🍀 **남이 돌로 당신을 친꿈**

당신 명성이 널리 알려질 것입니다.

🍀 **돌 위에서 걸어간 꿈**

당신 생활이 편안할 것입니다. 죄수가 이런 꿈을 꾸면 오래지 않아 석방될 것입니다.

🍀 **돌이 깔려 있는 바닥에서 달리기를 한 꿈**

건강이 갈수록 나빠지거나 적이 당신을 끝까지 쫓아와서 패배를 안겨 줄 꿈입니다.

모래

🍀 모래 더미를 본 꿈

많은 고난이 닥칠 것입니다. 여자가 이런 꿈을 꾸게 되면 임신을 하게 됩니다. 환자는 병상에서 장기간 일어나지 못하게 됩니다.

🍀 모래 위를 걸어간 꿈

오래지 않아 당신이 이사할 꿈입니다.

🍀 모랫길에서 달린 꿈

형사사건의 범죄자로 공소당할 것입니다.

🍀 모래를 머리로 이어 나른 꿈

직장이나 가정에서 중대한 책임을 걸머지게 될 꿈입니다.

🍀 어떤 사람이 당신 머리에 모래를 뿌린 꿈

당신은 친구의 속임수에 걸려 파산될 것입니다.

석탄

🍀 석탄을 본 꿈

이 꿈은 위험과 고난의 징조입니다. 여자가 꿈에 석탄을 보면 남편이 병에 걸리거나 앞 못보는 장님이 될 꿈이고, 과부가 석탄을 보면 그녀의 아랫사람이 불행을 당할 것이며, 남자가 이런 꿈을 꿨다면 가난과 분쟁을 예시합니다. 농민의 꿈에 석탄이 보이면 화재에 주의해야 합니다. 당신과 안좋은 관계에 있는 사람이 논밭에 묶어 놓은 곡식더미에 불을 지를 수 있습니다.

벽돌

🍃 잘 구워진 벽돌을 본 꿈
운수가 좋을 꿈입니다.

🍃 아직 굽지 않은 벽돌을 본꿈
앞으로 위험하고 생활에 굴곡이 있을 좋지 못한 꿈입니다.

기념비/비석

🍃 기념비를 본 꿈
현재의 고통과 불행이 지나가 버릴 꿈입니다.

🍃 아내의 무덤에 세울 비석을 본 꿈
이들 부부가 백년해로(百年偕老)할 것입니다.

🍃 무덤의 비석을 본 꿈
노인에겐 장차 세상을 점잖게 뜰 꿈이고, 문학가에겐 온 세상에 이름을 떨칠 꿈입니다.

🍃 기념비를 무너뜨린 꿈
당신 명예가 가차 없이 무너지고 말 꿈입니다.

조각상

🍃 조각한 상을 본 꿈
남자에게는 기쁜 소식이 들려 올 꿈이고, 여자에게는 남편의 명성이 널리 알려질 꿈입니다.

🍃 자신의 조각상을 본 꿈
당신은 발탁되어 승진할 것입니다.

● 동으로 만든 조각상을 본 꿈
  당신이 신체 건강하여 장수하게 됩니다.

● 백색의 조그만 조각상을 본 꿈
  당신의 직위가 연이어 세 등급이나 진급됩니다.

● 조각한 상을 부숴 버린 꿈
  당신은 적의 음모 계략에 빠지게 됩니다.

● 주조한 상을 본 꿈
  고위에 오르게 됩니다.

● 어느 큰 인물의 동상 제막식에서 테이프를 끊은 꿈
  당신은 나라의 고급 영예를 수여 받을 것입니다.

❹ 쥐띠 해에 대하여

쥐띠 해는 풍요와 기회와 희망의 해이다. 이 해에는 투기가 성행하고 물가변동이 심하며 주식시장이 붐빈다. 또한 세계경제는 전반적으로 호황을 누리게 된다. 사업은 상승세를 타게 되며 행운이 따르기 때문에 부를 축적하기가 여느 때보다도 수월하다. 이 해에는 이 해에 가져다주는 대성공을 발판으로 장기 투자 계획을 세워서 그 다음의 저조한 시기에 대비해야 한다. 이 해에 시작되는 모험적 사업들은 준비만 잘 되어 있으면 성공하기 쉽다. 그러나 운에만 맡기고 덤벼든다거나 불필요한 모험까지 감행하는 것은 절대 금물이다. 왜냐하면 쥐띠 해는 또한 겨울의 냉기와 밤의 어둠에 의해 지배되기 때문이다. 따라서 무분별한 투기를 일삼으면서 과대하게 사업을 확장한다면 슬픈 결말을 맞이하게 된다.

▶내궁합·사주·팔자 中에서

7장

화폐·유가증권에 관한 꿈

금전

● 자신이 남에게 돈과 재물을 나눠주는 꿈
불길한 흉조입니다.

● 자신이 고생을 참고 견디어 돈을 번 꿈
당신 처지가 매우 험할 꿈입니다.

● 백색 동전이 보인 꿈
소인배들이 음모를 꾀하고 있기 때문에 당신이 한시라도 조심하지
않으면 엄청난 손실을 볼 것입니다.

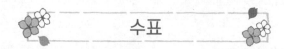

지폐

● 현재 사용되는 지폐가 보인 꿈
당신의 경제력이 없어질 꿈입니다.

● 지폐를 받는 꿈
장사가 번창할 꿈입니다.

● 남에게 지폐를 주는 꿈
가정에 분쟁이 생길 흉조입니다.

수표

● 수표를 받은 꿈
남자에겐 사업이 발전하고 생활이 부유해질 꿈이고, 여자에겐 말 못
할 고통이 생길 꿈입니다.

재산

🍃 **재산을 얻은 꿈**

돈이 많은 사람이 이 꿈을 꾸면 좋은 일이 생길 길조지만 가난한 사람이 이 꿈을 꾼다면 무일푼이 되어 굶주림에 시달릴 것입니다. 여자에겐 오래지 않아 해산하게 될 꿈이고, 상인에게는 장사가 더욱 번창할 꿈입니다. 행실이 나쁜 사람이나 도둑이 이런 꿈을 꿨다면 체포되어 징벌을 받게 됩니다.

🍃 **숨겨 논 재산을 얻은 꿈**

재판에 걸려 많은 돈을 쓰게 됩니다. 결혼한 여자가 이 꿈을 꿨다면 양친이 세상을 뜨실 겁니다.

🍃 **지하에 숨겨진 재산과 보물을 승계 받은 꿈**

장사에서 엄중한 손실을 입게 될 꿈입니다.

🍃 **재산을 잃은 꿈**

당신 운수가 좋을 꿈입니다.

🍃 **자신에게 매우 많은 재산이 있는 꿈**

항상 우울하고 또 슬퍼할 꿈입니다. 여인은 자식의 안전 때문에 근심 걱정 할 것이고, 상인은 장사에서 큰 적자가 납니다.

🍃 **다른 사람에게 아주 많은 재산이 있는 것을 본 꿈**

당신의 생활이 사치스럽고 방탕할 꿈입니다.

🍃 **아내가 매우 부유한 꿈**

당신 수입이 날이 갈수록 많아질 것입니다.

🍃 **재판에서 져서 재산을 잃은 꿈**

오래지 않아 유익한 장사를 시작할 것입니다.

🍃 **재판에서 이겨 재산을 얻은 꿈**

당신은 사기죄로 전 재산을 몰수당할 것입니다.

🍃 **재산이 되는 것들을 사들인 꿈**

집안에 오래지 않아 결혼식이 있을 꿈입니다. 여자가 이 꿈을 꾸면 남편이 병에 걸리게 됩니다.

🍃 자신의 재산을 사기 당하거나 도둑맞거나 혹은 강탈당한 꿈
이 꿈을 꾼 남자는 생활이 행복하고 부유해질 것입니다.

🍃 남의 재산을 사취한 꿈
당신에게 재난이 떨어집니다.

🍃 재산을 경매한 꿈
국외로 축출당할 흉조입니다.

🍃 자신의 재산을 남에게 넘겨준 꿈
당신의 신체가 건강하고 장수할 길조입니다.

🍃 재산을 친구에게 준 꿈
당신은 사람들의 미움을 받게 됩니다.

🍃 재산을 낯선 사람에게 준 꿈
당신의 위신이 떨어질 꿈입니다.

🍃 남의 재산을 몹시 부러워한 꿈
당신의 이름이 세계에 날리고 직장 운이 형통할 것입니다.

🍃 자신의 재산을 훼손한 꿈
당신이 대기업의 총관리인이 될 것입니다.

🍃 남의 재산을 훼손한 꿈
복권에 당첨되어 부자가 될 꿈입니다.

🍃 친척과 친구의 재산을 다 써 버린 꿈
이는 당신이 다른 사람의 도움을 잃게 될 흉조입니다.

결산

🍃 결산을 한 꿈
이는 좋은 일이 생길 꿈입니다.

🍃 결산하는데 장부가 정확하지 않은 꿈
좋은 일이 생길 꿈입니다.

🍃 결산 장부가 정확하게 계산된 꿈
생활이 가난해질 흉조입니다.

이익

🍃 장사에서 이익을 얻은 꿈
이 꿈을 꾼 사람이 남자라면 고통과 걱정의 시달림을 오래 겪게 될
것이고, 여자라면 남편과 보호자 모두 당신을 포기할 것입니다. 미혼
남자는 부잣집 처녀와 결혼하게 되고, 미혼 여자는 백만장자에게 시
집가 윤택한 생활을 할 것입니다.

🍃 남의 자금으로 돈을 번 꿈
장차 친척의 유산을 물려받을 것입니다.

🍃 자신에게 한 푼의 돈도 없는 꿈
재판에서 이겨 당신이 돈, 재물을 얻게 될 것입니다. 회사원이 이 꿈
을 꾸면 발탁, 진급될 것입니다.

손실

🍃 손실을 입은 꿈
장사가 번창해 큰 이익을 보게 될 꿈입니다. 여행자가 손실을 입는
꿈을 꿨다면 여행을 성공적으로 끝마치게 됩니다. 하지만 임신한 여
자가 손실을 보는 꿈을 꿨다면 유산하게 됩니다.

🍃 친구가 당신에게 손해를 끼친 꿈
당신이 그의 도움을 받게 될 꿈입니다.

부채(負債)

🍀 자신이 빚쟁이가 된 꿈
생활이 행복해질 꿈입니다.

임대료/세금

🍀 토지세를 걷은 꿈
남자가 이 꿈을 꾸면 재산의 손해를 보거나 혹은 재난으로 집과 가족을 잃게 될것이고, 여자가 이 꿈을 꾸고 나면 남편이나 자녀가 세상을 뜰 것입니다.

🍀 집세를 걷은 꿈
급료가 아주 적은 일을 맡아 하게 될 것입니다.

🍀 방세를 받은 꿈
여자가 꿈에 방세를 받았다면 가정에 곤란할 일이 생길 것입니다.

🍀 방세를 낸 꿈
남자에겐 사업에서 성공할 꿈이고, 여인은 남편의 수입이 증가됩니다.

🍀 토지세를 납부한 꿈
수입이 증가될 꿈입니다. 미혼 남자가 이 꿈을 꿨다면 부모가 그에게 아주 많은 토지를 재산으로 넘겨줄 것입니다. 그러나 기혼 여자가 꿈에 토지세를 납부했다면 오래지 않아 남편과 헤어지게 됩니다. 미혼 여자는 가난한 사람 에게 시집을 가게 됩니다.

🍀 세금을 낸 꿈
상인은 바다 건너 장사를 하면 큰돈을 벌게 되지만, 농민은 농사가 흉작이 되고 수입이 크게 감소됩니다.

몸값(보석금, 합의금)

● 친구의 석방을 위해 당신이 보석금이나 합의금을 낸 꿈
이는 당신이 위급한 시기에 가장 유능한 지지자가 당신은 저버릴 것을 의미 합니다.

● 남편을 위해 몸값을 낸 꿈
큰 재난이 닥칠 것을 의미합니다.

● 젊은 남자의 몸값을 낸 꿈
이 꿈을 꾼 처녀는 오래지 않아 결혼하게 됩니다.

벌금

● 벌금을 당하는 꿈
자신의 모든 악습을 없애 버릴 꿈입니다.

● 벌금을 내는 꿈
이는 조상이 진 빚을 갚게 될 꿈자립니다.

● 남에게 벌금 물리는 꿈
이웃과 원수를 지게 될 징조입니다.

● 남을 대신하여 벌금을 내는 꿈
당신의 지위가 개선될 것입니다.

● 벌금 내는 것을 본 꿈
여자가 이 꿈을 꾸면 남편의 수입이 줄어들 꿈입니다.

보험

● 생명보험에 가입한 꿈
불행한 사고가 생겨 오랫동안 근심 걱정에 싸일 꿈입니다.

● 보험회사 직원이 된 꿈
장사에서 돈을 벌 꿈입니다.

● 아내가 보험에 가입한 꿈
가족이 늘어날 꿈입니다.

● 보험회사의 대리인이 된 꿈
친구 덕분에 부자가 될 꿈입니다.

복권

● 복권 추첨에 참가한 꿈
장사가 잘 안될 꿈입니다.

● 복권에 당첨되지 못한 꿈
당신이 유산을 상속받게 될 꿈입니다.

● 복권 추첨을 하는 꿈
남자에겐 낙담하고 우울해질 꿈이고, 여자에겐 그녀의 남편의 경제력이 없어질 꿈입니다.

8 장

신체에 관한 꿈

머리/머리카락

● 머리에 수포성(水疱性) 종기가 생긴 꿈
오래지 않아 세상을 떠나게 될 것입니다.

● 자신의 머리 꼭대기에 개미가 지나다닌 꿈
풍년이 들고 오랫동안 가물었던 농작물에 단비가 내려 풍작을 얻을
길조입니다.

● 당신 머리 위에 나비가 내려앉은 꿈
많은 재물이 생기거나 직장에서 승진하게 됩니다.

● 머리에 왕관을 쓴 꿈
이런 꿈을 꾸었다면 명예와 돈과 재물을 모두 얻게 됩니다.

● 자기 머리에 뿔이 자란 꿈
큰 돈을 벌 꿈 자립니다.

● 남의 머리에 뿔이 자란 꿈
당신에게는 적이 많이 생겨 하는 일마다 첩첩산중 고난이 닥칠 것입
니다.

● 자기 머리에 뿔이 자랐다가 사라진 꿈
이는 앞 못 보는 소경이 될 꿈자립니다.

● 자신의 머리가 커진 꿈
직장에서 진급될 꿈자립니다.

● 누군가가 검(劍)을 휘둘러 당신 머리를 베려 한 꿈
전 집안 식구가 말과 행동을 각별히 조심하고 조금도 소홀함이 없어
야 함을 알려 주는 꿈자립니다.

● 거울에 머리를 비춰 본 꿈
당신이 좋은 일에 발탁될 상서입니다.

● 두 손으로 머리를 감싸 쥔 꿈
승리의 소식이 잇달아 전해 올 꿈자립니다.

● 아무런 향기도 없는 기름을 머리에 바른 꿈
당신 사업이 실패할 꿈입니다.

● 머리에 향기 나는 머릿기름을 바른 꿈
당신의 몸이 건강해질 꿈입니다.

● 빗으로 머리를 빗는 꿈
좋은 운이 트이거나 신체가 건강해질 징조입니다.

● 머리를 감은 꿈
우울하던 심정이 맑아질 것입니다.

● 자기 머리 카락이 자란 꿈
이 꿈을 여자가 꿨다면 젊은 부부가 금실이 매우 좋으며 또 영구토록
행복 할 것을 알리는 꿈자립니다.

● 남의 머리에 머리 카락이 자라는 것을 본 꿈
당신이 세속의 생활에 싫증을 느껴 출가(出家)하여 고행(苦口)의 길에
들어 설 꿈입니다.

● 흰머리가 자란 꿈
근심으로 괴로워할 꿈입니다.

● 머리가 빠지고 또 머리를 자른 꿈
이런 꿈을 여자가 꿨다면 이는 과부가 될 징조입니다.

● 누가 당신 머리 카락을 쥐고 당신을 질질 끌고 가는 꿈
이런 꿈을 여자가 꿨다면 이것은 사망하거나 혹은 불행으로 남편과
헤어질 꿈자립니다.

얼굴

● 자신의 얼굴이 파랗게 보인 꿈
　집에 가족이 불어날 꿈자립니다.

● 남편의 얼굴이 파랗게 보인 꿈
　이는 쌍둥이를 낳을 꿈입니다.

● 자기의 얼굴은 물론 남의 얼굴까지도 검게 보이는 꿈
　평소 꺼려하던 사람과 만나거나 거래 등을 하게 된다.

● 얼굴과 얼굴이 겹쳐지는 꿈
　서로 다른 상표의 선물을 받거나 집안의 가구 등을 옮기게 된다.

● 얼굴인 검은 아이를 본 꿈
　누구나 싫어하는 일을 떠맡게 된다.

● 얼굴 부위를 치료하거나 수술한 꿈
　자신의 주위에서 무언가 옮기는 일을 가게 된다. 즉, 문패를 새로 갈
　아 단다든지 방문을 다시 고쳐 단다든지 등의 일을 하게 됩니다.

● 얼굴 전체를 붕대로 감은 사람을 본 꿈
　누구에게 사기를 당하거나 소식을 전해 듣게 됩니다.

● 예쁜 얼굴을 본꿈
　행복하고 즐거울 길조입니다.

● 밉게 생긴 얼굴을 본꿈
　불행이 닥칠 꿈입니다.

● 자기 얼굴이 부었거나 혹은 붉어진 꿈
　이는 부귀한 사람이 될 꿈자립니다.

● 찌그러진 얼굴을 본 꿈
　큰 재난이 떨어질 꿈입니다.

📑 자기 얼굴이 누렇게 된 꿈
재산 손실이 있게 될 꿈자립니다. 노인이 이런 꿈을 꿨다면 오래지 않아 세상을 뜰 것입니다.

📑 자신의 아이들이 안색이 노란 꿈
당신의 수입이 격감될 것입니다.

📑 깨끗하게 세수를 한 꿈
승진을 하거나 쌓였던 걱정거리가 없어지게 됩니다.

📑 얼굴의 한 부분을 수술하는 꿈
관직에 있는 사람에게 심문을 받거나 고문을 받게 됩니다.

📑 얼굴에 침을 맞는 꿈
직장이나 집안일에 변화가 있게 됩니다.

📑 얼굴에 부스럼이나 종기가 나는 꿈
자신이 한 행동이나 일들로 구설수에 휘말리게 됩니다.

📑 얼굴을 가린 사람을 만난 꿈
전혀 신분을 모르는 사람에게 폭행 등의 피해를 입게 됩니다.

📑 자신의 안색이 창백한 꿈
죄수가 이런 꿈을 꿨다면 친척의 도움으로 자유를 얻을 것이고, 미혼 여자가 이런 꿈을 꿨다면 그녀는 몸이 약한 남자에게 시집을 갈 것입니다. 상인이 안색이 창백한 자신을 꿈에 봤다면 수입이 감소될 것입니다. 기혼 여자가 이런 꿈을 꿨다면 임신을 하게 됩니다. 도둑의 경우에는 도둑질로 돈을 벌 수 있습니다. 실업자가 이 꿈을 꿨다면 수입이 좋은 일자리를 차장 살림이 안정될 것입니다.

📑 낯선 사람의 안색이 창백한 꿈
당신 수입이 감소될 것입니다.

📑 아내의 안색이 좋지 않은 꿈
아내가 행실이 나쁜 떠돌이와 바람이 날 것입니다.

📎 연인의 안색이 창백했던 꿈
그들의 결혼을 여자측 부모가 반대할 것입니다.

📎 얼굴에 생긴 주름살을 본 꿈
당신은 몸이 튼튼해지고 힘이 세질 꿈입니다. 기혼 여인이 이런 꿈을
꿨다면 남편의 사랑을 더욱 많이 받게 될 것이고, 미혼 여자는 많은
사람들이 그녀의 젊음과 미모를 찬미할 것입니다. 미혼 남자의 꿈에
얼굴에 주름살이 가득했다면 많은 미모의 아가씨들이 그에게 청혼
을 할 것입니다. 환자가 이런 꿈을 꾸면 건강이 오래지 않아 회복될
것입니다.

📎 다른 사람 얼굴에 주름살이 생긴 꿈
근심 걱정에 싸이게 됩니다.

구레나룻

📎 자신이 구레나룻을 길게 기른 꿈
사람들의 추대를 받아 집에 백만 가산이 생기게 됩니다. 환자가 이
꿈을 꾸면 건강에 아주 나빠지면 생명까지도 위급할 것입니다.

📎 구레나룻가 짧게 자란 꿈
당신이 생쥐처럼 겁이 많고 기개가 없는 겁쟁이가 될 것입니다. 상인
은 고객이나 혹은 경쟁 적수와 말다툼을 할 것입니다.

📎 남이 구레나룻을 길게 기른 꿈
당신에게 손실이 생길 꿈입니다.

📎 긴 구레나룻을 짧게 깎은 꿈
재난이 닥칠 꿈입니다.

수염

- 자신의 수염이 길게 자란 꿈
  성공과 승진의 징조이며, 장수할 길조입니다.

- 수염이 짧아진 꿈
  당신 위신이 형편없이 떨어지게 될 꿈입니다.

- 수염이 전부 꼬불꼬불해진 꿈
  곤경에 빠질 징조입니다.

- 누군가가 당신의 수염을 뽑아 버린 꿈
  남으로부터 모욕을 당할 흉조입니다.

눈

- 눈이 벌겋게 된 꿈
  병이 생길 예시입니다.

- 여자의 두 눈에서 빛이 번쩍인 꿈
  모든 것이 수포로 돌아갈 징조입니다.

- 눈이 붓고 아픈꿈
  생활은 행복하고 고통이 없을 것입니다.

- 눈 주위를 검게 치장한 여자를 본 꿈
  경제상 손실을 입을 징조입니다.

- 자기가 남에게 눈짓한 꿈
  중병 심지어 불치병에 걸릴, 좋지 못한 꿈자립니다.

코

● 자신의 코가 잘 생겼던 꿈

좋은 길조입니다.

● 자신의 코가 아주 추하게 생겼던 꿈

흉조입니다.

● 긴 코에서 피가 흘러내린 꿈

재난이 닥칠 꿈입니다.

● 코끝에 고름이 달린 꿈

당신이 발탁될 꿈입니다.

● 주먹코를 본 꿈

장사에서는 손해를 볼 것이며, 친구와 말다툼을 할 것입니다.

● 코에 상처를 입은 꿈

여자가 이 꿈을 꿨다면 시댁에 대한 나쁜 평판이 사람들 사이에 널리 퍼질 것입니다.

● 어떤 사람이 당신의 코를 쥔 꿈

모욕을 당하거나 혹은 남에게 노역할 것입니다.

● 코를 크게 고는꿈

남자가 이 꿈을 꾼 경우에는 생활이 편안하고 행복할 것이고, 여자의 경우에는 자신의 아주 교묘한 솜씨로 남편의 사랑을 누릴 것입니다. 환자는 건강이 점점 회복될 것이고, 죄수의 경우에는 오래지 않아 출옥하게 됩니다. 상인이 이 꿈을 꾸게 되면 사업에서 경쟁자를 도산의 처지에 몰아넣을 것입니다. 하지만 여행자가 꿈에 코를 골았다면 여행 중에 금전과 재물을 잃게 됩니다. 집 떠난 사람이 꿈에 코를 골았다면 차차 가족과 한 자리에 모이게 됩니다.

● 남이 코고는 꿈

당신의 가정이 즐겁고 행복할 것입니다.

● 적의 코고는 소리가 우렛소리 같았던 꿈
  적들이 당신을 계속해서 교란할 것입니다.

콧구멍

● 자신의 콧구멍이 커진 꿈
  사기죄를 범할 위험이 있습니다.

● 자신이 콧구멍이 아플까봐 걱정한 꿈
  큰 재난이 생길 전조입니다.

입

● 자기 입을 본 꿈
  많은 사람들로부터 사랑을 받게 됩니다.

● 자기 입이 커진 꿈
  당신이 경제적 손실을 입게 될 꿈입니다.

● 뜨거운 음식을 먹다가 입을 덴 꿈
  중병에 걸리게 될 꿈입니다.

● 남이 자기 입을 틀어막은 꿈
  남자는 강도의 습격을 받아 중상까지 입을 꿈이고, 여자는 강간당할
  꿈입니다.

● 자신이 남의 입을 틀어막은 꿈
  좋은 길조로서 적을 정복할 수 있을 꿈입니다.

입술

● 붉은 입술을 본 꿈

당신 신체가 건강해지고 생활이 부유해질 길조입니다.

● 입술이 희거나 혹은 누런 꿈

신체가 허약해져 병이 많이 생길 꿈입니다.

● 입술이 붉은 여자를 본 꿈

여자의 속임수에 속을 꿈입니다.

● 입술이 흰 여자를 본 꿈

아내나 친구가 당신에게 변함없이 충성할 것입니다.

● 입술이 검은 여자를 본 꿈

힘든 막노동을 하여 피로가 극에 달하거나 병마의 시달림을 받을 것입니다.

● 자신의 입술이 두터웠던 꿈

당신이 다른 사람에게 반항할 힘이 없을 꿈입니다.

● 입술이 아주 얇은 여자를 본 꿈

그녀의 사랑을 받게 될 꿈입니다.

치아

● 자기 치아의 수를 센꿈

남에게 모욕을 당합니다.

● 남의 치아를 센꿈

적을 전승하게 됩니다.

● 자신의 이가 빠진 꿈

다른 사람과 언쟁이 생깁니다.

◈ 이를 뽑은꿈

오래지 않아 가옥이나 토지를 매입할 꿈으로 여인이 꿈에 이를 뽑았다면 생활이 부유할 것입니다. 상인이 이런 꿈을 꾸면 큰 이익을 볼 수 있는 장사를 할 것이고, 농민이 이런 꿈을 꾸면 풍년을 맞이합니다.

◈ 이가 아픈꿈

돈을 벌게 됩니다.

◈ 이가 부러지는 꿈

어떤 병에 걸리거나 하는 사업에 지장이 있을 징조입니다.

◈ 앓던 이가 빠지는 꿈

병중에 있던 환자가 사망하거나 부하 직원이 사퇴하게 됩니다.

◈ 거울을 통해서 자신의 덧니를 본 꿈

부인 이외의 여자와 관계를 갖거나 사업상의 동업자가 나타나게 된다.

◈ 남의 이가 빠져서 피가 흐르는 것을 본 꿈

자기에게 방해가 됐던 사람이 망하거나 해직되어 자신에게는 큰 이득이 되는 일이 생깁니다.

◈ 이 하나가 빠지는 꿈

일가친척 중 누군가 죽거나 이별을 하게 되며 자기 주위의 이로웠던 사람과도 헤어지게 된다.

◈ 어린이의 이가 새로 나는 것을 본 꿈

소원이 성취되거나 그간 부족했던 것이 채워지게 된다.

◈ 윗니 중 하나가 빠지는 꿈

윗사람 중 한 명에게 변동이 생기게 되는데 일반적으로 아랫니는 아랫사람, 어금니는 친척, 덧니는 사위나 양자 등의 관계가 있습니다.

◈ 이가 검고 누렇게 변하는 꿈

집안이나 직장 등에서 좋지 않은 일이 발생하게 됩니다.

◈ 이를 뽑았는데 허전함을 느낀 꿈

세상에 자기 혼자 있는 것 같은 고독감을 맛볼 꿈입니다.

귀

● 남에게 자기 귀를 잘린 꿈
명령이 집행될 수 있음을 의미합니다.

● 다른 사람의 귀가 잘린 꿈
고난을 겪어야 할 꿈자립니다.

● 자신의 귀를 후비거나 혹은 남이 후벼준 꿈
기쁜 소식이 있을 꿈입니다.

● 다른 사람이 자기 귀를 비트는 꿈
당신이 범한 죄가 법의 재판을 받게 될 것입니다.

● 귓속에 털이 자란 꿈
돈을 벌어 부자가 될 것입니다.

목

● 자신의 목이 잘 생긴 꿈
행복과 즐거움의 징조입니다.

● 추한 목을 본 꿈
당신이 고난에 부딪칠 꿈입니다.

● 아주 가는 목을 본 꿈
당신이 지혜로 당신의 교활한 친구를 떨쳐 버릴 꿈입니다.

● 목에 상처를 입은 꿈
빚을 지거나 가정 내 다툼이 생길 꿈입니다.

● 누가 당신 목을 조른 꿈
당신의 사업이 성공할 꿈입니다. 여자가 이 꿈을 꾸면 남편이 당신을
더욱 아끼고 사랑할 것입니다. 상인은 장사에서 큰돈을 벌게 되고,
죄수는 오래지 않아 석방될 것입니다.

🌸 누군가가 아내의 목을 조른 꿈
요긴한 시기에 당신이 벗의 도움을 받을 수가 있습니다.

목구멍

🌸 자기 목구멍을 본 꿈
당신 친척이나 혹은 친구가 사망할 흉조입니다. 기혼 여인이 이런 꿈
을 꾸었다면 친정에 불행한 일이 있게 됩니다.

신체

🌸 뜨거운 것에 몸을 데인 꿈
다른 사람과 원수를 지게 되고 병에 걸려 눕게 될 운수 나쁜 꿈입니다.

🌸 누군가가 당신의 몸을 벌거숭이로 만든 꿈
재정적인 위기가 닥칠 징조입니다.

🌸 자기 신체가 건강하고 튼튼하게 보인 꿈
길한 꿈입니다.

🌸 아내가 아닌 다른 여자의 알몸을 본 꿈
부유하고 행복해질 징조입니다.

🌸 알몸인 남자를 본 꿈
근심과 슬픔에 쌓일 것입니다.

🌸 아내나 연인이 벌거벗은 것을 본 꿈
부부 혹은 연이노가의 감정이 식을 꿈입니다.

🌸 자기가 벌거숭이 알몸인 꿈
가난하고 수치스럽게 될 흉조입니다. 환자가 이런 꿈을 꿨다면 병세
가 더욱 악화될 것입니다.

● 알몸이 되어 거리를 다닌 꿈
당신은 엄중한 손해를 입을 것입니다.

● 나체의 사람과 대화를 나눈 꿈
당신의 건강이 더욱 나빠질 것입니다.

● 물에 비친 자신의 그림자를 본 꿈
노년에 처지가 매우 궁핍할 것입니다. 환자가 꿈에 자기 몸 그림자를
보았으면 이는 병상에서 일어나지 못할 꿈자립니다.

● 거울에 비친 자기 그림자를 본 꿈
당신의 신체가 건강해질 징조입니다.

● 아내의 몸 그림자를 본 꿈
부부간의 애정이 갈수록 깊어짐을 예시합니다.

● 신령에게 기도드리는 자신의 그림자를 본 꿈
좋은 상서입니다.

● 몸에 할퀸 흉터가 있는 꿈
지금까지의 빈곤은 지나가고 맙니다. 죄수가 이런 꿈을 꾸게 되면 오
래지 않아 석방됩니다. 그러나 환자가 이런 꿈을 꾸면 병상에서 오랫
동안 누워 있을 것입니다.

● 아내 혹은 정부의 몸에 할퀸 흉터가 있는 꿈
당신이 사랑에 대해 겁을 먹게 됩니다.

● 적의 몸에 할퀸 흉터가 있는 꿈
적이 여러 방면으로 당신을 해칠 음모를 꾀하게 됩니다.

● 남의 몸에 할퀸 흉터가 있는 꿈
당신은 손실을 보게 됩니다.

명치

🍃 자기 손을 명치에 얹어 놓은 꿈
원수가 찾아와 당신의 생명에 위험이 생길 꿈자리입니다.

🍃 스스로 자신의 명치를 치는 꿈
어떤 형사 사건에 걸려들거나 아니면 친구가 사망할 흉조입니다.

배(服)

🍃 배가 불러오는 꿈
돈을 벌게 될 징조입니다. 결혼한 여자가 배가 불러오는 꿈을 꿨다면 오래지 않아 아이를 낳게 될 것이고, 미혼 여성이 이 꿈을 꾸었다면 큰 부잣집에 시집가게 될 것을 예시합니다. 과부가 이런 꿈을 꾸었으면 큰 재물이 생길 것입니다.

🍃 배에 부스럼이 생긴 꿈
당신은 굶어 죽을 것입니다.

등

🍃 남의 등을 본 꿈
생활이 나아질 날이 까마득히 멀기만 합니다.

🍃 등 뒤에서 피가 흐르는 것을 본 꿈
거짓말쟁이와 소인배들의 놀림을 당할 것입니다.

심장

■ 심장 박동 소리가 비정상적인 꿈
해직당하거나 병상에서 일어나지 못해 손해를 볼 꿈입니다. 여인이
이런 꿈을 꿨다면 집에 도둑이나 강도가 들 징조입니다.

■ 심장 박동의 수를 헤아린 꿈
생활이 방탕할 징조입니다.

■ 심장 박동이 멎은 꿈
재난이 닥칠 꿈자리입니다.

■ 맥박이 아주 빨리 뛰는 꿈
운수가 좋을 꿈입니다.

■ 맥박이 아주 느리게 띈 꿈
운수가 안 좋을 것입니다.

갈비뼈

■ 자신이 너무 말라 갈비뼈가 앙상하게 보인 꿈
남편의 병으로 근심에 쌓여 슬퍼할 꿈입니다.

■ 갈비뼈가 부러진 꿈
집안에 말다툼이 벌어집니다. 여자가 이런 꿈을 꿨다면 남편이 당신
을 애지 중지 아껴 줄 것입니다.

■ 갈비뼈가 아픈 꿈
남자의 경우 아내를 더욱더 사랑할 것입니다. 처녀가 이런 꿈을 꿨다
면 자신의 뜻에 맞는 남자에게 시집갈 것입니다.

장기

🍃 장기를 떼어 내는 꿈
재난이 발생할 흉조입니다.

위

🍃 위가 아픈꿈
당신은 뜻밖의 돈을 벌게 됩니다. 여자가 이 꿈을 꿨다면 임신하게
됩니다.

🍃 적이 위를 아파한 꿈
적이 당신에게 투항하게 됩니다.

팔

🍃 어떤 사람이 바로 제 팔 다리를 자르고 있는 꿈
친구나 아랫사람이 갑작스런 죽음을 당할 수 있습니다.

🍃 자신의 팔이 잘 발달되고 건장한 꿈
스스로의 노력만 있다면 승진할 수 있음을 의미합니다.

🍃 팔에 병이 나거나 혹은 제대로 쓸 수 없는 꿈
당신은 파직당하고 곤경에 빠지며 경제적으로도 손실을 보게 됩니
다. 여자에겐 남편이나 자식이 죽을 꿈입니다.

🍃 팔에서 피가 흐르는 꿈
빈곤에 빠지게 될 꿈입니다.

🍃 팔에 솜털이 길게 자란 꿈
돈벌이가 잘되고 곤란했던 처지가 곧 개선될 것입니다.

손

🍃 자신의 한 손이 잘린 꿈
고통과 손실이 있을 흉조입니다.

🍃 손이 부은꿈
친구가 낯모를 사람에게서 이득을 보게 될 것입니다.

🍃 두 손이 끊긴꿈
신의 도움을 받게 되는 꿈자립니다.

🍃 자기 손이 길고도 억세게 생긴 꿈
당신 사업이 성공할 꿈입니다.

🍃 자기 손이 본래보다 더 불그레해진 꿈
당신의 직업 운이 형통할 징조입니다.

🍃 자기 손이 누렇고 맥없게 된 꿈
병이 생길 꿈자립니다.

🍃 자기 손이 딴딴해진 꿈
여인에겐 자신의 생명력이 강해질 꿈입니다.

🍃 낯선 사람과 악수를 한 꿈
백만장자가 될 꿈자립니다.

손가락

🍃 손가락을 수증기에 데인 꿈
남을 질투할 꿈입니다.

🍃 손가락이 정상보다 더 있는 손을 본 꿈
귀한 손님이 찾아 올 꿈자립니다.

🍃 자기 손가락이 더 길게 자란 꿈
장사가 번창하고 발달할 징조입니다.

● 유난히 짧은 손가락을 본 꿈
생활이 쪼들릴 꿈입니다.

● 구부정하게 자란 손가락을 본 꿈
이롭지 못한 수단으로 돈을 긁어모을 꿈입니다.

● 손가락에서 피가 흐르는 꿈
남이 당신을 속여 당신 돈을 빼앗아 갈 꿈입니다.

● 자신의 엄지손가락을 본 꿈
생활이 부유할 꿈입니다. 기혼 여인이 이런 꿈을 꾸었으면 곧 분만하게 됩니다. 상인이 이런 꿈을 꾸었으면 장사에서 큰 이익을 볼 것입니다.

● 자기 엄지손가락이 다쳤거나 혹은 끊어진 꿈
재난이 떨어질 꿈입니다. 도둑이나 강도가 꿈에 자기 엄지손가락이 상처를 입었다면 오래지 않아 판결을 받게 될 것입니다. 환자가 이런 꿈을 꿨다면 오랫동안 병마의 시달림을 견디어야 할 것입니다.

● 엄지손가락에 색깔이 물들인 꿈
빚을 잔뜩 걸머지거나 혹은 형사 사건에 걸려들게 됩니다.

손톱

● 손톱을 깎은 꿈
당신이 죽도록 노력해야 돈을 벌 수 있을 꿈입니다.

● 손톱을 길게 기른 꿈
배고픔을 견뎌야 할 꿈입니다. 이 꿈을 기혼 여자가 꿨다면 그녀는 과부가 될 것입니다.

● 검은 손톱을 본 꿈
손실이 있을 꿈입니다.

🍃 손톱이 짧은 꿈
장사에서 돈을 벌 수 있습니다.

🍃 손톱이 붉어진 꿈
신체가 건강해질 징조입니다. 환자가 꿈에 손톱이 불그레해졌다면
병이 차차 완치될 것입니다.

🍃 누런 손톱과 흰 손톱을 본 꿈
병으로 누워 일어나지 못할 것입니다.

🍃 모든 손톱에 검은 때가 낀 꿈
당신이 공급을 횡령하여 손해가 막심할 꿈입니다.

발

🍃 자기 발이 무엇인가에 찍힌 꿈
벼슬을 할 꿈자립니다.

🍃 자기 몸의 발이 여러 개인꿈
이 꿈을 상인이 꿨다면 돈을 잘 모을 꿈자리입니다.

🍃 발을 씻는꿈
욕심이 대단할 징조입니다.

🍃 남을 발로 차는꿈
모욕을 당할 꿈자립니다.

🍃 발을덴꿈
일시의 실수로 중대한 손실을 입게 될 것입니다.

🍃 발이 퉁퉁 부은꿈
절도 없이 돈을 써 빚을 잔뜩 질 꿈입니다.

발뒤꿈치

● 자기 발뒤꿈치 꿈

　소심하여 고난을 두려워할 징조입니다.

● 딴딴한 발뒤꿈치 꿈

　오랫동안 아무런 진보도 없을 징조입니다.

● 발뒤꿈치에 피가 흐르는 꿈

　당신이 보호하고 있는 사람이 당신에 대하여 불만이 있을 꿈자리입
　니다.

❺ 소띠 생의 성격에 대해서

소라는 동물은 불굴의 정신과 고된 일을 통한 번영을 상징한다. 따라서 소띠는 믿음직스럽고 조용하고 규율을 잘 따른다. 지칠 줄 모르는 끈기 있는 일꾼으로서 일상적이고 전통적인 방식을 고수한다. 소띠는 대체로 마음이 좋고 남의 말을 잘 들어주지만 그의 생각을 바꾸는 것은 대단히 어렵다. 왜냐하면 그는 완고한 성격의 소유자로서 때로는 강한 편견까지 갖고 있기 때문이다.

그러나 꾸준하고 믿음직한 성격 때문에 소띠는 권한과 책임이 막중한 자리에 들어앉을 것이다. 그는 의무의 요구에 물러서지는 않지만 그 자리가 주는 권한에 맞들이지 않도록 조심해야 한다.

겉으로는 얌전하고 순해 보이지만 소띠는 단호하고 논리적이다. 그의 영민함은 과묵하고 내향적인 겉모습에 의해 가려져 있다. 기본적으로는 내성적이지만 기회가 주어지면 그의 기질이 그를 당당한 웅변가로 변화시킬 수 있다. 혼란의 시기에 그는 자신의 불굴의 의지와 타고난 자신감으로 질서를 회복시킬것이다. 그는 고개를 들고 당당하게 걸어간다.

소띠는 규율을 존중한다. 그는 고정된 질서를 고수하며 전통을 대단히 존중한다. 실제로 그는 자기에게 기대되는 바를 그대로 행하는 경향으로 늘 예상대로 행동이 진행되기에 그는 상상력이 결여되었다는 부당한 비난을 받기도 한다. 그러나 자기 본분에 충실한 소띠는 일을 올바르게 처리함으로써만 자신이지속적인 성공을 거둘 수 있다는 것을 알고 있다.

▶내궁합·사주·팔자 中에서

9장

생生에 관한 꿈

출생

🍃 자신이 빈민층의 가정에서 태어난 꿈
장차 크게 돈을 벌 꿈입니다.

🍃 자신이 상류층 가정에 태어난 꿈
빈곤해질 꿈입니다.

청춘

🍃 자신이 젊어진 꿈
병을 앓거나 혹은 비통함에 잠기게 될 것입니다. 임신부가 이 꿈을
꾸면 오래지 않아 유산하게 되고, 노인은 세상을 뜨게 됩니다.

🍃 자신이 늙은 꿈
환자가 이 꿈을 꾸면 오래지 않아 건강을 회복합니다.

🍃 젊은이에게 겹겹이 둘러싸인 꿈
당신은 신체가 튼튼하고 힘이 강해지겠지만 생활은 사치해질 것입
니다.

🍃 아내가 많이 젊어진 꿈
가정생활이 행복하고 원만할 것입니다.

나이

🍃 자신 나이가 실제보다 많아진 꿈
당신의 일이 순조롭게 처리될 것입니다.

🍃 꿈속의 나이가 실제보다 적어진 꿈
어리석은 짓을 저지를 꿈입니다.

불로장생(不老長生)

- 자기가 불로장생하여 우주와 함께 영구히 존재한 꿈
 자신의 수명이 감소될 꿈입니다.

- 다른 사람이 불로장생한 것을 본 꿈
 당신이 장수할 꿈입니다.

- 불로장생한 사람과 대화한 꿈
 당신의 신체가 건강해지고 집안이 부유해질 꿈자리입니다.

천궁도

- 자기의 천궁도(天宮圖, 점칠 사람의 생일, 팔자를 적어 점성가가 점을 치는데 근거로 삼는 글 종이)를 본 꿈
 이는 큰 재난이 박두할 징조입니다.

- 점성가(占星家)에게 자신의 천궁도를 보이며 점을 쳐 달라고 청한 꿈
 이는 닥쳐올 곤란과 불행이 지나가 버릴 꿈입니다.

- 다른 사람의 천궁도를 보던 꿈
 장사가 다시 잘되려는 꿈입니다.

- 새로운 천궁도를 쓰던 꿈
 집에 어린애가 생길 꿈자립니다.

- 여자가 점쟁이에게 이것저것 묻는 꿈
 그녀가 자식을 못 낳거나 혹은 남편이 중병에 걸릴 꿈입니다.

❻ 호랑이띠 해에 대해서

호랑이띠 해는 분명히 폭발적인 해이다. 보통 '쾅' 소리와 함께 시작하여 흐느낌 소리로 끝이 난다. 전쟁과 분쟁 그리고 갖가지 재해가 딱 버티고 있는 해이다.

그러나 호랑이띠 해는 또한 통이 큰 굵직굵직한 해이기도 하다. 시시하게 소규모로 행해지는 일들은 제대로 이루어지지 않는다. 좋은 일이든 나쁜일이든 간에 모든 일들이 극단적으로 일어난다. 어떤 사람은 큰 재산을 날리고 또 어떤 사람은 큰 재산을 얻는다. 자기에게 운이 있다고 생각하는 사람이라면 큰 내기에 한번 덤벼보아라. 그러나 승부의 방향이 당신을 외면할지도모른다는 사실을 깊이 명심하라

▶내궁합·사주·팔자 中에서

10장

죽음死에 관한 꿈

죽음

● 자신이 죽어 있는 꿈

청년이 이 꿈을 꿨다면 돈 많은 처녀와 곧 결혼할 것입니다.

● 친구가 사망한 꿈

꿈에서 죽은 그 친구가 장수할 꿈입니다.

● 원수가 죽었다는 소식을 듣는 꿈

속이 넓고 충실하며 믿음이 가는 벗들을 사귀게 됩니다.

● 연인이 죽는 꿈

그들은 부부가 되어 사랑이 넘치고 부러움 없는 행복한 생활을 하게 됩니다.

● 낯모를 사람이 사망한 꿈

장사가 잘 되어 큰돈을 벌 꿈입니다.

● 나라님이 세상을 뜨는 꿈

나라의 지도자가 당신에게 고위 직책을 수여할 것입니다.

● 자신의 말이 혹은 다른 동물이 죽은 꿈

경제상 손실이 있을 꿈입니다. 개가 죽었다면 충실한 친구나 혹은 아랫사람 이 사망할 꿈입니다.

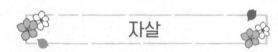

자살

● 자살한 꿈

당신의 신체가 건강해질 꿈입니다. 여자가 꿈에 자살했다면 남편이 부유해 질 것이고, 상인에겐 이익이 생길 꿈입니다. 환자가 꿈에 자살했다면 곧 건강이 회복될 것입니다.

📎 남이 자살한 꿈

　당신이 걱정에 싸일 것입니다. 경찰의 꿈에 남이 자살했다면 당신이 자신의 책임을 이행하지 못한 탓으로 강직 당하게 됩니다.

📎 아내가 자살한 꿈

　가정이 행복할 꿈입니다.

📎 남편이 자살한 꿈

　남편과 오랫동안 별거하게 됩니다.

📎 친구가 자살한 꿈

　곤란한 시기에 벗의 도움을 받지 못하게 될 꿈입니다.

📎 원수가 자살한 꿈

　원수의 세력이 늘어가고 있음을 의미합니다.

죽은 사람

📎 죽은 사람과 대화를 나눈 꿈

　재물 운이 트이고 관운(官運)이 형통(亨通)할 길한 꿈입니다.

📎 죽은 사람과 밥상을 함께 한 꿈

　장수할 꿈입니다.

📎 죽은 사람을 품에 끌어안았거나 죽은 자의 이름을 소리쳐 부른 꿈

　오래지 않아 세상을 뜰 꿈입니다.

📎 죽은 아내를 본 꿈

　남자는 교양이 있는 여성과 재혼하며 그녀는 사업의 동반자가 되어 줄 것입니다.

📎 죽은 남편을 본 꿈

　여인은 정절을 잘 지켜 역사에 이름을 남길 것입니다.

● 송장을 본 꿈
부유하고 장수할 징조입니다.

● 죽은 사람과 언쟁한 꿈
당신은 신체가 건강하고 장수할 것입니다.

장례

● 장례 지내는 꿈
질병과 감옥살이를 상징합니다.

● 가깝게 지내던 사람의 장례식에 참석한 꿈
다른 집의 혼례식에나 혹은 기타 축하 행사에 참석할 꿈입니다.

● 곡하는 소리를 꿈에 들은 꿈
기쁜 소식이 있을 징조입니다.

● 화장(火葬)할 시체가 나가는 행렬을 본 꿈
결혼식이나 기타 축하 잔치를 보거나 그런 소식을 듣게 될 것입니다.

● 송장을 메고 가는 행렬에 자신이 참가한 꿈
결혼식 행렬에 참석해 달라는 요청을 받게 될 것입니다.

무덤

◉ 무덤이 보이는 꿈

언행을 조심하고 생활을 규칙적으로 해야 합니다. 그렇지 않으면 집
안이 망하고 말 것입니다.

◉ 자신이 무덤에서 걸어 나온 꿈

사업에서 성과가 있을 꿈자립니다.

◉ 누가 무덤을 뚫고 들어간 꿈

친구가 사망할 징조입니다.

◉ 산 사람이 무덤을 파고 있는 꿈

무덤 파던 그 사람이 장수할 꿈자리입니다.

◉ 무덤을 파는 꿈

만수무강(萬壽無疆)할 꿈입니다.

천국

◉ 천국이 보인 꿈

모든 일이 순조롭게 풀릴 꿈입니다. 환자가 꿈에 천국을 보았다면 건
강이 회복되고 건강한 체력을 갖게 될 것이고, 미혼 남자는 장기간
사랑이 넘치는 원만한 생활을 지낼 것입니다. 사형수가 꿈에 천국을
보았다면 특별사면을 받아 사형을 면하게 됩니다. 여행가의 꿈에 자
신이 천국에 올라가 있었다면 그는 목적지에 도달해 큰 부자가 될 것
입니다. 상인이 꿈에 천국을 보게 되 면 그가 판매하고 있는 물품의
수요량이 급증하여 큰돈을 벌게 됩니다.

지옥

● 지옥을 본 꿈

큰 재난이 닥칠 징조입니다.

● 자기가 지옥에 갔던 꿈

죽을 날이 닥쳤음을 알리는 꿈입니다.

● 지옥에서 벗을 만난 꿈

자신과 지금 살아 있는 벗들의 생활이 행복할 꿈자리입니다.

● 자기가 지옥에서 쫓겨난 꿈

한 차례 죽음의 위험을 피할 꿈입니다.

11장

병病에 관한 꿈

내상(內傷)에 관한 꿈

질병

🍃 **자신에게 병이 난 꿈**
당신의 신체가 건강함을 알리는 길조입니다. 여자가 이 꿈을 꿨다면 오래지 않아 임신하게 됩니다. 처녀는 한 청년을 사모하게 됩니다. 그러나 그와 결혼하는 것을 두려워할 것입니다. 청년 남자가 꿈에 병이 났다면 당신은 날씬한 미녀와 결혼하게 됩니다.

🍃 **아내에게 병이 생긴 꿈**
가정에 불행이 생길 흉조입니다.

🍃 **남편이 병으로 앓아누운 꿈**
남편은 장수하게 됩니다.

🍃 **벗이 병에 걸린꿈**
이는 당신이 사람들의 도움을 잃게 될 예시입니다.

전염병

🍃 **전염병에 걸린 꿈**
기혼남자는 장려금을 받게 되고, 젊은 남녀는 청춘의 정욕이 생길 것입니다.

- 친척이 전염병에 걸린 꿈
  원수가 자청하여 화해를 하자고 할 꿈입니다.

- 전염병이 돌고 있는 지역에 들어간 꿈
  당신은 곤란과 고통에 부딪칩니다.

- 당신이 전염병 환자를 치료한 꿈
  당신의 명성이 천하에 날릴 것입니다.

- 혼자 전염병에 걸린 꿈
  오래지 않아 신체가 건강해질 것입니다.

천연두

- 천연두에 걸린 꿈
  이 꿈은 상서입니다. 그러나 천연두 환자는 그가 나쁜 사람과의 거래
  에서 손해를 보게 될 것입니다.

황달

- 황달을 본 꿈
  필요할 때 친구에게 기만을 당할 꿈입니다.

- 낯모를 사람이 황달에 걸린 꿈
  불공평한 대우와 학대를 받게 될 꿈자립니다.

- 남편이 황달에 걸린 꿈
  이는 남편이 다른 여자를 사랑할 징조입니다.

- 황달을 치료하는 꿈
  당신이 선배의 권고를 들으면 좋은 일이 있을 꿈입니다.

- 이웃 사람이 황달에 걸린 꿈
  도둑을 대비해야 할 꿈입니다.

두통

🌸 자신이 두통으로 앓은 꿈
이는 당신의 명성과 위엄이 크게 떨칠 꿈자립니다.

🌸 아내의 머리가 아파한 꿈
아내가 총애를 잃게 될 꿈입니다.

열

🌸 열이 나는꿈
모든 일이 순조로울 징조입니다.

🌸 감기에 걸려 열이 나고 기침한 꿈
다른 사람과 합작하여 성공할 꿈입니다.

🌸 고열로 전신이 떨린 꿈
이는 당신 신체가 건강함을 의미합니다.

학질/이질

🌸 학질에 걸려 오한과 발열로 고생을 한 꿈
갑자기 배 주변에 살이 붙게 되거나 술을 많이 마셔 건강을 해칠 수
있습니다.

🌸 아내나 연인이 학질에 걸린 꿈
애정이 더욱 깊어질 것입니다.

🌸 자기가 이질에 걸린 꿈
백만장자가 되어 요직(要職)에 오르게 될 것입니다.

외상(外傷)에 관한 꿈

 관절염

🍃 관절염에 걸린 꿈
당신은 액운에 부딪칠 것입니다.

🍃 아내가 관절염에 걸린 꿈
부부 생활이 원만하고 행복해집니다.

🍃 적이 관절염 근육통에 걸린 꿈
당신은 충실한 친구를 얻게 됩니다.

🍃 관절염을 치료하는 꿈
이 꿈을 꾼 날은 하루 종일 재수 없을 것입니다.

 고름/궤양

🍃 자기 몸에 궤양이 생긴 꿈
남자에게는 사업에서 꼭 성공할 꿈이고, 기혼 여자에게는 오래지 않아 임신하게 될 꿈입니다. 미혼 여자의 꿈에 자기 몸에 궤양이 생겼다면 곧 결혼하게 되고, 미혼 남자는 집에 중매꾼이 찾아올 것입니다. 환자가 이 꿈을 꿨다면 꼭 건강이 회복될 것이고, 죄인은 석방됩니다. 하지만 상인에게는 재난이 떨어질 흉조이므로 주의해야 합니다.

🍃 궤양을 치료하는 꿈
불행한 소식이 있을 것입니다.

상처

🍃 자신의 몸에 상처가 난 꿈
재산과 보물이 들어와 생활이 부유해질 꿈입니다. 군인은 훈장을 받
게 되고, 죄수는 친척이 면회를 올 것입니다. 환자의 건강은 오래지
않아 회복됩니다.

🍃 상처가 아문 꿈
사업이 실패할 꿈입니다. 상인은 오래지 않아 라이벌과의 경쟁에서
밀립니다.

🍃 남의 몸에 상처가 있는 꿈
재난이 떨어질 꿈입니다.

버짐

🍃 자신의 몸에 버짐이 난 꿈
당신이 부자가 될 꿈입니다. 그러나 기혼 여자에겐 남편의 심정이 불
쾌할 꿈입니다. 미혼 남자는 결혼에 귀찮은 일이 생깁니다. 환자는
건강해질 것 입니다.

🍃 마른버짐에 약을 바른 꿈
당신이 병에 걸리게 될 꿈입니다.

🍃 다른 사람 몸에 버짐이 난꿈
당신의 건강이 점차 나빠져 병상에 눕고 말 것입니다.

🍃 적의 몸에 마른버짐이 난 꿈
당신에게 재난이 떨어집니다.

가려움

🌿 온몸이 가려운 꿈
병이 생길 꿈입니다.

🌿 가려움증을 치료하는 꿈
지금의 고난에서 곧 벗어날 꿈입니다.

수포(물집)

🌿 자기 몸에 수포가 생긴 꿈
운수 좋을 징조입니다.

🌿 수포가 고름과 한 자리에 생긴 꿈
돈을 크게 벌 꿈자리입니다.

🌿 당신과 친분 있는 사람의 몸에 물집이 생긴 꿈
자신의 일생을 남에게 의탁하여 살 징조입니다.

🌿 낯선 사람의 몸에 물집이 자란 꿈
의사가 되면 큰돈을 벌 수 있을 꿈입니다.

부상

🌿 부상을 입은 꿈
당신에게 행복이 쏟아질 꿈입니다.

🌿 자기가 말 등에서 떨어져 부상당한 꿈
당신이 군인이 되어 전쟁에 참가할 꿈입니다.

🌿 낯선 사람을 부상시킨 꿈
옆집에 의외의 위험이 생길 것입니다.

- 당신 가족을 부상당하게 한 꿈

  당신에게 근심 걱정되는 일이 생길 꿈입니다.

화상

- 화상 입은꿈

  여러 방면의 손해를 보게 됩니다. 여자가 꿈에 화상을 입었다면 집안 살림살이를 잘할 것입니다.

- 아내가 끓는 우유에 데인 꿈

  자식이 많아질 징조입니다.

- 적에게 화상을 입힌 꿈

  모든 근심 걱정이 지나가 버립니다.

- 화상 입은 친구가 보인 꿈

  손실이 생길 꿈입니다.

- 자신의 잘못으로 화상을 입은 꿈

  죄인에겐 친척이 찾아오고, 상인은 다각적인 경영을 하면 큰돈을 벌 수 있습니다.

치료, 약에 관한 꿈

 진맥

🍃 **자신의 병을 스스로 진맥하는 꿈**
의사가 이 꿈을 꾸면 의사의 수입이 감소됩니다. 환자가 꿈에 자신을
진맥 했다면 환자에게는 곤란이 첩첩산중으로 앞길을 가로막을 것
입니다.

🍃 **의사가 아닌 다른 사람이 자신을 진맥해 주는 꿈**
여자가 이 꿈을 꾸면 집에서 쫓겨나 큰 곤경에 빠지게 됩니다.

🍃 **의사가 자신을 진맥하는 꿈**
당신이 병에 걸릴 꿈입니다. 하지만 환자의 꿈에 의사가 진맥해 주었
다면 오래지 않아 건강이 회복됩니다.

🍃 **자신이 의사가 되어 남의 병을 진맥하는 꿈**
당신은 지금의 사업을 포기할 것을 예시합니다.

🍃 **당신이 아내를 진맥하는 꿈**
아내의 무한한 사랑을 받을 꿈입니다.

🍃 **남이 아내의 병을 진맥하는 꿈**
부부간의 말다툼이 생길 꿈입니다.

🍃 **원수의 병을 진맥하는 꿈**
당신이 위급할 때 친구의 도움을 받을? 수 있을 꿈입니다.

수술

🍃 자신이 수술을 받은 꿈
모든 근심 걱정과 불쾌함이 전부 사라질 것입니다.

🍃 수술하는 것을 본 꿈
환자의 건강이 회복될 꿈입니다.

🍃 수술을 해 달라고 친척에게 부탁한 꿈
당신과 친척 사이에 의견 충돌이 생길 꿈입니다.

🍃 수술을 해준 꿈
사람들이 당신을 몹시 증오할 것입니다.

X-선

🍃 자신이 X-선 촬영한 꿈
생활이 행복할 꿈입니다. 환자가 꿈에 X-선을 촬영했다면 건강이 회복됩니다.

🍃 환자에게 X-선 촬영을 한 꿈
의사가 이 꿈을 꿨다면 병원을 차리면 부자가 될 수 있을 꿈입니다.

주사(침)

🍃 주사를 맞는 꿈
병마에 시달릴 꿈자립니다.

🍃 다른 사람에게 주사를 놓는 꿈
당신의 신체가 건강해질 꿈입니다.

🍃 남편에게 주사를 놓아주는 꿈
그녀가 갖은 방법을 다하여 남편의 귀여움을 받을 꿈입니다.

고약

🍃 상처에 고약을 바른 꿈

당신은 액운을 만나게 될 것입니다.

🍃 고약을 산 꿈

당신이나 혹은 가족이 부상을 입을 겁니다.

침향

🍃 침향를 본 꿈

운수가 좋을 꿈입니다.

🍃 침향를 먹은 꿈

노인이 꿈에 침향를 먹었다면 자식이 부유해질 것이고, 환자는 건강이 회복됩니다. 하지만 병이 나은지 오래지 않은 사람이 침향을 먹었다면 병이 재발합니다. 의사가 꿈에 침향을 먹었다면 수입이 감소됩니다.

🍃 침향을 산 꿈

건강 상태가 갈수록 나빠질 꿈입니다.

🍃 침향을 파는 꿈

좋은 날이 찾아올 꿈입니다.

🍃 남에게 침향을 먹이는 꿈

이름이 세상에 날릴 꿈입니다.

약

● 아내와 자식에 약을 준 꿈
집안이 화목하고 행복하며 즐거울 것입니다.

● 약을 먹는꿈
당신이 모든 재산을 날려 가난해질 꿈입니다.

● 남에게 약을 주는 꿈
돈을 벌 꿈입니다.

● 약장사를 하는 꿈
질병의 고통을 겪을 꿈입니다.

독약

● 독약이 보인 꿈
모든 근심 걱정과 불안이 전부 사라질 꿈입니다. 의사가 꿈에 독약을
보게 되면 수입이 계속해서 증가되고, 약사가 꿈에 독약을 보면 고객
이 줄줄이 찾아 들 것입니다. 하지만 남자의 꿈에 독약이 보이면 실
직하게 됩니다.

● 독약을 먹은 꿈
여자는 재난으로 집과 가족을 잃게 됩니다. 실업자가 이런 꿈을 꾸었
다면 일자리를 찾게 되고, 회사원은 급료가 올라가지 않아 큰 손해를
입고 해고 당할 위험도 있습니다. 환자에겐 건강 상태가 갈수록 악화
될 징조입니다. 하지만 죄수가 꿈에 독약을 먹었다면 오래지 않아 석
방됩니다.

● 낯선 사람에게 독약을 준 꿈
겉과 속이 다른 친구를 경계해야 합니다.

● 가장 친한 친구에게 독약을 준 꿈
  당신이 사람들의 칭찬을 받을 겁니다.

● 아내에게 독약을 준 꿈
  부부 생활이 행복하고 백년해로할 것입니다.

● 남편에게 독약을 준 꿈
  남편의 신체가 건강해지고 장수할 징조입니다.

● 자기 친척에게 독약을 주는 꿈
  당신이 유산을 상속받을 꿈입니다.

● 남이 당신에게 독약을 준 꿈
  당신이 신체가 건강해 장수할 것입니다.

❼ 토끼띠 생의 성격에 대해서

토끼띠는 행운의 띠들 가운데 하나이다. 동양의 신화에 의하면 토끼는 장수의 상징이며 그 근원은 달이라고 한다.

서양인은 달을 보고 치즈로 된 공 같다거나 달 표면에 생긴 반점이야기를 아이에게 해 주곤 한다. 그러나 동양인은 계수나무 밑에 있는 바위 옆에 달 토끼가 방아를 찧고 있는 모습을 달에서 본다.

토끼는 상냥하고 온화한 태도와 건실한 조언과 친절한 마음과 심미적 감수성을 상징한다. 토끼의 부드러운 말씨와 품위 있고 재치 있는 태도는 숙련된 외교관이나 능숙한 정치가의 모든 바람직한 특징들을 재현하고 있는 것이다.

마찬가지로 이 해에 태어난 토끼띠는 평화와 고요 그리고 쾌적한 환경을 즐기면서 평온한 생활을 영위할 것이다. 내성적이며 예술가적 기질과 훌륭한 판단력을 갖고 있는 완벽성을 좋아하는 성격을 갖고 있는데 그것이 그를 훌륭한 학자로 만들 것이다. 그리고 법률·정치·행정 분야에 두각을 나타낼 것이다.

하지만 또 곧잘 우울해지는 성격의 소유자이다. 그럴 때면 그는 주위 사정을 무시하고 사람들에게 무관심한 태도를 취한다.

토끼띠는 사업이나 그전거래에 있어서 운이 좋다. 흥정을 아주 잘하는 그는 늘 자기에게 유리한 적당한 제안이나 대안을 불숙 들이미는 재주가 있다. 사업에 대한 그의 날카로운 안목과 그의 탁월한 협상기술은 그가 무슨 일을 하든 신속한 출세를 그에게 보장한다.

▶내궁합·사주·팔자 中에서

사람人에 관한 꿈

가족이나 주변 사람들에 관한 꿈

 사람들

◉ 화려한 옷차림을 한 많은 사람들이 한곳에 모여 있는 꿈
미혼자는 정든 사람과 결혼을 하게 됩니다.

◉ 더러운 옷을 입은 사람들이 한곳에 모여 있는 꿈
친척 중에 누가 세상을 뜨게 될 것입니다.

◉ 많은 사람들이 보인 꿈
장사가 밑지거나 혹은 남의 속임에 들어 재산 손해가 있을 꿈자립니다.

◉ 가족들이 모여 있는데 누군가가 안 보인 꿈
안 보인 그 사람은 무서운 액운에 부딪치게 될 것입니다.

◉ 가족과 함께 배꼽이 빠지도록 웃는 꿈
집안에 고통이 생길 꿈입니다.

◉ 오랫동안 보지 못한 사람을 본 꿈
이 사람이 오래지 않아 나타날 것입니다.

◉ 헤어진 사람이 보인 꿈
그 사람과의 우애가 더욱 돈독해질 것입니다.

◉ 결혼을 약속한 사람과 헤어진 꿈
그들이 곧 행복한 배필이 될 것을 예시합니다.

◉ 많은 사람들을 향해 강연한 꿈
당신의 명성이 크게 떨칠 꿈입니다.

🍃 단지 몇몇 사람을 향해 강연한 꿈
당신의 직장에서 강직당하고 명예를 훼손당할 의미입니다.

🍃 큰 인물의 연설을 듣는 꿈
당신이 나라의 기둥이 될 꿈입니다.

부모

🍃 아버지, 어머니와 말다툼을 한 꿈
그녀는 부잣집에 시집가게 됩니다.

🍃 자기가 부모님을 살해한 꿈
당신은 유산을 상속받을 것입니다.

🍃 살아 계신 모친이 보인 꿈
당신에게 재난이 닥칠 것이므로 주의해야 합니다.

🍃 세상을 뜬 모친이 보인 꿈
당신은 장수할 수 있습니다.

🍃 살아 계신 모친이 돌아가신 꿈
당신은 모친의 축복과 칭찬을 받게 됩니다.

🍃 어머님 품에 안김 꿈
환자에겐 고통이 사라지고 가정은 행복하고 평안해질 꿈입니다.

남편

🍃 남편과 말다툼을 한 꿈
이는 아들을 낳게 될 것입니다.

🍃 남편의 발길에 채인 꿈
남편이 그녀를 더욱더 귀여워할 꿈입니다.

◉ 남편이 모욕을 당한 꿈
남편과 오래지 않아 별거하게 됩니다.

◉ 남편이 전근을 간 꿈
부부 생활이 화목하고 행복할 것입니다.

◉ 남편이 휴가를 보낸 꿈
이 꿈을 꾼 아내는 하루 종일 남편을 걱정할 꿈입니다.

◉ 남편이 법의 처벌을 받은 꿈
당신은 딸을 낳을 것입니다.

◉ 남편과 함께 항해를 한 꿈
혼인이 원만하고 생활이 행복합니다.

◉ 남편이 노래를 부른 꿈
오래지 않아 임신하여 아들을 낳습니다.

◉ 외출한 남편과 말을 나눈 꿈
오래지 않아 기쁜 날이 올 것입니다.

◉ 남편을 향해 맹세한 꿈
부부 사이에 금이 갈 것입니다.

◉ 남에게 남편이 살해당한 꿈
그들 부부는 행복하고 즐거운 생활을 할 것입니다.

아내

◉ 아내가 당신에게 화를 낸 꿈
부부 감정이 화목치 않을 것입니다.

◉ 아내에게 화낸 꿈
당신이 아내를 더욱 아끼고 사랑하게 됩니다.

● 아내를 끌어안은 꿈
아내와 별거할 불길한 징조입니다.

● 아내와 헤어진 꿈
아내를 더욱 총애하게 됩니다.

● 큰소리로 싸움을 잘하는 여자를 아내로 데려온 꿈
부부 생활이 행복하고 편안할 것입니다.

● 아내가 마른 꿈
아이를 낳을 꿈입니다.

● 아내가 미친 꿈
부부가 서로 사랑하고 아끼면서 백년해로할 꿈입니다.

● 아내와 함께 달리기를 한 꿈
부부가 서로 아끼며 사랑할 것입니다.

● 아내와 함께 미끄러져 떨어진 꿈
부구가 서로 사랑하며 백년해로할 것입니다.

● 아내가 다른 사람과 싸운 꿈
아내가 앓게 됩니다.

● 아내나 아이와 입맞춤하는 꿈
당신이 아내를 사랑하지 않을 꿈입니다.

● 아내와 말다툼한 꿈
부부가 서로 사랑하고 집안일이 뜻하는 대로 잘 풀릴 것입니다. 죄수
는 오래지 않아 아내와 만나게 됩니다.

● 아내가 힘든 일을 한 꿈
가정에 식솔이 늘어납니다.

● 아내가 심하게 떤 꿈
가정에 언쟁이 생깁니다.

● 아내에게 용서를 비는 꿈
아내는 싸움을 잘하는 여성일 것입니다.

● 아내가 모욕을 당한 꿈
오래지 않아 아내와 말다툼이 있을 것입니다.

● 아내와 함께 산책을 한 꿈
집안이 화목하고 평안할 것입니다.

● 아내가 헤엄쳐 강을 건넌 꿈
부부간에 사이가 나빠질 것입니다.

● 아내 혹은 연인을 위해 그림을 그린 꿈
그들의 감정은 더욱 깊어질 것입니다.

● 아내에게 총을 쏜 꿈
이는 아내가 건강하여 장수할 것을 의미하는 좋은 꿈입니다.

● 아내가 처벌을 받은 꿈
장인 장모의 재산을 물려받을 것입니다.

● 자신이 아내를 처벌한 꿈
부부 생활이 행복하고 서로 존경할 것입니다.

● 아내 몸에 상처가 있는 꿈
재정이 곤란해집니다.

● 아내가 노래를 부른 꿈
가정이 행복하고 원만할 것입니다.

● 아내와 함께 항해를 한 꿈
부부가 서로 사랑하고 생활이 행복하게 됩니다.

● 처자와 함께 여행을 한 꿈
혼인이 행복하고 원만할 것입니다.

● 아내가 거짓말을 하는 꿈
아내가 변심한 여성임을 알리는 것입니다.

● 아내 몸가짐이 단정치 못한 꿈
부부 감정이 화목치 못할 것입니다.

● 아내를 살해한 꿈
아내가 당신을 더욱 사랑할 것입니다.

● 아내의 목을 조른 꿈
요긴한 시기에 당신이 벗의 도움을 받을 수가 있습니다.

● 남편의 정부(情婦)를 본 꿈
남편이 아내를 사랑할 것입니다.

형제

● 형제를 본 꿈
행복해지고 장수할 꿈입니다.

● 형제와 말다툼한 꿈
불길한 꿈입니다.

● 형제를 구타한 꿈
닥칠 재난을 피할 수 있게 될 것입니다.

자매

● 자신의 자매가 보인 꿈
이 꿈을 꾼 사람이 남자라면 장수하게 될 상서입니다. 여자의 꿈에
시집간 자매가 보였다면 당신은 시댁의 한 여자와 언쟁이 있을 것이
고 미혼의 자매가 보였다면 소비가 갑자기 증가할 것입니다.

● 자매와 대화를 나눈 꿈
기쁜 소식이 있을 것입니다.

● 자매와 말다툼한 꿈
날이 갈수록 부유해질 꿈입니다.

● 손아래 누이가 태어났다는 소식을 들은 꿈
　재판에서 재산을 한 몫을 얻게 됩니다.

● 자매가 사망한 꿈
　꿈속에서 사망한 그녀는 장수하게 됩니다.

● 자매의 집에 간 꿈
　당신 집에 귀한 손님이 찾아올 것입니다.

● 자매에게 예물을 선물한 꿈
　당신은 공금을 횡령해서 나중에 재산 손실이 생깁니다.

친척

● 남자 친척을 만난 꿈
　이 꿈을 꾼 남사는 국민의 존경을 받게 되지만, 여자가 이 꿈을 꿨을
　경우에 는 곤경에 빠지게 됩니다.

● 여자 친척을 만난 꿈
　집에 좋은 일이 생깁니다. 여성은 사내아이를 낳을 길조입니다.

● 친척과 언쟁하는 꿈
　집안에 환자가 생길 꿈이지만, 상인은 돈을 벌게 됩니다.

● 친척중한 사람이 죽은 꿈
　당신의 자식이 오래지 않아 결혼하여 자립할 것입니다.

● 친척과 친구가 대성통곡한 꿈
　집에 누가 세상을 뜨게 됩니다.

● 자기 친척이 가족으로부터 축출당한 꿈
　이는 당신이 고위로 승진될 길조입니다.

친구

● 몇몇 친구들과 함께 음식을 먹는 꿈
  자신에게 이득 있는 여행을 떠날 꿈입니다.

● 친구가 당신을 향해 화낸 꿈
  이것은 두 사람 사이에 간극이 생길 꿈자립니다.

● 친구에게 화를 낸 꿈
  오래지 않아 새 친구가 생깁니다.

● 친구와 언쟁을 한 꿈
  전 집안이 화목하고 위급할 때 친구들이 서로 도와줄 것입니다.

● 친구가 나귀를 타는 꿈
  그 친구는 무능한 친구로서 아무 일도 못할 사람입니다.

● 벗과 함께 비행기를 타는 꿈
  합작하여 진행하는 장사가 성공할 꿈입니다.

● 친구가 모욕을 당한 꿈
  요긴한 시각에 친구의 도움을 받지 못하게 됩니다.

● 친구가 판결을 받은 꿈
  당신은 아주 큰 위험에 부딪칠 것입니다.

● 친구를 징벌한 꿈
  가정에 언쟁이 생깁니다.

● 친구를 위해 그림을 그린 꿈
  당신이 고난에 부딪칠 때면 다른 사람의 도움을 받을 수 있을 것입니다.

● 친구가 헤엄쳐 강을 건넌 꿈
  친구가 당신은 포기할 꿈입니다.

● 친구와 함께 산책한 꿈
  사업 중에서 친구의 도움을 받게 됩니다.

● 친구와 함께 사냥을 떠나는 꿈
  이는 직장에서 직원을 삭감하면서 당신까지 해고될 꿈자립니다.

● 벗을 집에서 쫓아낸 꿈
  이는 생활에서 불행이 있을 꿈자립니다.

● 친구와 함께 여행을 한 꿈
  당신이 덕성과 명망이 높을 것입니다.

● 친구와 함께 노래를 부른 꿈
  당신 신체가 건강해질 것입니다.

연인

● 연인과 농담을 한 꿈
  여자는 청년의 끔찍한 사랑을 받을 것입니다.

● 연인들이 신 앞에서 맹세한 꿈
  두 사람의 사랑은 끝나고 서로 다른 길을 가게 될 것입니다.

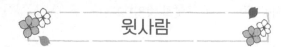

윗사람

● 윗사람을 본 꿈
  운수가 좋을 것입니다.

● 윗사람과 대화를 나눈 꿈
  길한 꿈입니다.

● 윗사람과 말다툼을 한 꿈
  불행이 생기고 경제 손실이 있을 꿈자립니다.

● 윗사람이 뒷등을 가볍게 두드려 주는 꿈
  당신이 고집이 세어 누구의 권고도 듣지 않을 꿈입니다.

● 나이가 많은 사람을 만난 꿈
당신의 장사가 망하게 됩니다. 여자는 집안 살림이 엉망진창이 됩니다.

● 상사에게 용서를 비는 꿈
당신은 사람들의 냉대를 받게 될 것입니다.

● 선배에 대해 불만을 품은 꿈
근심걱정 없이 행복하며 유쾌한 생활을 하게 될 징조입니다.

원수/적/라이벌

● 원수가 보인 꿈
당신이 위급할 때 신의 도움을 받게 됩니다. 상인은 오래지 않아 경쟁자를 판매 시장에서 배척해 버리게 됩니다.

● 원수와 말다툼을 한 꿈
당신은 손실을 입게 됩니다.

● 자신이 라이벌에게 마구 화를 낸 꿈
더 많은 적수가 생깁니다.

● 원수를 친구로 삼는 꿈
새로운 친구를 사귀게 됩니다.

● 적이 당신을 공격하는 꿈
장사에서 당신은 많은 곤란이 생길 것입니다.

● 적에게 맞아 부상을 입은 꿈
신체가 강하고 건강해질 꿈입니다.

● 적이 침입해 오는 꿈
사업이 흥할 징조입니다.

● 자기가 비수로 적을 찔러 부상 입힌 꿈
사업이 침체될 징조입니다.

● 적과 포옹을 한꿈
사업은 정상일 것입니다.

● 적의 가식적인 행동을 본 꿈
당신의 맞수가 자기의 사업을 당신에게 양보할 것입니다.

● 적과 입을 맞춘꿈
그들과 화해할 꿈입니다.

● 원수를 용서한 꿈
모든 사람과 화목하게 지낼 좋은 길조입니다.

● 적과 함께 웃는꿈
벗과 갈라질 꿈입니다.

● 적이 눈물로 옷자락을 적신 꿈
당신이 곤경에 빠집니다.

● 적들이 내분으로 크게 싸우는 꿈
이는 그들을 전승할 수 있을 징조입니다.

● 원수의 집에서 여는 음악회에 참석한 꿈
당신은 벗의 기만에 넘어가게 됩니다.

● 원수의 초상을 그린 꿈
당신과 그들 사이에 격렬한 언쟁이 벌어질 것입니다.

● 적과 함께 산책한 꿈
적이 당신에게 귀순할 것입니다.

● 적이 노래한 꿈
당신이 놈들을 정복할 수 있습니다.

● 적들이 엄벌을 당한 꿈
당신은 적들을 굴복시킬 수 있습니다.

● 적의 목을 졸라 죽이는 꿈
당신에게 재난이 있을 꿈입니다.

● 적을 총살한 꿈
오래지 않아 적이 당신을 공격할 흉조입니다.

● 적과 농담을 한 꿈
그들을 항복시킬 수 있음을 의미합니다.

● 자기가 원수를 살해한 꿈
원수들의 힘이 더욱 강해질 것입니다.

 낯선 사람

● 낯선 사람이 보인 꿈
남자가 이 꿈을 꿨다면 이웃과 원수질 불길한 징조입니다.

● 낯선 사람과 대화를 나눈 꿈
가정에 충돌이 생깁니다. 여인이 이 꿈을 꾸면 남편과 말다툼이 생기고, 처녀가 이런 꿈을 꾸면 뜻이 맞는 남편을 찾기가 아주 어렵습니다.

● 낯선 남자가 여자의 응접실에 뛰어든 꿈
그녀의 집에 도둑이 들 꿈입니다.

● 큰길에서 낯선 사람과 싸운 꿈
친구가 당신을 큰 모임에 부를 것입니다.

● 낯선 사람과 사귄 꿈
당신도 친구도 모두가 충실하고 믿음직한 사람들입니다.

● 낯선 사람과 함께 하늘을 날아다닌 꿈
남편과 갈라지거나 혹은 어린애가 병에 걸릴 꿈입니다.

● 낯선 사람이 매 맞는꿈
당신이 곤란한 일에 부딪칠 꿈입니다.

● 낯선 사람과 함께 하늘을 쳐다보며 크게 웃는 꿈
불행의 소식이 있을 꿈입니다.

● 낯선 사람과 키스를 한 꿈
적의 올가미에 걸려들 꿈입니다.

● 낯모를 사람과 농담한 꿈
장사가 갑자기 부진해질 꿈입니다.

● 낯선 사람이 당신에게 거짓말을 한 꿈
당신이 부자가 될 꿈입니다.

외국인, 타 인종에 관한 꿈

 ## 외국인

🍃 외국인을 본 꿈
당신 생활은 편안하고 행복해질 것입니다.

🍃 외국인과 입맞춤을 하는 꿈
당신이 적을 정복할 수 있을 꿈입니다.

 ## 흑인

🍃 흑인을 본 꿈
여인은 남편과 외국 여행을 떠날 꿈입니다.

🍃 흑인이 당신을 습격하는 꿈
당신이 감기로 온몸에 열이 날 흉조입니다.

🍃 두 흑인이 싸우는 꿈
당신이 처해있는 곤경에서 벗어날 수 있을 꿈입니다.

아라비아 사람

- 아라비아 사람을 본 꿈
  당신의 염원은 실현될 것입니다.

- 아라비아 사람과 대화를 나눈 꿈
  다른 사람과 말다툼이 있을 것입니다.

야만인/미개인

- 야만인이 보인 꿈
  사람들의 존경을 받을 꿈이지만 여자가 이 꿈을 꾸었다면 시댁에 말싸움이 벌어집니다. 상인은 오래지 않아 출국하여 큰돈을 벌 것입니다. 여행자가 꿈에 야만인을 보게 되면 여행이 즐거울 것입니다.

- 야만인과 싸움이 벌어진 꿈
  당신에게 재난이 닥칠 꿈입니다.

남녀노소에 관한 꿈

 처녀

🍃 처녀가 보인 꿈
이 꿈을 꾼 청년은 큰돈을 벌게 될 것입니다.

🍃 처녀와 대화를 나눈 꿈
이 꿈을 꾼 처녀는 지에서 쫓겨날 것입니다.

🍃 처녀들의 모임에 참석한 꿈
남자가 이 꿈을 꿨다면 오래지 않아 파산하게 됩니다.

🍃 날씬하고 잘 빠진 처녀를 본 꿈
운수가 좋을 길조입니다.

 소녀

🍃 소녀를 본 꿈
처녀가 꿈에 소녀를 봤다면 오래도록 시집 못 갈 꿈자립니다. 기혼 여자는 남편의 수입이 끊길 불안한 징조입니다.

노인

◉ 노인을 본 꿈

할머니를 꿈에 보면 부유해지고 즐거워질 겁니다.

◉ 젊은 사람이 자기가 팔순 노인이 된 꿈

현실에서의 당신은 오히려 더 젊게 보일 것입니다.

◉ 다른 사람이 팔순 노인으로 변한 꿈

당신 생활은 행복할 겁니다.

◉ 남편이 팔순 노인이 된 꿈

이는 자손이 번창할 꿈입니다.

아이

◉ 사내아이를 본 꿈

운수가 좋을 징조입니다. 그러나 여인이 사내아이 꿈을 꾸면 병이 생길 꿈 입니다.

◉ 아내가 아들을 낳은 꿈

돈을 벌 길조이고, 생활이 행복하고 편안할 것입니다.

◉ 아이를 귀여워한 꿈

이는 집에 근심스런 일이 생길 꿈입니다. 하지만 사내아이를 귀여워하거나 돌보아 주던 꿈은 좋은 일이 생길 꿈입니다.

◉ 예쁘장하게 생긴 아이를 보는 꿈

친구가 당신을 배신할 흉조입니다.

◉ 사내아이가 요절한 꿈

당신에게 큰 재난이 발생할 것입니다.

● 아들을 낳으려 한 꿈
여인이 이 꿈을 꾸었다면 행복하고 아무 부러움 없는 생활을 하게 될
것입니다.

● 아이들이 노는 것을 본 꿈
이는 돈을 벌 꿈자리입니다.

● 아이들과 함께 노는 꿈
임신부는 아들을 낳게 됩니다.

● 자신이 잘못하여 어린아이를 넘어뜨린 꿈
이는 아이가 중병에 걸릴 꿈자립니다.

● 어린아이를 데려다 부양하는 꿈
의외의 재난으로 고생하게 될 것입니다.

● 어린아이와 말다툼을 한 꿈
노인이 이 꿈을 꾸면 생활이 행복하고 장수할 것입니다.

특성 있는 사람에 관한 꿈

쌍둥이

🍃 쌍둥이를 본 꿈

기혼 남자는 사업이 성공하고, 미혼 남자는 오래지 않아 결혼을 하게 됩니다. 상인에겐 재물이 왕성해질 꿈이고, 환자는 건강이 회복됩니다.

구두쇠

🍃 구두쇠와 만난 꿈

친구들과 말싸움이 벌어질 것입니다.

🍃 인색한 사람을 벗으로 사귄 꿈

당신은 불행에 부딪칠 것입니다.

🍃 자신이 구두쇠가 된 꿈

남자의 경우에는 장사에서 큰돈을 벌게 되고, 기혼 여자의 경우에는 시댁의 처지가 아주 걱정스러워질 것입니다.

🍃 구두쇠와 말다툼을 한 꿈

새로운 벗을 사귀게 될 징조입니다.

🍃 구두쇠의 물건을 훔친 꿈

고위로 승진하게 됩니다.

● 구두쇠가 당신 집에 돈을 기부한 꿈
　당신의 집에 도둑이 들 꿈입니다.

가난뱅이

● 가난뱅이에게 시집을 간 꿈
　그녀는 건강하고 부유한 젊은이에게 시집갈 것입니다.

● 가난한 집 딸을 아내로 데려온 꿈
　처녀가 시집올 때 아주 많은 물건을 갖고 올 것입니다.

● 무일푼인 사람과 동업을 한 꿈
　장사에서 많은 흑자가 날 것입니다.

● 가난뱅이를 친구로 사귄 꿈
　위급할 때 친구의 도움을 받을 수 없을 징조입니다.

● 가난한 사람과 원수를 진 꿈
　당신이 국민의 환영을 받을 징조입니다.

● 직장 상사가 무일푼이 된 꿈
　당신의 직책은 높아지고 권력도 커질 것입니다.

영웅

● 자신이 영웅이 된 꿈
　중년의 사람은 신체가 건강해지겠지만, 노인은 갑자기 세상을 뜰 것입니다. 환자는 병세가 악화될 징조입니다. 그러나 만약 그의 팔자가 좋다면 구원될 수도 있을 것입니다.

열사(烈士)

● 열사를 본 꿈
사람들의 존경을 받으며 부단히 진보할 것입니다.

● 여자 열사를 본 꿈
크게 돈을 벌 징조입니다.

● 열사에게 호되게 야단맞는 꿈
당신의 입지가 아주 불리해질 꿈입니다.

고아

● 고아를 본 꿈
많은 유산을 상속받게 됩니다.

● 고아 혹은 고아원에 돈을 기증한 꿈
당신이 계획과 관리를 잘하지 못해 자신의 부동산을 상실하게 됩니다.

과부

● 과부와 대화를 나눈 꿈
어떤 사람이 유언을 날조했다며 당신을 중상 모략할 것입니다. 여인은 집안 여인들과 말다툼이 발생하게 됩니다.

● 경제적으로 과부를 도와준 꿈
이는 당신이 운수가 좋을 상서입니다.

● 과부와 말다툼한 꿈
액운에 걸립니다.

장님

● 자신이 장님이 된 꿈
  친척, 친구, 혹은 아내와 자식도 믿지 말라는 예시입니다.

● 문 어귀에 장님이 서 있는 꿈
  소식이 끊어졌던 사람이 찾아올 꿈입니다.

● 장님이 문을 두드리는 꿈
  당신이 부자가 될 꿈입니다.

귀머거리

● 자신이 귀머거리가 된 꿈
  친구가 당신에게 손실을 끼칠 것입니다.

● 귀머거리와 대화를 나눈 꿈
  당신이 정신이상에 걸릴 꿈입니다.

● 친구가 귀머거리가 된 꿈
  적의 속임에 넘어갈 꿈입니다.

● 귀머거리가 음악을 듣고 있는 꿈
  당신에게 울분과 고통이 찾아올 꿈입니다.

절름발이

● 자신이 절름발이가 된 꿈
  당신은 극복하기 어려운 고난에 부딪칠 것입니다.

● 절름발이를 본 꿈
  곤경에 빠져도 친구에게 구원을 청하지 않을 꿈입니다.

● 벽을 기어오를 때 다리를 절름거린 꿈
당신이 성공하려면 많은 애로가 있을 꿈입니다.

● 신부(新婦)가 다리를 절름거린 꿈
신랑은 재정적 곤란에 빠져 금전을 변통하기 어렵게 될 꿈입니다.

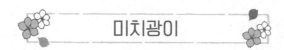

미치광이

● 미치광이를 본 꿈
운수가 좋을 꿈입니다. 처녀가 이 꿈을 꿨다면 돈도 많고 좋은 남자
를 얻게 될 것입니다.

● 미치광이와 대화를 나눈 꿈
안 좋은 액운을 만날 꿈입니다.

● 당신이 미친 꿈
이는 당신이 재기와 지성이 넘칠 꿈입니다.

거인

● 거인(巨人)을 본 꿈
당신이 장차 덕이 높아 사람들의 존경을 받게 될 꿈자리입니다.

● 거인들이 모임을 가진 장면을 본 꿈
당신이 명망이 높은 학자와 만나게 되며 또 사람들의 존경을 받게 될
꿈입니다.

● 거인이 자기를 추격하던 꿈
당신에게 불길한 일이 생길 꿈입니다.

직업에 관한꿈

 여배우

🍃 여배우를 본 꿈
  성공할 징조입니다.

🍃 여배우와 대화를 나누는 꿈
  곧 좋은 운이 따를 꿈입니다.

🍃 여배우와 말다툼을 한 꿈
  당신에게 굉장한 재산상의 손실이 생길 것입니다.

 강도

🍃 강도가 재물을 강탈하는 것을 본 꿈
  충격을 받게 됩니다.

🍃 강도와 격투를 한 꿈
  당신은 성실한 벗을 새로 사귀게 됩니다.

🍃 강도를 벗으로 사귀는 꿈
  당신이 위급할 때 벗의 동정을 받게 됩니다.

여승

🌿 여승을 본 꿈
수없이 많은 재난에 부딪칠 꿈입니다.

🌿 출가한 사람과 대화를 나눈 꿈
시댁 식구들이 화목하게 지내며 생활이 즐거울 것입니다.

🌿 여승과 언쟁한 꿈
처녀가 이 꿈을 꾸었다면 친척이 모욕당할 흉조입니다.

간호원

🌿 간호원이 된 꿈
이 꿈을 꾼 여인은 한평생 가난하게 살게 될 것입니다.

🌿 간호원을 도와주거나 병간호하는 꿈
당신의 장사와 생활이 안정되지 못할 꿈입니다.

🌿 간호원을 본 꿈
운수가 좋습니다. 기혼 여자가 이 꿈을 꿨다면 오래지 않아 임신하고 귀공자를 낳게 되고, 환자는 고통이 사라질 것입니다.

🌿 예쁘게 생긴 간호원을 본 꿈
이 꿈을 꾼 처녀는 시집을 갈 것입니다.

🌿 간호원과 말다툼한 꿈
처녀의 혼사가 순조롭지 못하여 시집을 못 갈 것입니다.

국왕

🌿 국왕을 본 꿈
불행과 재수 사나운 날이 닥칠 것입니다.

🍃 국왕과 대화를 나눈 꿈
명예와 재물을 모두 얻을 꿈입니다.

🍃 국왕이 된 꿈
집안사람과 싸우게 될 꿈입니다.

🍃 국왕과 언쟁을 한 꿈
당신이 자유를 잃게 될 꿈자립니다.

 ## 시장

🍃 시장(市長)을 본 꿈
이는 행복과 즐거움의 징조입니다.

🍃 시장의 얼굴에 웃음꽃이 핀 꿈
당신이 돈을 벌게 될 꿈입니다.

🍃 시장의 얼굴에 수심이 가득한 꿈
당신의 이름이 세상 널리 떨칠 꿈자립니다.

 ## 마술사

🍃 마술사의 마술을 구경하는 꿈
오래지 않아 적의 속임수에 넘어갈 꿈입니다.

🍃 자신이 마술을 하는 꿈
당신이 적과 싸울 꿈자립니다. 왜냐하면 당신이 적의 일거수일투족을 훤히 알고있기 때문에 놈들에게 완벽하게 이길 수 있는 것입니다.

🍃 마술사와 결혼을 한 꿈
처녀가 이런 꿈을 꿨다면 그녀의 약혼이 파기될 것입니다.

도둑

🍀 도둑을 본 꿈
　장사가 잘될 징조입니다.

🍀 도둑이 자기를 습격하는 꿈
　사고가 생길 예시입니다.

거지

🍀 자신이 거지가 된 꿈
　운수가 좋을 길조입니다. 재산과 보물이 쌓일 것입니다.

🍀 거지와 말다툼을 한 꿈
　남편이 빈곤에 쪼들릴 것입니다.

고행자

🍀 고행자를 본 꿈
　운수가 좋을 길조입니다.

🍀 보통 사람이 고행자의 복장을 입고 있는 꿈
　돈, 재산, 그리고 명예 등 모든 것에 손실이 있을 안 좋을 꿈자립니다.

🍀 고행자가 자기를 향해 걸어오는 꿈
　처녀는 이상적인 남편을 얻게 될 것이고, 학생은 시험에 순조롭게 합격할 것입니다.

🍀 자신이 고행한 꿈
　청년은 아름답고 선량한 여자와 결혼하게 됩니다. 자본가나 혹은 돈 많은 사람이 꿈에 고행하는 자신을 보았다면 수입이 갑자기 줄어들 것입니다. 금욕하는 사람이 꿈에 고행했다면 그는 민족의 지도자가 될 것입니다.

🍀 어떤 사람이 고행 중에 죽어 버린 꿈
당신은 숨겨져 있던 보물을 얻게 될 것입니다.

🍀 고행하는 사람과 말다툼을 한 꿈
당신은 강한 사람과 원수지게 됩니다.

안내원

🍀 안내원의 인솔 하에 명승고적을 구경한 꿈
기쁜 일이 연달아 발생할 징조입니다.

🍀 안내원의 인솔 하에 동물 표본 박물관을 관람한 꿈
슬픔과 고통에 빠질 꿈자립니다.

🍀 안내원과 함께 동물원과 박물관을 관람한 꿈
당신이 저명한 학자가 될 꿈입니다.

🍀 자신이 안내원이 된 꿈
남자가 이 꿈을 꿨다면 생활이 빈곤해질 불길한 징조이고, 여자의 경우에는 마음 좋고 진보를 염원하는 저명한 위인이 될 꿈자립니다.

공무원

🍀 법관과 만난 꿈
집안 내에 의견 충돌이 생기거나 혹은 안건 송사로 많은 돈을 쓰게 될 꿈입니다.

🍀 자기가 공무원이 된 꿈
당신이 높은 자리로 승진될 꿈자립니다.

🍀 법관이 기뻐하는 꿈
당신이 조상의 유산을 상속받을 꿈입니다.

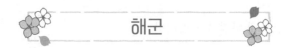

산파

● 조산원(산파)을 본 꿈

남자가 이 꿈을 꾸게 되면 병에 걸립니다. 여자의 경우 생식기에 병이 생길 수 있지만, 기혼 여자는 오래지 않아 임신하게 됩니다.

● 자신이 조산원이 된 꿈

여자가 이 꿈을 꾸면 굶주림과 추위에 울부짖게 될 것입니다.

● 조산원과 대화를 나눈 꿈

임신부가 이 꿈을 꾸면 범죄자로 고발을 당하게 될 것입니다.

해군

● 해군에 입대하는 꿈

생명에 위험이 있을 것입니다.

● 해군에서 쫓겨나는 꿈

당신 가정이 행복하고 평안할 길조입니다.

● 해군 장교가 된 꿈

집안에 언쟁이 생길 것입니다.

의사

● 의사가 보인 꿈

가족이 병으로 눕게 됩니다. 환자나 장기간 병을 앓다가 완치된 사람이 꿈에 의사를 보았다면 병세가 중해지거나 다시 발병하여 눕게 됩니다.

■ 의사와 대화를 나누거나 의사에게 자문을 구한 꿈
당신은 신체가 건강해지고 장수할 것입니다. 환자의 경우 오래지 않아 병이 호전될 것입니다.

■ 의사와 말다툼을 한 꿈
이는 당신이 중대한 손실을 입을 흉조입니다.

■ 자신이 의사가 된 꿈
오래지 않아 해고당하거나 혹은 거래에서 큰 타격을 받을 것입니다.

■ 의사를 초청한 꿈
당신의 덕성과 명망이 높아 사람들의 존중을 받는 인물과 친근한 관계를 맺게 될 꿈입니다.

■ 의사를 친구로 사귄 꿈
당신이 자신의 힘으로 부자가 될 꿈입니다.

■ 남편이 의사가 된 꿈
여자의 생식기에 병이 생길 것입니다.

■ 의사에게 화를 낸 꿈
당신이 환자라면 아주 훌륭한 치료와 간호를 받게 됩니다.

■ 의사와 언쟁을 한 꿈
재난이 곧 지나갈 것입니다. 그러나 환자가 친척 혹은 간호원과 언쟁을 했다면 병세가 악화됩니다.

경찰

■ 경찰이 서 있는 꿈
위험이 있을 징조입니다.

■ 경찰에게 붙잡힌 꿈
공무원들이 좋아하는 인물이 될 것입니다.

경찰이 사람을 붙잡는 꿈
상습범의 경우 여러 차례 죄를 저질러 큰벌을 받게 될 꿈입니다.

경찰과 대화하는 꿈
오래지 않아 석방될 것입니다. 상인이 이와 같은 꿈을 꾸었다면 경쟁자를 조심해야 하고, 지도자가 이런 꿈을 꿨다면 정부와 경찰이 당신을 몹시 존중할 것입니다.

경찰과 말다툼한 꿈
원수와 강도가 당신을 위협할 것을 예시하는데 미혼 남자에겐 연인을 데리고 도피할 꿈입니다.

경찰에게 원조를 요청한 꿈
당신은 행복하고 안전할 것입니다. 죄수가 이런 꿈을 꾸었다면 후에 출옥될 것입니다.

경찰에게 구타당한 꿈
당신이 공금을 횡령했다가 커다란 손해를 입을 것입니다.

경찰이 된 꿈
당신의 위신이 떨어질 꿈입니다.

도사

도사가 보인 꿈
모든 일이 뜻대로 잘 풀릴 것입니다. 여자가 이 꿈을 꾸면 남들이 그녀를 업신여기고 모욕할 것입니다.

도사와 대화를 나눈 꿈
노인이 이 꿈을 꾸면 머지않아 세상을 뜨겠지만, 상인은 새로운 투자가를 만나 큰돈을 벌게 됩니다. 학생은 궁핍한 생활로 학업을 포기해야 합니다.

제사

(祭司, 제사 의식을 집행하는 사람)

제사가 보인 꿈

기혼 남자에게는 흉조입니다. 그렇지만 미혼 남자가 꿈에 제사를 보게 되면 머지않아 결혼하게 됩니다. 환자는 오래지 안항 건강을 회복합니다. 상인은 장사가 번창하고, 임신부는 해산이 순조롭습니다.

황후

황후를 본 꿈

남자에게는 경제적 손실을 입을 꿈이지만 여자가 꿈에 황후를 보면 남편의 마음이 즐거워집니다. 죄수가 이 꿈을 꾸었다면 오래지 않아 자유를 얻고, 사업가는 해외에 나가 사업을 확장하여 큰돈을 벌 것입니다.

자신이 황후가 된 꿈

기혼여자는 남편과 헤어지거나 아이가 병을 앓거나 남편이 실직되어 경제적 곤란에 빠질 것입니다. 하지만 미혼 여자는 명망이 있는 부유한 가정에 시집가게 됩니다.

황후와 악수한 꿈

남자는 나라의 존중을 받아 관운이 형통할 것이고, 미혼 남자는 부잣집 처녀를 얻게 됩니다. 기혼 여자가 이런 꿈을 꾸었다면 높은 자리에 오르게 되지만, 미혼 여자는 사랑하는 연인과 결혼하는 것을 부모가 반대할 것입니다.

황후와 언쟁하는 꿈

당신이 큰돈을 벌게 될 꿈입니다.

청소부

▪ 도로 청소부가 보인 꿈
액운에 부딪칩니다.

▪ 도로 청소부가 된 꿈
여인은 남편과 별거하는 고통을 견디어 내야 할 것입니다. 하지만 대부분은 앞길이 양양할 것입니다. 상인은 장사가 번창하여 큰돈을 벌게 됩니다.

▪ 도로 청소부와 말싸움을 한 꿈
당신의 안 좋은 평판이 널리 퍼질 것입니다.

▪ 도로 청소부와 친구가 된 꿈
당신에 대한 좋은 평가가 널리 알려지고 재물과 보배가 잔뜩 들어올 것입니다.

직원

▪ 직원을 고용한 꿈
당신은 곤경에 빠질 것입니다.

▪ 직원을 해고한 꿈
당신 생활에 근심 걱정이 없고 행복할 것입니다.

▪ 직원과 언쟁을 벌린 꿈
당신 명성과 위엄이 크게 떨칠 것입니다. 그러나 여인이 꿈에 여직원과 말다툼을 했다면 위신이 없어집니다.

▪ 직원과 대화를 나눈 꿈
직원이 주인을 무시하고 가정이 엉망진창이 됩니다.

▪ 많은 직원을 고용한 꿈
굶주림에 시달릴 것입니다.

◉ 직원이 보인 꿈
생활이 편안해집니다. 기혼 여자가 꿈에 직원을 보게 되면 많은 고용인을 집에 둘 것이고, 미혼 여자는 고용인이 많은 집에 시집가게 됩니다. 미혼 남자가 꿈에 직원을 보게 되면 결혼할 여자가 많은 고용인을 데리고 오게 됩 니다.

◉ 직원과 친구가 된 꿈
친구들과의 사이에 충돌이 생깁니다.

◉ 직원과 함께 식사를 한 꿈
당신 명성과 위엄이 크게 떨쳐질 것입니다.

양치기

◉ 양치기만 보이고 양떼가 보이지 않는 꿈
당신이 위험에 부딪칠 꿈입니다.

◉ 양치기가 양을 방목하고 있는 꿈
당신은 두뇌가 발달하여 뛰어난 지성을 갖게 될 것입니다.

◉ 양치기와 말다툼을 한 꿈
친구의 미움을 받게 됩니다.

◉ 양치기가 화를 내는 꿈
당신에게 불행한 날이 돌아올 것입니다.

군인

🍃 군인이 보인 꿈

평생 품팔이 일군으로 살게 됩니다. 여자는 자식을 낳지 못해 몹시 애태울 것이고, 처녀는 뜻에 맞는 총각이 없어서 결혼하기가 힘이 듭니다. 청년이 꿈에 군인을 보게 되면 생활난으로 결혼할 여력이 없을 꿈입니다.

🍃 많은 군인이 일하고 있는 꿈

모든 걱정과 슬픔이 다 사라지게 됩니다.

🍃 군인이 서로 싸우는 꿈

고급 직위에 있는 사람과 친하게 됩니다.

🍃 군인들과 친해진 꿈

적이 당신을 해치려고 시도할 것입니다.

재봉사

🍃 재봉사가 작업하는 것을 본 꿈

남자에게는 부유해질 꿈이고, 여자는 시댁에 혼례가 있을 것입니다.

🍃 재봉사와 대화를 나눈 꿈

오래지 않아 새옷 한 벌을 사게 됩니다.

🍃 재봉사와 말다툼을 한 꿈

당신이 손실을 보게 됩니다.

🍃 재봉사와 친구가 된 꿈

소비가 증가되어 예산을 초과하게 됩니다.

🍃 재봉사를 초청한 꿈

당신 자녀가 결혼하여 자립하게 됩니다.

용접봉

📌 용접공을 본 꿈

남자에게는 승리의 소식이 연달아 전해올 것이고, 여인은 똑똑하고 솜씨 좋은 가정주부가 될 것입니다. 상인은 장사에 적자가 납니다.

📌 용접공과 대화를 나눈 꿈

수명이 줄어들 것입니다.

📌 용접공과 말다툼을 한 꿈

재산은 늘어나고 지출은 줄어들게 됩니다.

📌 용접공과 친구가 된 꿈

끼니를 잇지 못하게 될 것입니다.

전사(戰士)

📌 완전무장한 전사를 본 꿈

생명 안전에 보장이 있음을 의미합니다. 임신부가 이 꿈을 꾸었다면 튼튼한 사내아이를 낳을 것입니다.

무당

📌 무당이 보인 꿈

남자에게는 해외에서 누가 당신을 만나려 찾아오고, 여자는 무당을 보았다면 집안 기타 여인들이 당신을 질투하게 됩니다.

📌 무당과 말다툼을 한 꿈

사람들의 추대를 받게 됩니다.

📌 무당과 친구가 된 꿈

남이 당신에게 터무니없는 죄명을 씌울 것입니다.

🍃 자신이 노파나 무당으로 변한 꿈
여자는 남의 모욕이나 비방을 받게 됩니다.

군대

🍃 군대가 행진해 오거나 혹은 차렷 자세로 있는 꿈
이는 좋은 길조입니다.

🍃 군대가 떠나가는 꿈
불행이 생길 것입니다.

🍃 군대가 패전하는 꿈
안 좋은 일이 생길 흉조입니다.

🍃 군대가 승리한 꿈
운수가 좋을 길조입니다.

천하장사

🍃 천하장사와 대화를 나눈 꿈
강한 사람과 말다툼을 할 것입니다.

🍃 천하장사와 말다툼을 할 꿈
당신의 명성과 위엄이 크게 떨어집니다.

죄인/교도관

▪ 죄인과 언쟁을 한 꿈
　재난이 당신은 그냥 지나칠 것입니다.

▪ 죄인을 친구로 사귄 꿈
　사기꾼 기질이 있는 친구가 손실을 끼칠 꿈입니다.

▪ 당신이 교도관이 된 꿈
　이는 당신이 부잣집 집사가 될 꿈입니다.

▪ 교도관과 말다툼을 한 꿈
　자유에 제한을 받게 됩니다.

▪ 교도관을 사귄 꿈
　당신의 위신은 없어질 꿈입니다.

❽ 용띠 해에 대해서

토끼띠 해에 이어 굉장한 한 해가 온다. 우리는 사방에 주위를 기울이게 되고 웅장한 기분으로 야망이 넘치는 대담한 계획은 세우기 위해 소매를 걷는다.

용이 가지는 불굴의 정신은 모든 것을 실제 크기보다 크게 부풀릴 것이다. 그래서 힘이 넘치고 한껏 부풀어 오른 자신을 발견하게 된다. 이렇게 흥분하기 쉬운 해에는 우리 자신의 잠재력을 과대평가하지 않도록 조심해야 한다. 사물들이 실제보다 과장되어 보이기 때문이다.

좋은 면에서는 사업이 잘되고 쉽게 돈이 생길 수 있다. 은행에 대부를 요청할시기이며 과소비와 사치가 범람하는 때이다. 거대한 용은 절제와 인색을 비웃고 성패를 거는 모험을 하며 우리에게 몸을 사릴 필요 없이 크게 생각하고 행동하도록 부추길 것이다.

자애로운 용은 행운과 복을 가져다주므로 결혼과 출산, 새로운 사업의 시작으로 경사스러운 해가 될 것이다. 하지만 가급적 열정을 진정시키고 모험을 하기 전에 한 번 더 생각하여야 한다. 왜냐하면 행운의 용이 모두에게 무차별적으로 축복을 보내준다 해도 우리의 실수에 대해 징벌을 해야 할 때가 되면 즉각 사라지기 때문이다. 그러므로 성공뿐만 아니라 실패도 커지게 될 것이다.

화(火)의 용은 다른 오행의 용보다 더 파괴적이기 때문에 위협적이다.

▶내궁합·사주·팔자 中에서

13장
신神·초월적 존재에 관한 꿈

신(神)

🍃 신을 본 꿈
  성공과 이득의 상징입니다.

🍃 신이 검을 한 자루 쥐고 있는 꿈
  적들이 소멸당할 꿈입니다.

🍃 신이 삼지창을 손에 들고 노발대발하는 꿈
  당신이 사는 지역에 커다란 재난이 떨어질 꿈입니다.

🍃 신이 만면에 웃음을 띄고 있는 꿈
  결혼한 여인이 이 꿈을 꾸면 젊어서 온 세상에 이름을 떨칠 훌륭한
  아들을 낳을 것입니다.

🍃 신이 자기를 품에 안고 있는 꿈
  생활이 행복하고 건강 장수할 좋은 꿈자리입니다.

🍃 혼자 신령에게 기도를 드린 꿈
  남자는 사람들의 도움을 잃게 되지만 여자는 남편과 자식의 신체가
  모두 건 강할 것입니다.

🍃 여러 사람들과 함께 신에게 기도드린 꿈
  당신은 사회의 존중을 받게 됩니다.

🍃 종교모임이나 기도회에 참가한 꿈
  얼마안 있어 병에 걸리게 됩니다.

🍃 부녀와 함께 신에게 기도를 드린 꿈
  꿈을 꾼 남자의 위신이 크게 떨어질 것입니다.

🍃 낯선 사람이 신에게 공양을 하는 걸 당신이 본 꿈
  당신은 고난에 부딪치게 됩니다.

🍃 당신의 적이 신을 향해 공양을 드린 꿈
  당신은 손해를 입을 겁니다.

🍃 자신이 신에게 공양한 꿈
튼튼하고 잘 생긴 아들 하나를 낳게 됩니다.

 여신(女神)

🍃 여신을 본 꿈
당신이 사업에서 성공할 징조입니다.

🍃 여신과 대화를 나눈 꿈
마음이 유쾌하고 생활이 행복해질 꿈자립니다.

🍃 여신이 대단히 노하여 당신에게 욕을 퍼붓는 꿈
당신 자신이나 당신의 아이가 다칠 불길한 꿈입니다.

🍃 여신이 당신을 품안에 끌어안았거나 왕관을 머리에 씌워 준 꿈
당신의 명예가 전국에 떨치고 관운이 형통할 꿈자립니다.

🍃 여신에게 향불을 지피고 큰절을 한 꿈
중병의 환자에겐 건강이 회복될 좋은 꿈자립니다.

🍃 여신의 무기가 땅에 떨어진 꿈
적들과 격전이 벌어질 것을 의미합니다.

 우상(偶像)

🍃 우상이 보인 꿈
운수가 좋을 징조입니다.

🍃 자신의 우상이 불에 타는 꿈
죽을 때가 되었거나 중병에 걸릴 꿈입니다.

🍀 자신의 우상을 향해 사람들이 예배드리는 꿈
관운이 형통할 길한 징조입니다.

🍀 자신의 우상이 물에 잠겼다 떴다 하는 꿈
재물 운이 확 트일 꿈입니다.

신상(神像)

🍀 신상(神像)이 보인 꿈
행복한 날이 곧 올 것입니다.

🍀 절에 모신 불상을 본꿈
당신은 경건하고 정성스런 신도가 될 것입니다.

🍀 불상을 향해 향을 피우고 절을 한 꿈
이는 아이가 병에 걸릴 징조입니다.

🍀 신상이 훼손당한 꿈
재난이 닥칠 꿈자리입니다.

천사

🍀 천사(天使)와 대화를 나눈 꿈
흉조입니다. 이는 사망, 중병 혹은 고난을 의미합니다.

🍀 말없이 침묵을 지키고 있는 천사를 본 꿈
좋은 운이 다가올 꿈입니다.

🍀 천사를 만난 꿈
처녀가 이 꿈을 꿨다면 장차 부유하고 이상적인 남자와 결혼하게 될
것입니다.

● 천사를 멀찍이 바라본 꿈
자신이 행하던 모든 그릇된 행위를 포기해야 합니다. 그렇지 않을 때
엔 커다란 불행이 닥칠 것입니다.

● 천사를 본 꿈
임신부가 이 꿈을 꿨다면 출중한 아들을 낳을 것이며, 이 아이는 장
차 성인(聖人)이나 혹은 종교의 지도자 아니면 부자가 될 것입니다.

선녀

● 선녀를 본 꿈
남자에게는 운수가 좋을 꿈이고, 처녀에게는 곧 출가할 꿈입니다. 실
업자가 선녀를 보면 직업을 갖게 되고, 환자는 병이 나을 좋은 꿈입
니다.

● 선녀가 자기에게 오라며 눈짓을 한 꿈
당신이 성실한 집의 처녀를 신부로 얻게 될 꿈입니다.

● 선녀와 대화를 나눈 꿈
사회적 지위가 높아질 꿈입니다. 기혼 여자가 이 꿈을 꿨다면 남편이
부유 해질 것입니다.

● 선녀가 악기를 연주하는 꿈
자녀의 결혼을 성대하게 베풀 징조입니다.

● 나신(裸身)의 선녀를 본꿈
재난이 닥치고 당신이 술집 여자들에게 정신없이 빠질 꿈입니다.

악마/마귀

🍃 악마를 본 꿈

말과 행동이 다른 친구가 비겁한 짓을 할 징조입니다.

🍃 마귀(魔鬼)를 본 꿈

당신에게 위험이 닥쳐 올 것입니다.

🍃 마귀와 싸운 꿈

원수가 당신에게 손해를 가할 것입니다.

🍃 마귀와 대화를 나눈 꿈

당신이 우매한 짓을 저지를 징조입니다.

🍃 마귀가 다른 사람과 대화하는 꿈

당신의 적들이 연합하여 당신에게 해를 끼칠 꿈입니다.

나찰

🍃 살아 있는 나찰신을 본 꿈

당신이 슬퍼할 꿈입니다. 학생이 이 꿈을 꿨다면 그가 준비하는 시험에 합 격하기 어려울 것입니다.

🍃 죽은 나찰을 본 꿈

당신이 행복한 생활을 할 꿈입니다.

🍃 나찰과 싸운 꿈

여자의 경우에는 남편과 헤어질 것이고, 군인이 꿈에 나찰과 싸웠다면 그는 전투에서 적의 포로가 될 것입니다.

귀신

● 귀신을 본 꿈

이는 흉조입니다.

● 귀신을 보자마자 도망친 꿈

적이 자기에게 정복당할 좋은 꿈입니다.

❾ 뱀띠 생에 대해서

철학자·신학자·정치적 거인, 영리한 사업자 이렇게 뱀띠 생은 열두 띠 중 가장 깊이 생각하며 수수께끼와 같은 성격을 지니고 타고난 지혜를 가지고 있다. 품위 있고 부드러운 말솜씨에 책과 음식·음악·연극 등 인생을 풍부하게 하는 문화적인 것들을 좋아하는 경향이 있다.

아름다운 여성과 힘찬 남자들이 종종 이 해에 태어난다. 그러므로 이 해에 태어난 사람은 좋은 띠를 가진 사람 중의 하나가 된다. 뱀띠는 일반적으로 자신의 판단에 의존하고 다른 사람들의 의견을 잘 받아들이지 않는 경향이 있다.

이들은 종교적일 수도 있지만 반대로 완전히 향락적이기도 하다. 어느 편이 됐든 이들은 남의 충고를 듣기보다 자신의 감정의 변화를 따르는 데 대개의 경우 이들이 옳다.

용과 마찬가지로 뱀도 업보(業報)를 현세에 받는 인과의 동물로 그의 인생은 과거의 행동에 따라서 의기양양하게 혹은 비극적으로 비쳐지게 된다. 그리고 비록 스스로는 부정할지라도 그의 지적인 겉모습의 뒤에 매우 강한 미신적인 성향이 있다. 다른 띠의 사람들은 자신의 행동에 대한 업보를 내세에(만일 그들이 내세가 있다고 믿는다면) 받도록 미룰 수 있지만 뱀띠는 죽기 전에 그것을 받도록 운명지어져 있다. 아마도 이것은 그들이 하는 모든 일에서 원한을 갚은 것을 유별나게 추구하는 해에 태어난 탓일 것이다.

뱀띠들은 돈 문제로 곤란을 겪지는 않으며 자신에게 필요한 것을 가질 수 있다. 혹시 그가 가진 돈이 적다고 할지라도 그 난관을 잘 넘길 수 있도록 충분히 준비를 갖추고 있다.

▶내궁합·사주·팔자 中에서

14
장

동물에 관한 꿈

포유류에 관한 꿈

 짐승/동물

● 짐승이 살찌고 건강하게 생긴 꿈
이는 좋은 길조입니다.

● 짐승이 바싹 여위고 연약한 꿈
주머니 속 밑천까지 다 털릴 흉조입니다.

● 짐승을 본 꿈
조상의 유산을 물려받으며 큰 재산을 모으게 됩니다.

● 기르던 동물을 때려죽인 꿈
당신은 친구를 속이게 될 것입니다.

● 자신이 기르는 동물을 잃어버린 꿈
친구들이 당신과 거래를 끊을 것입니다.

● 미친 동물을 본 꿈
당신은 씻어 버릴 수 없는 억울한 누명을 쓰게 됩니다.

● 육중한 동물의 발에 채인 꿈
불행한 사건이 발생하여 장사에 손실을 볼 꿈자립니다.

● 자신이 올라탄 짐승의 등에서 떨어진 꿈
불길한 꿈입니다.

● 두 짐승이 싸우는 것을 본 꿈
이것은 고통이 있을 징조입니다.

● 동물이 헤엄쳐 강을 건너는 꿈
장사가 순조로울 것입니다.

● 기르던 가축을 도살하는 꿈
사업이 성공할 꿈입니다. 여자는 자신의 비천한 생업을 몹시 후회할
것입니 다.

● 동물을 도살한 꿈
불행과 질병이 찾아올 것입니다.

● 당신을 해치지 않는 동물이나 새를 향해 총을 쏜 꿈
당신은 근심과 고통에 빠집니다. 여자가 동물이나 새를 총살했다면
남편과 별거하게 됩니다.

● 흉악한 야수를 총살한 꿈
일체가 평안하고 무사할 것입니다.

● 동물과 대화를 나눈 꿈
오래지 않아 정신병이나 중병에 걸리거나 심하면 죽음에 이를 수 있
습니다.

● 자기가 애완동물과 함께 노는 꿈
당신 아내는 슬퍼서 넋을 잃고 있게 될 것입니다.

● 애완동물을 본 꿈
자신의 결혼에 대해 크게 우려하게 됩니다.

개

● 개 짖는 소리를 들은 꿈
적의 침략을 당할 것입니다.

● 개에게 물린 꿈
원수의 공격을 받거나 중병에 걸릴 꿈입니다.

● 개가 자기를 물려고 덮쳐드는 꿈
　친구와 의견 충돌이 생기고 고립을 당할 징조입니다.

● 개가 자기에게로 걸어오는 꿈
　좋은 벗을 사귀어 곤경에서 벗의 도움을 받게 됩니다.

● 개를 본 꿈
　친구가 힘이 없고 무능함을 예시합니다.

● 수캐가 암캐 뒤를 쫓아다니는 꿈
　벗이 꿍꿍이수작을 하고 있음을 의미합니다.

● 어미 개가 강아지와 함께 있는 꿈
　벗이 좋은 일을 가져다 줄 꿈자리입니다.

● 개가 다리를 저는 꿈
　당신과 친구 사이에 충돌이 생길 꿈자립니다.

● 개를 때린 꿈
　당신은 자기에게 충성하는 사람을 잘못 의심할 것입니다.

● 영리한 사냥개가 자기를 뒤쫓은 꿈
　당신은 적들의 모든 음모를 일일이 간파할 수 있습니다.

● 수족이 꽁꽁 묶인 자신이 사냥개에게 물어뜯기는 꿈
　사형 판결을 받을 꿈자립니다.

● 용모가 추한 한 사람이 많은 사냥개를 몰고 당신의 집에 들이닥친 꿈
　당신의 친척이 고치기 힘든 질병에 걸릴 꿈자립니다.

● 사냥개를 산 꿈
　도둑이 들 수 있으니 주의해야 할 꿈입니다.

고양이

● 고양이를 본 꿈
당신의 인품에 대하여 사람들이 비난을 가할 꿈이며 또 당신을 미워하고 재산도 훔쳐갈 것입니다.

● 고양이를 때린 꿈
위선자의 의중을 간파해 낼 꿈입니다. 하지만 까닭도 없이 고양이를 때렸다면 이웃과 원수질 것입니다.

● 고양이를 기른 꿈
병마의 시달림에서 벗어날 수 있습니다.

황소

● 황소가 성난 꿈
신령이 성을 내고 있다는 예시입니다.

● 집에서 키우는 황소를 본 꿈
이는 운수 좋을 꿈입니다.

● 황소가 자신의 뒤를 추격해 오는 꿈
여자에게는 남편이 그녀의 정조를 의심할 꿈입니다. 이로 인해 부부 간엔 말다툼이 생길 것입니다.

● 억센 황소가 자신의 옆을 지나간 꿈
건강이 곧 회복될 꿈입니다.

● 앙상하게 마른 황소가 자기 앞에 누워 있는 꿈
중병으로 병석에 누워 일어나지 못할 꿈입니다.

송아지

🍂 살찌고 힘센 송아지를 본 꿈
돈을 모으고 귀동자를 낳을 길조입니다. 꿈 꾼 사람이 송사중이라면
송사에서 이길 것입니다.

🍂 작고 바싹 마른 송아지를 본 꿈
곤경에 빠질 흉조입니다.

🍂 암송아지가 보인 꿈
당신이 시작할 장사가 처음엔 이득이 매우 작지만 얼마 지나지 않아
큰 이득이 생길 꿈자립니다.

🍂 누군가가 당신에게 암송아지를 기증해 온 꿈
벗의 도움이 있어야만 큰돈을 벌 수 있을 꿈입니다.

🍂 암송아지를 도둑맞은 꿈
당신이 장차 회사에서 퇴지당할 꿈입니다.

🍂 암송아지가 다리를 저는 꿈
당신 삶을 별수 없이 벗의 도움에 의탁해야 함을 상징하는 꿈입니다.

젖소

🍂 젖소들이 목장에서 유유히 풀을 뜯어먹는 꿈
평안과 부유함의 길조입니다.

🍂 많은 젖소를 기르거나 혹은 젖소를 몰고 가는 꿈
큰돈을 벌게 됩니다.

🍂 남이 젖소를 떼로 몰고 가는 꿈
이는 당신의 재산이 훼손될 꿈입니다.

● 젖소가 자신의 뒤를 쫓아오는 꿈
여자 때문에 명예가 훼손될 꿈입니다. 여자의 꿈에 젖소가 자기를 쫓아다녔으면 이는 다른 남자와 간통하며 사신의 남편은 냉대할 꿈입니다.

● 젖소에서 우유를 짜는 꿈
기쁜 일들이 연이어 생길 것입니다. 그러나 여자가 소젖을 짜는 꿈을 꾸었다면 이는 불길한 꿈입니다.

● 젖소가 살찌고 거대한 꿈
생활이 부유해질 꿈입니다.

● 젖소가 우유 생산량이 많은 꿈
운이 트여 큰돈을 벌게 됩니다.

● 어미 젖소는 앞에 가고, 송아지는 그 뒤를 따라가는 꿈
임신 중인 아내가 곧 해산할 꿈입니다.

● 젖소가 싸우고 있는 꿈
맡은 책임이 크고 사업이 바쁘긴 하지만 큰돈을 벌게 될 것입니다.

● 젖소가 다른 소에게 쫓겨 다니는 꿈
해야 할 일을 제때에 해내지 못함을 의미합니다. 그러나 나중에 내린 결정만은 성과가 있을 것입니다.

● 개가 젖소를 마당 안으로 몰아넣은 꿈
친구의 도움을 받아 크게 돈을 벌 꿈입니다.

 돼지

● 돼지가 움직이고 있는 꿈
복을 많이 받을 꿈입니다.

● 돼지가 도망치는 꿈
곤란이 생길 꿈입니다.

● 주방에서 돼지를 잡은 꿈
이는 내장에 병이 생길 징조입니다.

● 돼지를 붙잡으려 쫓아다닌 꿈
당신이 힘써 하는 일이 헛수고일 뿐입니다.

● 돼지고기로 반찬을 만들던 꿈
여자가 이 꿈을 꾸면 생활이 쪼들릴 것입니다.

● 돼지가 보인 꿈
승리의 소식이 연이어 전해 올 것입니다.

● 돼지가 무리지어 있는 꿈
식구가 늘어날 것입니다.

● 돼지가 당신을 향해 달려온 꿈
당신이 전염병에 걸립니다.

● 두 돼지가 싸우는 꿈
당신이 사업에서 실패할 꿈입니다.

● 사냥개가 돼지를 쫓는 꿈
도둑과 강도를 조심해야 합니다.

말

● 말을 타는꿈
명예와 재물을 함께 얻을 꿈입니다. 청년이 자신의 연인과 함께 말을
탔다면 그들은 오래지 않아 부부가 될 것이고, 환자는 머지않아 건강
해질 것입 니다.

● 노새, 말 그리고 망아지들이 걸어오는 꿈
돈을 벌게 될 길조입니다.

● 아무도 타지 않은 말이 자기 뒤에 바싹 따라오는 꿈
오래지 않아 명예로운 직위를 받게 될 꿈입니다.

● 말을 사들인 꿈
당신이 머지않아 결혼할 꿈입니다.

● 말을 길들이는 꿈
나라에서 당신에게 특수한 식무를 내릴 전조입니다.

● 수많은 말들이 모여 있는 꿈
당신이 백만장자가 될 꿈자립니다.

● 말에게 물을 먹이는 꿈
당신이 받을 직위가 하찮을 징조입니다.

● 말이 뒷발질을 하는 꿈
당신이 불행할 때 친구가 배반할 꿈자리입니다.

● 말을 놓아 버린꿈
당신이 조상이 물려준 가업을 전부 잃을 전조입니다.

● 말을 때리거나 혹은 말이 죽는 꿈
당신은 곧 직장에서 해직을 당할 것입니다.

● 곡마단을 위해 말을 훈련시키는 꿈
전국에 이름을 날릴 꿈입니다.

● 누가 말을 선물로 보낸 꿈
군(軍)에서 고위 직무를 담임하게 될 것입니다.

● 남편과 함께 말을 타는 꿈
오래지 않아 결혼식에 초청될 것입니다.

● 말안장을 쓰지 않고 내버려둔 꿈
이것은 생활이 행복하고 편안해질 징조입니다.

● 말 등에 안장을 얹어 놓는 꿈
생활이 불행해 지며 근심스러울 흉조입니다.

● 말안장을 구입하는 꿈
여행을 떠날 꿈입니다.

● 말안장을 수리한 꿈
군사 부문에서 사업하게 될 꿈자립니다.

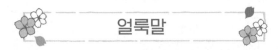

얼룩말

● 얼룩말이 보인 꿈
재물이 넘쳐 날 것입니다. 여자가 이 꿈을 꾸면 친정에서 보내는 예물을 받게 됩니다.

● 얼룩마을 탄 꿈
해외여행을 떠날 꿈입니다. 상인이 이런 꿈을 꾸면 사업이 국외까지 발전할 것입니다.

● 얼룩말 암컷을 본 꿈
재물이 많이 들어올 것입니다.

당나귀

● 당나귀를 본 꿈
곤경에서 점차 벗어날 것입니다.

● 자신이 당나귀를 탔는데 그 느낌이 안개처럼 옅은 느낌인 꿈
오래지 않아 인간 세상을 떠날 꿈입니다.

● 당나귀가 매를 맞는 꿈
당신의 사회적 지위가 위태로워져 오래지 않아 부득불 이직(移職)해야 할 것입니다.

🍃 한 사람이 나신(裸身)으로 당나귀를 탔는데 머리와 손은 잘리어 없는 꿈
당나귀를 탔던 그 사람이 저승으로 갈 꿈입니다.

🍃 당나귀가 짐을 잔뜩 실은 꿈
당신의 명성도 높아지고 돈도 많이 벌 꿈입니다.

🍃 당나귀가 뒷발질하는 꿈
당신 친구가 당신의 명예를 손상시킬 것을 예시합니다.

🍃 강이나 늪에 당나귀 시체가 떠 있는 꿈
바다 여행을 떠나게 될 것입니다.

🍃 당나귀 우는 소리를 들은 꿈
당신은 언행을 조심해야 할 것입니다.

🍃 당나귀가 옷을 입고 신을 신은 꿈
친구들로부터 놀림을 당하고 곤경에 빠져들 것입니다.

🍃 당나귀가 지붕 위에 올라가 있는 꿈
꿈 꾼 사람은 패가망신할 것입니다.

노새

🍃 노새가 보인 꿈
부자가 될 꿈입니다.

🍃 노새를 탄 꿈
이름이 널리 알려질 꿈입니다.

🍃 노새의 고삐를 쥐고 있는 꿈
당신은 고집불통으로 벗들의 미움을 사게 됩니다.

🍃 많은 노새를 본꿈
군대나 지방의 운수(運輸)부문이나 공급소에서 일하게 됩니다.

■ 노새가 등에 물건을 짊어지고 있는 꿈
당신이 남들에게 물건을 마구 줄 흉조입니다.

■ 노새를 풀밭에 놓아먹인 꿈
당신이 능력이 별로 없는 아들이나 친척에게 당신의 일을 넘겨주려는 꿈입니다.

사자

■ 사자가 보인 꿈
돈이 생길 꿈입니다. 처녀에게는 힘 있고 권력 있는 남자를 만날 꿈이고, 기혼 여자에겐 튼튼한 아들이 생길 것입니다.

■ 사자와 맞부딪친 꿈
병이 나거나 강한 자와 원수질 꿈입니다.

■ 사자를 사냥한 꿈
적을 굴복시킬 수 있습니다.

■ 곡마단의 사자를 훈련시킨 꿈
원수와 당신이 화해할 꿈입니다.

■ 사자에게 물려 상처를 입은 꿈
당신이 고난을 이겨내게 될 꿈입니다.

■ 사자가 당신의 동반자나 혹은 친구를 향해 덮친 꿈
운이 안 좋을 꿈입니다.

■ 사자가 코끼리를 습격하는 꿈
적들 내부에 불화가 생겨 서로 싸우다가 쌍방 모두가 손해를 입을 꿈입니다.

호랑이

● 호랑이를 본 꿈

남자에게는 성공의 길에서 고난이 있을 꿈이고, 여자에게는 자신과 아이가 모두 병으로 앓게 됩니다.

● 총으로 호랑이를 쏜 꿈

사업이 성공할 것입니다.

● 범을 붙잡는 꿈

친구가 당신을 원수로 대할 것입니다.

● 범이 당신을 덮치는 꿈

당신은 곤란이 첩첩이 쌓일 것입니다.

● 호랑이가 다른 짐승에게 덮쳐드는 꿈

당신은 친구의 처지를 걱정할 것입니다.

● 호랑이가 다른 사람에게 덮쳐드는 꿈

커다란 사고가 날 꿈입니다만 피해자는 구사일생으로 죽음은 면하게 됩니다.

표범

● 표범을 본 꿈

강자(强者)와 원수질 꿈입니다. 회사원은 상사와의 사이에 언쟁이 생길 것 입니다. 처녀는 신체가 건강하고 권력이 있는 청년에게 시집을 갈 것입니 다. 기혼 여자가 표범을 본 것은 튼튼한 아들을 낳을 태몽입니다.

● 표범의 습격을 받는 꿈

적의 공격을 받게 될 것입니다.

- 어떤 사람이 표범을 타고 당신을 향해 오는 꿈
  당신의 위력적인 명성이 세상에 크게 떨쳐질 꿈입니다.

- 표범이 야생 코끼리를 습격하는 꿈
  적들 사이에 내분이 일어나 서로 물고 뜯은 결과 쌍방이 모두 손해를
  입을 꿈입니다.

승냥이/이리

- 승냥이와 이리가 보인 꿈
  재수 없는 일을 당할 꿈입니다. 그 어떤 일을 해도 성공 못합니다. 여
  자가 꿈에 승냥이를 보았다면 병이 생깁니다.

- 승냥이, 이리가 묘지나 화장터에서 이리 저리 거닐고 있는 꿈
  집안 식구 중에서 누가 사망할 꿈입니다.

- 승냥이, 이리가 당신의 친구 뒤를 쫓아가는 꿈
  그 벗이 겁쟁이고 미덥지 못한 사람임을 알리는 꿈입니다.

- 승냥이나 이리를 때리는 꿈
  중병에 걸려 고생할 꿈자립니다.

- 승냥이, 이리가 자기를 향해 점점 다가오는 꿈
  당신이 친척의 병을 고치기 위해 많은 돈을 써야 할 꿈자리입니다.

- 승냥이, 이리가 집안에 기어들은 꿈
  여인이 쇠약한 자식을 하나 낳을 꿈입니다. 처녀가 이 꿈을 꾸면 허
  약한 남자에게 시집가게 될 것입니다.

- 승냥이가 떼로 있는 꿈
  적의 시달림을 당합니다.

- 승냥이 무리에게 포위당한 꿈
  모든 걱정이 없어집니다.

🍃 총으로 승냥이를 쏜 꿈
당신은 겁쟁이일 것입니다.

🍃 승냥이가 아이나 양을 물어 간 꿈
도둑과 강도를 조심해야 합니다.

🍃 승냥이가 당신에게 덮치는 꿈
아내가 임신하게 될 꿈입니다.

 # 코끼리

🍃 코끼리가 보인 꿈
사업에 성공하여 이름이 크게 날릴 징조입니다.

🍃 코끼리에 올라탄 꿈
사회적 지위가 제고될 꿈자립니다.

🍃 성난 코끼리가 자기를 향해 돌진해 온 꿈
오직 끊임없이 노력해야만 부자가 될 수 있을 꿈입니다.

🍃 상아가 하나뿐인 코끼리를 본 꿈
모든 정력을 집중하여 일심으로 장사를 해야 큰돈을 벌 수 있습니다.

🍃 코끼리가 초목을 짓이기는 꿈
난관을 뛰어넘어 승리하게 될 꿈자립니다.

🍃 코끼리가 사자를 발로 짓밟고 차는 꿈
강력한 라이벌을 물리치고 자기를 파산 위험에 빠지게 한 대상을 송
사에서 이길 꿈입니다.

🍃 들코끼리 떼를 본 꿈
그 누구의 도움이 없이도 일체 노력이 성공할 꿈입니다.

🍃 코끼리가 어느 한 사람에게 달려들어 그 사람을 짓밟아 죽어 버린 꿈
이것은 당신이 가진 많은 재물을 있음으로 하여 질투하는 사람에게
맞아 죽을 꿈자립니다.

● 새끼 코끼리가 노는 꿈
  결혼한 여자에게 잘 생긴 아들이 생길 것입니다.

● 코끼리 등에서 떨어진 꿈
  가난해지거나 모욕당할 꿈자립니다.

코뿔소

● 코뿔소를 본 꿈
  곤란이 지나가 버릴 꿈입니다. 여자는 남편이 부유해집니다.

● 총으로 코뿔소를 쏘는 꿈
  적이 당신에게 손실을 끼칠 것입니다.

무소

● 무소를 본 꿈
  상인은 장사가 번창해질 것입니다.

● 무소가 자기 쪽으로 돌진해 온 꿈
  남자에겐 재물이 많아지겠지만, 여자에겐 오래지 않아 병이 생길 것
  입니다.

● 무소가 사자들의 공격을 받는 꿈
  적들의 음모가 성공합니다.

물소

● 물소 수컷을 본꿈
  운수가 좋을 꿈입니다.

🍃 물소를 타는 꿈
액운에 부딪칠 꿈입니다. 환자가 꿈에 물소를 탔다면 이는 그가 세상을 뜰 안 좋은 꿈입니다.

🍃 적이 물소를 타는 꿈
적들의 음모가 성공할 흉조입니다.

곰

🍃 곰이 보인꿈
강한 자와 원수지게 될 꿈입니다.

🍃 곰이 자신을 향해 덮쳐 오는 꿈
원수진 자가 오래도록 당신과 등지게 될 것입니다.

🍃 자신이 곰에게 물려 죽는 꿈
생활이 불행해질 징조입니다.

🍃 곰이 굽은 벼랑길을 따라 산 아래로 내려가는 꿈
다른 사람과의 송사가 생겨 하루도 조용할 날이 없을 것입니다.

🍃 곰이 도망치는 꿈
생활이 행복해질 꿈입니다.

🍃 곰이 산꼭대기로 올라가 사라져 버리는 꿈
당신의 고통은 전부 끝나게 될 것입니다.

🍃 흰곰이 서서 춤을 추는 꿈
당신은 자신의 윗사람과 사이가 호전되어 승진도 되고 신임도 증가될 것입 니다.

🍃 검은 곰의 시체가 물에 떠내려가는 꿈
폭우가 내릴 꿈이며 당신의 이웃과 친구가 재난을 당하게 될 것입니다.

낙타

🍃 **낙타를 본 꿈**
조만간 먼 거리 여행을 하게 되는데 좋은 결과가 있을 것입니다.

양

🍃 **양을 본 꿈**
남자는 부자가 됩니다. 여자가 이 꿈을 꾸면 부부 생활이 행복하여 백년해 로할 것입니다.

🍃 **얼룩덜룩한 양 암컷을 본 꿈**
재물이 왕성해질 것입니다.

🍃 **백색양 암컷을 본 꿈**
사람들이 당신을 좋아할 꿈입니다. 상인이 이 꿈을 꾸면 해외에 나가 장사를 한다면 큰돈을 벌게 됩니다.

🍃 **암양이 우는 것을 들은 꿈**
당신 재산이 위협을 받게 됩니다.

🍃 **양떼가 암컷들로만 구성된 꿈**
자금이 풍부한 대기업의 정책 결정자가 될 꿈입니다.

🍃 **면양이 도망친 꿈**
당신 재산이 절도당하거나 강탈당하게 됩니다.

🍃 **어미 양의 털을 깎는꿈**
차차 유산을 계승하게 됩니다.

🍃 **암양을 채찍으로 때린 꿈**
당신이 공금을 횡령했다가 재산을 크게 손해 보게 됩니다.

● 어미 양이 새끼 양을 데리고 있는 꿈
  당신의 아내가 사내아이를 낳게 됩니다.

● 숫양을 본 꿈
  남자에겐 부자가 될, 여자에겐 시댁 쪽의 누군가가 결혼을 할 꿈입니다.

● 숫양 떼를 본 꿈
  장사가 번창하게 됩니다.

● 숫양이 당신을 뒤따르는 꿈
  당신이 동고동락할 수 있는 친구를 사귀게 될 것입니다.

● 요리를 만들기 위해 숫양을 잡은 꿈
  당신이 머지않아 경제적 어려움을 겪게 될 흉조입니다.

● 목장에서 양을 방목한 꿈
  당신은 수입이 적은 사업에 종사하게 됩니다.

● 남에게 양을 주는 꿈
  오래지 않아 결혼식에 초청되어 참석할 꿈입니다.

● 양이 싸우는 꿈
  당신은 정부 고위 관료가 베푸는 잔치에 참여하게 됩니다.

● 새끼 양을 본 꿈
  기쁜 소식이 있을 꿈입니다. 젊은 남녀가 이 꿈을 꾸면 결혼생활이 원만하고 아름다울 것입니다.

● 많은 새끼 양을 본 꿈
  당신이 하는 일이 안팎으로 일체가 평안할 꿈입니다.

● 새끼 양을 가볍게 두드린 꿈
  시집갈 꿈입니다.

● 새끼 양을 품에 품은 꿈
  잘생긴 아들을 하나 낳을 꿈입니다.

새끼 산양

🍂 새끼 산양이 보인 꿈
   행복이 생길 꿈입니다.

🍂 새끼 산양을 때리는 꿈
   집에 불행이 생길 꿈입니다.

🍂 수많은 새끼 산양을 애써 붙드는 꿈
   부자가 될 꿈입니다.

🍂 새끼 산양을 품에 안은 꿈
   많은 아이를 낳아 기를 꿈입니다.

🍂 다른 사람에게 산양 새끼를 기증한 꿈
   빚을 잔뜩 질 꿈자립니다.

사슴

🍂 사슴을 본 꿈
   친척에게서 유산을 물려받을 좋은 꿈자립니다.

🍂 붙잡힌 사슴이 뜀박질하는 꿈
   자신이 석방될 꿈입니다.

🍂 많은 사슴이 한 곳에 엎드려 있는 꿈
   당신을 해하려던 음모가 수포로 돌아갈 꿈입니다.

🍂 포수의 총에 맞아 죽은 사슴을 본 꿈
   남에게 돈과 재물을 갈취당할 꿈입니다.

🍂 수사슴과 마주친 꿈
   당신이 강자와 원수질 꿈입니다.

🍂 수사슴이 당신이 가는 길을 가로막는 꿈
   장사가 망할 꿈입니다.

염소

🍃 **염소 암컷을 본 꿈**
가족이 늘어나고 생활이 부유해질 징조입니다. 하지만 결혼한 여자가 이 꿈을 꾸면 내장에 병이 생길 징조이니 검사를 해봐야 합니다.

🍃 **검은 암염소를 본 꿈**
대단히 길한 꿈자립니다.

🍃 **두 마리의 숫염소가 싸우는 꿈**
일 처리에 차질이 생기고 어떤 일에나 근심 걱정이 많아질 징조입니다.

원숭이

🍃 **원숭이를 본 꿈**
임신부는 못생긴 아들을 낳게 되고, 처녀는 화를 잘 내고 잔소리 많은 남자에게 시집가게 될 것입니다.

🍃 **원숭이가 벌컥 성내는 꿈**
이웃과 등질 것이며 또한 명예도 훼손될 것입니다.

🍃 **원숭이가 기뻐 날뛰는 꿈**
사이가 나빴던 친구와 우의가 다시 회복될 징조입니다.

🍃 **원숭이가 무엇을 먹는 꿈**
살림이 빈곤해질 꿈입니다.

🍃 **원숭이가 깊은 잠에 든 꿈**
조만간 멀리 여행을 떠날 꿈입니다.

🍃 **원숭이가 쪼그리고 앉아 있는 꿈**
당신이 병에 걸릴 꿈입니다.

● 원숭이가 걷거나 혹은 뛰어다닌 꿈
  이것 역시 흉조입니다.

● 원숭이를 향해 총을 쏘거나 혹은 쏘아 죽인 꿈
  당신이 적을 굴복시킬 수 있음을 예시합니다.

● 원숭이가 이를 드러내고 발톱을 치켜세워 흉폭하게 달려드는 꿈
  당신이 재난으로 집과 가족을 잃게 될 꿈입니다.

● 원숭이를 기른 꿈
  당신이 사기꾼을 친구로 사귀어 커다란 손실을 보게 될 꿈입니다.

● 원숭이가 시합하는 꿈
  당신의 명성이 널리 알려집니다. 공무원이 이런 꿈을 구면 고위직으
  로 승진 됩니다.

토끼

● 토끼를 본 꿈
  낯익은 사람을 만나게 될 꿈입니다.

● 토끼를 잡은 꿈
  이득이 있을 좋은 징조입니다.

● 누가 토끼와 함께 당신 곁으로 온 꿈
  이것은 남의 속임에 속지 말도록 조심해야 할 꿈입니다.

● 사냥개와 함께 토끼를 뒤쫓은 꿈
  사기꾼의 악마 같은 손아귀에서 벗어날 수 있을 꿈자립니다.

● 토끼를 향해 총을 쏘아댄 꿈
  이는 모든 경제적 수입원을 잃게 될 꿈자리입니다.

● 큰길에서 토끼 한 마리를 잡아 품안에 안은 꿈
  여자가 이 꿈을 구면 그녀는 시집 전체의 경제를 책임지게 될 꿈입
  니다.

🍃 토끼를 기른 꿈
　당신이 적들의 속임수에 넘어가지 않을 것입니다.

다람쥐

🍃 다람쥐를 본 꿈
　각고의 노력 끝에 수확이 있게 됩니다. 여인은 남편을 떠나 별거하게
　되고, 쫓겨났던 사람은 제자리로 돌아오게 됩니다. 여행자는 여행이
　원만히 끝날 것이고, 농민에겐 풍년이 들 것입니다.

🍃 다람쥐를 때려죽인 꿈
　재난이 당신에게 떨어질 것입니다.

🍃 다람쥐를 잡아 손에 안고 있는 꿈
　당신은 숨겨진 보물을 발견하게 됩니다.

🍃 다람쥐가 당신을 물은 꿈
　중요한 문제에서 친구와 의견 충돌이 생길 것입니다.

고슴도치

🍃 고슴도치의 가시를 본 꿈
　남자는 좋은 운수를 만나 큰 돈을 벌게 될 것이고, 여자는 정성껏 정
　절을 지켜 그 이름이 널리 알려질 것입니다.

쥐

🍃 쥐가 보인꿈

흉조입니다. 당신은 적을 너무 많이 만들게 됩니다. 가정주부가 꿈에 쥐를 보게 되면 전 집안이 곤경에 빠져들게 되고, 의사가 이 꿈을 꾸면 거주지에 전염병이 발생합니다.

🍃 쥐를 잡는꿈

성실하지 못한 벗을 사귀게 될 꿈입니다.

🍃 그물로 쥐를 붙잡은 꿈

당신이 조심하지 않으면 큰 손실을 보게 될 것입니다.

🍃 고양이가 쥐를 잡는 꿈

당신은 큰돈을 벌 것입니다.

🍃 집에 사는 쥐를 손으로 감싸 쥐고 있는 꿈

결혼한 여자가 이 꿈을 꾸었다면 아이를 낳을 것입니다.

🍃 쥐가 죽어있는 꿈

운수가 좋을 꿈입니다.

🍃 수많은 쥐가 있는 꿈

당신은 하는 일마다 끊임없이 실패할 것입니다.

🍃 쥐가 당신 방에 구멍을 뚫은 꿈

집에 도둑이 들게 됩니다.

🍃 쥐가 자기를 물은 꿈

남자가 이 꿈을 꾸면 재난이 피해 갑니다.

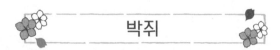

박쥐

🍃 박쥐를 본 꿈

운수가 사나워 병과 재난이 생길 것입니다.

조류에 관한 꿈

새

🍃 새를본꿈
좋은 길조입니다. 선원은 항해가 순조로울 것입니다.

🍃 새를 잡는꿈
돈을 벌고 운수가 좋을 길조입니다.

🍃 새가 우는 소리를 들은 꿈
역시 기쁜 일이 생길 꿈입니다.

🍃 새를 쏘는 꿈
불행을 당할 예시입니다.

🍃 새들이 놀라 사방으로 날아가 버린 꿈
재산상 손실이 있을 꿈입니다.

🍃 둥지 속의 새를 날려 보내는 꿈
사업에서의 성공과 수확을 상징합니다.

🍃 미끼를 이용하여 새를 잡는 꿈
손실이 있을 꿈입니다.

🍃 새알을 본 꿈
좋은 일이 있을 길조입니다.

● 부화하는 새알에서 새끼가 채 나오지 못한 꿈
  송사에서 질 것을 예시합니다.

● 둥지 속에 부화하고 남은 깨어진 알 껍질을 본 꿈
  가난으로 고생할 꿈입니다.

● 새들이 서로 물어뜯으며 싸우는 꿈
  재난이 닥칠 징조입니다.

● 깡충깡충 뛰는 새를 본 꿈
  권위 있는 인사들과 친구로 사귈 꿈입니다. 미혼 남자가 이런 꿈을
  꾸었다면 명망이 있고 부귀한 집 딸과 결혼하게 됩니다.

● 새들이 무리지어 있는 꿈
  이름 높은 인물이 됩니다.

● 새둥지가 보인 꿈
  생활이 행복할 것입니다.

● 새를 둥지에서 몰아낸 꿈
  당신은 국외로 축출당할 것입니다.

● 새 둥지를 들추는 꿈
  집에 아이가 중병에 앓거나 혹은 요절할 꿈입니다.

● 새장이 텅 비어있는 꿈
  아무런 근심 걱정도 없을 꿈입니다.

● 새장에 새가 갇혀 있는 꿈
  이는 감옥에 갇히거나 혹은 생활이 궁핍해질 꿈입니다. 또는 눈병이
  생길 것입니다.

닭

- 닭을 보거나 수탉이 우는소리를 들은 꿈
  운수가 좋을 길조입니다.

- 암탉이 알을 품고 있는 꿈
  이 꿈을 꾸었다면 슬하에 자녀를 많이 둘 징조입니다.

- 암탉이 많이 있는 꿈
  재물이 많이 생길 꿈자립니다.

- 암탉을 잡아먹은 꿈
  돈을 물 쓰듯 하여 조상의 유산을 전부 잃을 꿈입니다.

- 누가 집의 암탉을 잡아가는 꿈
  이는 집에 도둑이 들 꿈자리입니다.

병아리

- 많은 병아리를 본 꿈
  기혼여성이 이 꿈을 꿨다면 집안에 재물이 가득해질 것입니다. 남자에게는 큰 벼슬을 할 꿈입니다. 상인이나 영업주가 병아리를 보면 재물운이 활짝 트일 꿈입니다. 젊은 남녀가 병아리를 보면 사랑이 이루어져 행복하고 아름 다운 결혼 생활이 시작될 꿈입니다. 학생이 병아리를 보았다면 반장이 될 꿈입니다.

- 병아리를 산 꿈
  여자가 자식을 낳지 못해 남편이 남의 아이를 얻어다 기를 징조입니다.

- 병아리가 튼튼하고 또렷또렷하게 생긴 꿈
  윗사람의 말이 진실한 것을 뜻합니다.

- 병아리가 시들시들 죽어가는 꿈
  액운이 닥쳐 병에 걸리지 않으면 경제상에서 손실을 볼 꿈입니다.

오리

🌸 오리를 보거나 오리 우는 소리를 들은 꿈
집에 청하지도 않은 손님이 올 징조입니다.

🌸 오리가 물 위에서 자유롭게 헤엄치며 노는 꿈
장사가 아주 잘될 길조입니다.

🌸 오리가 큰길을 걸어가는 꿈
재난이 빨리 지나갈 꿈자립니다.

🌸 어미 오리와 새끼 오리가 흙탕물에서 헤엄치며 다니는 꿈
앞날이 광명하고 생활이 행복할 꿈입니다.

칠면조

🌸 칠면조가 보인 꿈
운수가 좋습니다. 여자가 이 꿈을 꾸면 친정에서 당신에게 예물을 보내 올것입니다.

🌸 식사 준비를 위해 칠면조를 잡아 준 꿈
이는 흉조입니다.

🌸 칠면조 요리를 한 꿈
병으로 앓게 됩니다. 여자가 이 꿈을 꾸면 가사 처리에서 곤란이 더러 생깁니다.

🌸 남에게 칠면조를 선물한 꿈
당신이 새 벗을 사귀게 됩니다.

🌸 다른 사람이 준 칠면조를 당신이 받은 꿈
당신 명성과 위엄이 크게 떨쳐집니다.

독수리

🍃 독수리가 보인 꿈
적이 꾸며 놓은 함정에 걸려들 것입니다.

🍃 독수리가 날아다닌 꿈
재난이 떨어집니다.

🍃 독수리가 머리 위로 날아다닌 꿈
당신이 중병에 걸리거나 아니면 오래지 않아 세상을 뜨게 됩니다.

🍃 독수리가 나무에 내려앉은 꿈
적을 정복할 수 있을 꿈입니다.

🍃 독수리를 총으로 쏜 꿈
모든 고난이 다 사라질 징조입니다.

🍃 독수리가 서로 물어뜯고 싸우는 꿈
외출 도중에 교통사고 생길 것입니다. 그러나 나중엔 구사일생으로
죽음은 면하게 됩니다.

매

🍃 매가 보인꿈
새로운 장사를 시작할 꿈입니다.

🍃 새를 잡으려고 매를 놓아준 꿈
장사나 혹은 사업이 성공할 꿈입니다.

🍃 매를 붙들어 잡은 꿈
진행 중인 일을 실패할 꿈입니다.

🍃 자기 머리 꼭대기에 매가 날아와 앉은 꿈
직장에서 진급될 꿈입니다.

백학(白鶴)

● 백학이 보인 꿈

과부가 이 꿈을 꾸면 그녀가 절개를 잘 지켜 아름다운 이름을 후세에
남길 꿈이고, 수험생에겐 시험에 합격할 꿈입니다. 하지만 상인에겐
수금이 늦게 될 징조입니다.

● 두루미가 외롭게 홀로 있는 꿈

자기의 반려자와 이별할 꿈입니다.

백조

● 백조를 본 꿈

헤어졌던 옛 친구를 다시 만날 꿈입니다.

타조

● 타조의 깃털을 본 꿈

당신에게 재물과 보배가 생겨 마음껏 누리고 살게 됩니다.

● 타조를 뒤쫓은 꿈

당신은 불행에 부딪칠 것입니다.

● 당신이 타조에게 쫓기는 꿈

적과 충돌이 생길 것이지만 당신은 쉽게 놈들을 굴복시키게 될 것입
니다.

뻐꾸기

🍃 뻐꾸기를 보거나 혹은 그 울음소리를 들은 꿈
피나는 노력을 해야만 돈을 벌 수 있고, 그렇게 번 돈과 재물은 빨리 잃을 징조입니다. 여인이 이런 꿈을 꾸었으면 남편의 사랑을 잃을 수 있습니다.

비둘기

🍃 비둘기가 보인 꿈
결혼하고 수없이 많은 돈과 재물을 얻게 될 꿈입니다. 도박 꿈이 꿈에 비둘기를 보게 되면 많은 돈을 따게 됩니다. 기혼여자는 임신하여 잘생긴 아들을 낳게 됩니다.

🍃 비둘기가 맞아 죽는 꿈
아내 혹은 남편이 세상을 뜰 징조입니다.

🍃 비둘기가 손에서 날아가 버린 꿈
아내가 떠나가 버릴 꿈입니다.

🍃 엎드려 있는 비둘기를 본 꿈
이 꿈을 꾼 남자는 생활이 부유하고 평안해집니다.

🍃 들비둘기를 본 꿈
부자가 될 수 있습니다.

🍃 비둘기를 기른 꿈
수입이 풍요로워지고 가족이 불어날 것입니다.

🍃 날아가는 비둘기를 본 꿈
당신은 곤경에 처할 것입니다.

🍃 우리 속의 비둘기를 본 꿈
숨겨져 있던 재물과 보배를 얻게 됩니다.

● 총으로 비둘기를 쏜 꿈
근심 걱정이 없어집니다.

● 고양이가 비둘기를 잡는 꿈
재난에 부딪칠 것입니다.

● 비둘기 떼를 본 꿈
당신에게 생사를 같이할 친구가 생깁니다.

● 비둘기를 남에게 준 꿈
당신 명성이 천하에 날리게 됩니다.

앵무새

● 땅에 내려앉은 앵무새를 본 꿈
당신은 쓸모없는 사람을 한 명 사귀게 될 것입니다. 기혼 여자에겐
그녀의 남편은 무능한 사람일 꿈입니다. 임신부가 꿈에 앵무새를 보
았다면 딸을 낳게 됩니다.

● 앵무새가 나는 꿈
당신의 모든 걱정과 서러움이 깨끗이 사라질 것입니다.

● 새장에 갇힌 앵무새를 본 꿈
당신의 앞길을 고난이 첩첩이 가로막힐 것입니다.

● 죽은 앵무새를 본 꿈
성실치 못한 벗에게 기만당하지 않도록 조심해야 합니다.

● 총으로 앵무새를 쏜 꿈
당신은 적을 항복시켜 순종시킬 수가 있습니다.

● 앵무새를 가두는 꿈
당신이 조상의 빚을 갚아야 할 불길한 흉조입니다.

● 앵무새를 팔아 없애는 꿈
당신에게 싸인 모든 장애를 없애는 좋은 꿈입니다.

● 앵무새 떼를 본 꿈
  당신 재산이 매우 위험합니다.

● 앵무새를 남에게 선물한 꿈
  당신은 사람들의 미움을 받게 됩니다.

● 앵무새를 우리에 가둔 꿈
  적들이 내분을 일으킨 기회를 타서 이익을 얻을 수 있습니다.

● 고양이가 앵무새를 붙잡는 꿈
  당신은 경쟁의 적수를 격파할 수 있습니다.

● 앵무새를 기른 꿈
  소위 친구란 사람이 허풍이나 떨고 위세나 부리는 협잡꾼일 것입니다.

공작새

● 공작새가 땅에 엎드려 있는 꿈
  불길한 징조입니다. 남자가 꿈에 공작이 땅에 엎드려 있는 것을 보았
  다면 해고당할 것입니다. 기혼 여자의 꿈에 공작새가 엎드려 있었다
  면 그녀는 남편과 아이들의 병으로 속을 태울 꿈입니다.

● 공작새가 나무에 앉아 있는 꿈
  당신은 다른 사람의 위협을 받게 될 것입니다.

● 공작새가 춤을 추고 있는 꿈
  운수가 좋을 꿈입니다. 기혼 여인은 임신하여 체력이 튼튼한 아들을
  낳게 될 것입니다. 동료와 헤어진 사람이 꿈에 춤추는 공작새를 보았
  다면 그 동료를 다시 만나게 될 것입니다. 미혼 남자에겐 애인이 생
  깁니다. 환자는 약을 먹지 않아도 병이 저절로 나을 것이고, 죄수는
  머지않아 석방되어 가족들과 자리를 함께 하게 될 것입니다. 기업가
  나 혹은 상인은 새로운 시장이 나 혹은 새로운 판로가 확장되면서 큰
  돈을 벌게 될 것입니다.

● 공작이 우는 꿈

　농민이 꿈에 우는 공작새를 보았다면 농작물이 풍수해를 입게 됩니다. 상인은 장사에 파동이 일어 손실이 있을 것입니다. 미혼 남자의 꿈에 공장이 운다면 이는 그가 연인과 헤어지게 됩니다.

● 공작을 붙잡은 꿈

　당신의 몸은 쇠약해질 것입니다.

● 공작새의 고기를 먹은 꿈

　당신이 백혈병에 걸릴 꿈입니다.

● 개가 공작새를 쫓는 꿈

　당신은 빚을 지게 되고 빚 독촉에 시달리게 될 것입니다.

● 공작새가 꼬리를 땅바닥에 끄는 꿈

　당신이 죄인으로 공소 받고 처벌을 당할 것입니다.

부엉이

● 부엉이가 보인 꿈

　당신이 아이를 잃게 될 흉조입니다. 미혼 남자가 꿈에 부엉이를 보면 그는 싸우기 좋아하는 아내를 얻게 됩니다. 기혼 여자가 꿈에 부엉이를 보면 남편의 병에 대해 크게 근심하게 될 것입니다. 미혼 여자가 꿈에 부엉이를 보았다면 가난한 집에 시집갈 안 좋은 꿈입니다.

● 부엉이가 당신의 집 지붕 위에서 앉아서 끝없이 울어댄 꿈

　당신은 재난으로 집과 가족을 잃게 될 겁니다.

● 부엉이가 당신 머리 위를 날아 지나간 꿈

　오래지 않아 당신이 세상을 뜰 징조입니다.

● 당신이 길을 걷다가 부엉이와 만난 꿈

　당신이 아무 일도 성공하지 못할 꿈입니다.

● 부엉이를 때려잡은 꿈
당신 사업에서 모든 장애물을 없앨 수 있는 좋은 길조입니다. 또 당신은 목적을 꼭 달성할 수 있습니다.

● 적들에게 부엉이 고기를 선물한 꿈
적들은 당신에게 전패할 것입니다.

● 부엉이 우는 소리가 당신 귀에 몹시 거슬린 꿈
이는 당신 가족이 중병에 걸릴 꿈입니다.

● 부엉이가 자신에게 날아온 꿈
죄인이 이 꿈을 꾸면 무기형을 받을 것입니다.

● 부엉이를 붙잡은 꿈
당신이 송사에서 꼭 이깁니다.

 밤 꾀꼬리

● 밤 꾀꼬리가 보인 꿈
행복과 즐거움을 상징합니다.

● 밤 꾀꼬리가 우는 소리를 들은 꿈
당신의 결혼이 아름답고 원만할 것입니다. 환자는 그의 신체가 건강해지고 힘있게 될 것입니다. 하지만 미혼 남자에겐 슬프고 불안한 날이 올 것입니다. 남편을 떠난 여자가 밤 꾀꼬리를 꿈에 보게 되면 후에 남편과 만나게 됩 니다.

까마귀

● 까마귀를 잡은 꿈
경쟁자와 경쟁에서 이길 수 있음을 예시합니다.

● 까마귀나 그의 날개를 본 꿈
상인에겐 장사에서 손해가 있을 꿈입니다. 기혼 남자에겐 재난이 닥치고, 기혼 여자는 아이가 병에 걸립니다. 미혼 남자의 꿈에 까마귀가 보였다면 애인이 불행하게 사망할 것이며 그는 극한 슬픔에 잠기게 됩니다. 처녀의 꿈에 까마귀가 보였다면 병에 걸린 남자에게 시집가게 됩니다.

● 자기 머리 위로 까마귀가 날아간 꿈
적들과 치열한 전투가 벌어질 것입니다.

● 까마귀가 누구의 머리 꼭대기에 내려앉은 꿈
그 누가 병으로 누운 다음 다시는 일어나지 못할 꿈입니다.

● 까마귀가 똥을 쪼아 먹는 꿈
가난했던 과거의 본을 받아 악습을 버릴 꿈입니다.

● 까마귀가 날아가는 꿈
여러 면에서 적을 만나게 됩니다.

● 까마귀를 때려죽인 꿈
승리의 소식이 연이어 있을 꿈입니다.

● 까마귀가 나무에 내려앉은 꿈
당신이 거주하는 지역에 기근이 닥칠 것입니다.

● 까마귀가 여행길을 가로질러 날아간 꿈
여행 중에 교통사고가 발생할 것입니다.

● 죽은 까마귀를 본 꿈
재수 없던 날들은 지나가고 좋은 날이 찾아올 것입니다.

메추라기

📗 메추라기를 본 꿈

기혼 여자는 소식을 받아 친정에 가게 되고, 아내와 떨어져 있는 남자는 부인과 만날 날이 아직도 멀었음을 뜻합니다. 농민에겐 대풍이 들고, 상인에겐 배 타고 출국하지만 장사는 밑질 것입니다. 환자는 기적처럼 병이 완치 됩니다.

📗 메추라기가 우는 꿈

돈을 벌 꿈입니다. 기혼 남자는 신체가 건강할 것입니다.

📗 메추라기가 소리 없이 있는 꿈

장사가 부진할 꿈이지만 결국엔 꼭 성공하게 됩니다.

📗 죽은 메추라기가 보인 꿈

거주 구역에 기근이 생기고 전염병이 돌 꿈입니다.

📗 메추라기가 나무에서 날아다니는 꿈

행복하던 날은 지나가 버리고 재수 없는 날이 찾아옵니다.

📗 메추라기를 붙잡은 꿈

당신은 쾌활하고 유머러스한 친구를 사귀게 되며 곤란할 때 친구의 도움을 받게 됩니다.

📗 메추라기를 총으로 쏘는 꿈

당신의 경제력이 떨어질 꿈입니다.

📗 어미 메추라기가 새끼 메추라기들과 함께 있는 꿈

속에 꿍꿍이를 품은 사람을 벗으로 사귀게 됩니다.

📗 숲 속의 메추라기를 발견한 꿈

숨겨진 보물들을 발견하게 됩니다.

📗 메추라기가 머리 위를 날아간 꿈

친구의 결혼식에 참가하게 됩니다.

📗 메추라기 알을 본 꿈

자식을 잃고 극도로 비통해 할 것입니다.

참새

● 참새가 보인 꿈
근심과 불안에 빠지고 아이가 앓게 될 꿈입니다.

● 수많은 참새가 조잘거린 꿈
모든 일이 순조로워 사업에서 성공할 것입니다.

● 참새가 벌레를 먹는 꿈
재산에 위험이 있거나 재산 전부를 잃을 것입니다.

● 참새를 때려죽인 꿈
장사 혹은 사업이 완전히 실패할 것입니다.

금시조(金翅鳥, 금빛 날개 새)

● 금시조가 하늘에서 날고 있는 꿈
좋은 운수가 틔어 부자가 될 것입니다.

● 금시조가 높은 곳에 서 있는 꿈
사람들의 존경을 받을 꿈자립니다.

● 자기 머리 꼭대기에 이 새가 내려앉은 꿈
운수 사나운 꿈자립니다.

● 두 마리의 금시조가 다투는 꿈
장사에서 경쟁이 생길 꿈입니다.

● 금시조의 입에 사냥한 먹이가 물려 있는 꿈
많은 돈을 벌 꿈입니다.

● 금시조가 둥지에서 쉬고 있는 꿈
당신이 편안한 생활을 할 꿈자립니다.

● 금시조가 남의 둥지에 들어가 있는 꿈
  노력해서 새로운 공장을 꾸릴 꿈입니다.

● 금시조가 땅에 내려앉은 꿈
  당신이 강직 당할 꿈자립니다.

파충류, 양서류에 관한 꿈

악어

🍃 악어를 본 꿈

고생을 하게 됩니다. 이 꿈은 흉악한 적의 침입을 받거나 혹은 강한 자와 원수지게 됩니다. 아니면 당신을 배반하고 해하던 사람과 등지게 될 것입니다.

🍃 악어의 공포에서 벗어 난 꿈

위험을 피하게 되는 꿈입니다.

구렁이

🍃 구렁이가 보인 꿈

악어나 기타 맹수의 해를 입을 징조입니다. 여인이 이 꿈을 꾸면 떳떳하고 완벽한 인생을 살아갈 꿈입니다.

🍃 구렁이와 마주 섰다가 돌아선 꿈

적의 손아귀에서 벗어날 수 있음을 의미합니다.

도마뱀

● 도마뱀을 본 꿈
모욕당할 꿈입니다.

● 도마뱀 두 마리가 싸우는 꿈
머지않아 재난이 닥칠 꿈입니다.

● 도마뱀이 당신 몸에 달라붙은 꿈
당신이 병에 걸릴 꿈입니다.

● 도마뱀의 몸을 절단한 꿈
아이가 병으로 입원할 꿈입니다.

● 도마뱀이 옷 위에 떨어진 꿈
이 꿈을 꾼 여인은 남편과 한동안 별거할 것입니다.

뱀

● 뱀이 당신은 물은 꿈
운수가 좋아지고 생활이 부유해집니다.

● 한 쌍의 뱀을 본 꿈
오래지 않아 세간나게 됩니다. 상인이 이 꿈을 꾸면 큰돈을 법니다.

● 뱀을 본 꿈
흉조입니다. 여자는 자기와 아이가 모두 병으로 눕게 됩니다.

● 뱀이 당신의 아내를 물은 꿈
당신은 많은 걱정과 불행에 부딪치게 됩니다.

● 뱀을 때려죽인 꿈
적을 정복할 수 있을 징조입니다.

● 뱀이 굴속으로 숨어 버린 꿈
  당신 집에 도둑이 들거나 강도가 들 것입니다.

● 뱀이 쥐나 개구리를 잡은 꿈
  불행한 소식이 들려 올 것입니다.

● 뱀이 고양이와 싸우는 꿈
  모든 재난이 다 지나가 버립니다.

거북이

● 거북이를 본 꿈
  운수가 좋을 꿈입니다 그러나 여인은 도둑이나 강도에 조심해야 합
  니다. 상인은 국외에 나가 장사에서 큰돈을 벌게 되고, 여행가는 집
  에서 멀리 떨어 진 도시에서 한동안 머물러 있게 됩니다.

● 돌로 거북이를 때린 꿈
  적이 당신에게 위협을 줄 것입니다.

● 거북이를 손에 쥐고 있는 꿈
  당신이 새로운 친구를 사귀게 됩니다.

● 헤엄치는 거북이를 본 꿈
  모든 재난이 다 없어지고 맙니다.

바다거북

● 바다거북이 보인 꿈
  부부 생활이 화목하고 행복할 것입니다. 기혼 여자가 이 꿈을 꾸면
  남편이 당신을 더욱 아끼고 사랑해 줄 것이고, 미혼 남녀는 머지않아
  뜻에 맞는 사람을 만나 결혼하게 됩니다.

🍃 푸른 거북을 붙잡은 꿈
　재난에 부딪칠 꿈입니다.

🍃 바다거북이 탕을 마신 꿈
　불길한 꿈으로서 당신 건강이 갈수록 나빠질 것입니다.

개구리

🍃 개구리를 본 꿈
　남자의 경우에는 병으로 앓게 되고, 여자는 소비가 크게 증가됩니다.
　상인은 장사에 적자가 납니다. 환자는 건강이 차차 회복될 것이고,
　상인은 큰돈 을 벌게 됩니다.

🍃 뱀이 개구리를 삼키는 꿈
　재난에 부딪칠 꿈입니다.

🍃 많은 개구리가 보인 꿈
　생활이 소박해질 것입니다.

🍃 개구리를 돌로 친 꿈
　당신이 오래지 않아 직장을 옮기게 됩니다.

🍃 개구리에게 물려 상처 입은 꿈
　모든 곤란이 없어지고 말 것입니다.

어류에 관한 꿈

물고기

🐟 살아 있는 물고기를 본 꿈
해상(海上)으로 여행을 떠날 꿈입니다.

🐟 죽은 물고기를 본 꿈
이는 굶주림 시달릴 꿈입니다.

🐟 물고기를 사는 꿈
친척의 토지를 상속받게 될 꿈입니다.

🐟 누가 당신에게 물고기를 선물로 준 꿈
당신은 결혼 예식에 참석해 달라는 청을 받게 될 것입니다.

🐟 물에서 헤엄치고 있는 물고기를 본 꿈
여자의 행동은 남편의 제한을 받을 것입니다.

🐟 물고기가 물이 적어 고통을 받는 꿈
강직당할 꿈자립니다.

🐟 물고기를 잡는 꿈
큰 재난에 부딪칠 꿈입니다. 하지만 여자가 고기 잡는 꿈을 꾸면 돈 많은 남편 덕분에 생활이 유쾌할 것입니다. 환자에겐 병석에서 일어나지 못할 꿈입니다.

🐟 어떤 사람이 늪에서 고기를 잡고 있는 것을 본 꿈
이는 반역을 기도하는 역모에 참여할 꿈자립니다.

상어

💧 상어를 본 꿈

부자가 될 꿈입니다. 상인은 해외로 출국하여 장사를 한다면 크게 돈을 벌수 있음을 의미합니다. 선원이 꿈에 상어를 보게 되면 당신이 지금 종사하는 일이 수입이 풍부해질 것을 예시합니다.

💧 상어가 다른 사람에게 덮친 꿈

이는 당신에게 재난이 떨어질 흉조입니다.

💧 상어 무리를 본 꿈

당신이 직업을 바꾸고 많은 돈을 벌게 됩니다.

💧 죽은 상어를 본 꿈

자신의 과오로 경제상 손실을 입게 됩니다.

송어

💧 송어를 본 꿈

당신의 신체가 건강해질 꿈입니다.

💧 송어를 잡은 꿈

수입이 괜찮을 것입니다.

💧 송어 요리를 만드는 꿈

생활이 부유해질 꿈입니다. 여인이 이 꿈을 꾸었다면 결혼식에 참가할 것입니다.

💧 송어를 판매한 꿈

불행의 시달림을 받아야 할 것입니다.

💧 송어를 먹은 꿈

단기일 내에 병이 호전되지 못합니다.

💧 남에게 송어를 선물한 꿈

당신이 큰 인물과 벗을 사귀게 됩니다.

곤충에 관한 꿈

 곤충

🍃 곤충이 보인 꿈
당신이 병에 걸리게 될 징조입니다.

🍃 당신이 마실 우유나 과일 주스에 곤충이 빠진 꿈
불쾌한 일을 낭하고 모임에 참석하지 못할 꿈입니다.

🍃 곤충이 음식에 빠진 꿈
당신의 생활이 사치하고 방탕할 것입니다.

🍃 곤충을 때려죽인 꿈
비통함에 못이겨 슬피 통곡할 것입니다. 여자가 꿈에 곤충을 죽였다면 아이가 병에 걸립니다.

 개미

🍃 개미가 이동하는 꿈
당신이 외국으로 여행을 떠나 그곳에서 타향살이를 시작할 꿈입니다. 동시에 당신의 여행은 순조로울 뿐만 아니라 편안하고 안전할 것입니다. 상인이 이동하는 개미를 꿈에 보면 장사가 아주 잘될 징조입니다.

● 개미가 불안스레 사방으로 뿔뿔이 흩어지는 꿈
  뜻밖의 일로 재난이 닥칠 흉조이니 주의하여야 합니다.

● 개미가 흰 물건이나 먹을 것을 입에 물고 있는 꿈
  돈을 많이 벌고 행복해질 징조입니다.

● 새가 개미를 쫓아가며 해치려 하는 꿈
  재물을 잃을 흉조입니다.

● 개미를 본 꿈
  장기간 병으로 누워있는 환자가 이 꿈을 꾸면 병이 단기간에는 호전
  될 수 없을 징조입니다.

● 가는 곳마다 개미 천지거나 개미들이 무리 지어 싸우고 있는데 공격받
  는 편이 공격하는 편을 일방적으로 이기고 있는 꿈
  이는 좋은 길조로서 꿈을 꾼 사람이 지고 있던 빚을 다 갚거나 신체
  가 건강해질 꿈입니다. 꿈을 꾼 사람이 미혼이라면 곧 결혼을 하게
  되며 기쁜 일들이 연이어 일어날 것입니다.

● 공격받던 편의 개미가 물려 죽거나 포로가 되어 버리는 꿈
  꿈 꾼 사람이 불치병에 걸리거나 혹은 사업이 잘못되는 등의 액운에
  부딪칠 것입니다.

● 자신이 개미에게 겹겹이 포위된 꿈
  생명의 기가 얼마 남지 않았음을 예시합니다.

● 개미가 자신의 머리 꼭대기나 집안에서 돌아다니는 꿈
  당신이 농민이라면 오랫동안 가물었던 농작물에 단비가 내려 풍작
  을 얻을 길조입니다.

● 마실 물이나 우유 등의 음료 속에 개미가 떠 있는 꿈
  당신은 내장의 질환으로 시달림을 받을 것입니다.

● 밥상에 개미가 있는 꿈
  국외에 거주하고 있는 친척이나 친구가 곧 돌아올 것입니다.

● 자기의 잠자리에 개미가 있는 꿈
  중병에 걸릴 흉조입니다.

흰개미

- 흰개미가 당신의 집에서 떠나가는 꿈
  생활이 빈곤해질 흉조입니다.

- 흰개미가 당신의 집으로 돌아오는 꿈
  재산이 늘어날 길조입니다.

꿀벌

- 꿀벌이 많이 있는 꿈
  길한 나날이 돌아올 징조입니다.

- 벌에게 쏘인 꿈
  친구에게 속임을 당할 것입니다.

- 벌들이 채집한 꿀을 버리는 꿈
  천하에 이름을 떨치고 곧 좋은 운수가 트일 징조입니다.

- 자신이 벌들에게 겹겹이 쌓여 출구가 막힌 꿈
  당신이 파산을 당하거나 혹은 세속의 곤경에 빠져 생활이 매우 각박
  해질 것입니다.

- 벌에게 쏘인 꿈
  환자가 꿈에 벌에 쏘였다면 병이 속히 완치될 길조입니다.

- 벌 떼가 날아와 눈 깜짝할 사이에 상 위의 음식을 모두 먹어 치운 꿈
  장수할 길조입니다. 그러나 후계자는 폭사할 것입니다.

- 벌집을 본 꿈
  건강해질 징조입니다.

- 벌집이 땅에 떨어져 있는 꿈
  큰 재난이 닥칠 흉조입니다.

● 꿀이 벌집에서 흘러내리고 있는 꿈
잔인한 수단을 쓰기만 한다면 큰돈을 벌 수 있음을 의미합니다.

● 파괴된 벌집을 본 꿈
이는 아이가 중병에 걸리거나 요절할 흉조입니다.

● 텅빈 벌집은 본꿈
보호자나 혹은 아랫사람이 당신에게서 떠나가 버려 수습 못할 곤경에 빠질 징조입니다.

쇠똥구리

● 쇠똥구리가 보인 꿈
당신에게 위험이 발생할 징조입니다.

빈대

● 빈대를 본 꿈
생활에서 시끄러운 일이 생길 흉조입니다.

● 빈대를 모두 죽인 꿈
어려운 고비를 넘어 적을 소멸시킬 꿈입니다.

나비

● 꽃밭에서 나비가 춤추고 있는 꿈
행복하고 호화로운 생활을 하게 될 것입니다.

● 날개가 망가진 나비를 본 꿈
실망, 손실, 질병, 정신적 고통 등을 예시하는 꿈입니다.

🦋 나비가 당신 모자에 내려앉은 꿈
당신은 연속해서 승진할 꿈입니다. 아니면 백만장자가 될 것입니다.

🦋 나비를 쫓아다닌 꿈
사랑하는 여인과 결혼할 꿈입니다.

🦋 잡혔던 나비가 날아가 버린 꿈
여인이 다른 사람에게 시집을 갈 것입니다.

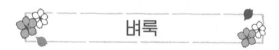

벼룩

🦋 벼룩을 본 꿈
불행과 고통에 부딪칠 징조입니다.

🦋 밤에 벼룩에게 물린 꿈
병이 생기고 불면증에 걸릴 꿈입니다.

🦋 대낮에 벼룩에게 물린 꿈
장사에서 밑질 꿈자립니다.

🦋 벼룩을 잡아 죽이는 꿈
재산을 잃을 위험이 있는 꿈자립니다.

파리

🦋 파리가 보인 꿈
적이 늘어날 징조입니다.

🦋 애를 먹이던 파리를 물리친 꿈
사업이 성공할 꿈입니다.

🦋 식사할 때 파리의 애를 먹던 꿈
병이 생길 꿈자립니다.

나나니벌

● 나나니벌이 보인 꿈
많은 사람이 자기와 원수질 꿈입니다.

● 나나니벌을 죽이는 꿈
당신이 도둑을 잡아 죽일 꿈입니다.

● 나나니벌이 죽은 꿈
아무 일도 할 것이 없을 것입니다.

● 나나니벌을 때려잡는 꿈
당신이 대대로 물려 오는 집을 갖게 될 꿈자립니다.

● 나나니벌이 날아다닌 꿈
생활이 안일할 것입니다.

● 나나니벌이 떼를 지어 날아다닌 꿈
재물이 왕성해질 꿈입니다.

● 나나니벌이 꼼짝도 하지 않는 꿈
큰 재난이 떨어집니다.

● 나나니벌에게 쏘인 꿈
남자는 운수가 좋을 것이고, 여자는 임신하게 됩니다.

● 나나니벌을 잡은 꿈
적을 정복할 수 있습니다.

이

이를 본 꿈

지금 당신이 처해 있는 상황이 당신에게 대단히 불리할 것이니 어떤 사람이 음모를 꾀하는 것에 대비해야 합니다. 회사원은 직장 상사에게 해직당할 위험이 있습니다. 사업가에게는 직원들이 당신에게 손실을 가할 수 있으니 주의해야 합니다.

이를 잡아 죽이는 꿈

오래지 않아 돈을 벌 것입니다.

모기

모기를 본 꿈

이것은 적들이 날로 강대해질 꿈입니다. 혹은 당신이 재난이 연달아 생기지 않을까 하고 겁을 낼 꿈입니다. 병상에 오래 누운 환자가 꿈에 모기떼를 보았 다면 병이 단시일 내로 낫지 않을 것입니다.

모기를 소멸하는 꿈

신체가 건강해질 꿈입니다.

모기장을 치는 꿈

오래지 않아 새집을 지을 것입니다.

모기에게 쏘인 꿈

당신을 비방하던 소인배들을 경계해야 합니다. 왜냐하면 그들이 당신에게 메울 수 없는 손실을 조성할 것이기 때문입니다.

불나방

● 불나방을 죽이는 꿈
당신은 정신적인 고민이 생기고 경제적으로 손실이 생길 것입니다.

● 나방이 불에 뛰어드는 꿈
당신에게는 당신을 위해 물불을 가리지 않는 신실한 벗이 한 명 생길
것입니다.

● 우유 컵에 나방이 빠진 꿈
당신의 영업이 파산되고 일체 희망이 다 수포로 돌아갈 것을 의미합
니다.

● 도마뱀이나 새가 불나방을 잡아먹은 꿈
생명과 재산에 위협을 주던 위험이 사라질 꿈입니다.

기타 동물에 관한 꿈

 거미

● 거미를 본 꿈
남자에겐 당신 재산을 나쁜 놈들이 노리고 있기에 각별히 조심해야 합니다. 여인은 생식기에 병이 생길 것입니다.

● 거미가 집을 지은 꿈
당신은 오직 악전고투를 해야 사업에서 성과를 얻을 수 있습니다. 상인은 장사가 매우 번창하여 관로가 세계 각지에 퍼지게 됩니다. 환자가 이 꿈을 꾸게 되면 질병이 위험을 넘어서 나중에는 건강이 호전됩니다.

● 거미가 죽어 있는 꿈
모든 근심 걱정이 사라지고 맙니다.

● 거미가 파리를 잡아먹은 꿈
오래지 않아 무서운 사고로 목숨을 잃을 수 있습니다.

● 당신 몸에 기어가고 있는 거미를 때려죽인 꿈
당신 신체는 건강해질 것입니다.

● 거미를 밟아 죽인 꿈
온 가족 머리 위에 재난이 떨어질 것입니다.

● 거미가 천장이나 혹은 높은 곳에서 당신 몸에 떨어진 꿈
당신은 액운에 부딪치게 됩니다.

전갈

● 전갈을 본 꿈
  사업이 성공할 길조입니다.

● 전갈에 쏘인 꿈
  부자가 될 꿈입니다.

● 전갈을 잡은 꿈
  당신이 많은 적을 만들 징조입니다.

● 전갈을 죽인 꿈
  친구와 갈라 설 꿈입니다.

● 전갈이 죽어 있는 꿈
  장사가 망할 꿈입니다.

달팽이

● 달팽이를 본 꿈
  남자가 이 꿈을 꾸면 건강이 계속 나빠질 것이고, 기혼 여자가 이 꿈을 꾸면 남편의 수입이 증가됩니다. 처녀에게는 돈 있는 남자에게 시집가 행복하게 살 꿈이고, 청년은 결혼을 할 때 당신이 처가로부터 많은 예물을 받게 될 것 입니다.

● 달팽이를 죽인 꿈
  적을 정복할 수 있습니다.

세균

● 세균을 본 꿈
  거주 지역에 사망률이 높은 전염병이 유행될 징조입니다.

❿ 말띠 생의 성격에 대해서

말띠 해에 태어난 사람은 발랄하고 인기 있으며 재치가 있다. 잘생긴 용모를 가진 것은 아니지만 성적 매력이 많다. 실속 있고 따뜻하게 흥미를 끌며 매우 지각 있고 말하기를 좋아한다. 그의 변하기 쉬운 기질은 때때로 그를 불같은 성질과 성급함, 고집스러움으로 나타난다. 예측하기 어려운 말띠들은 쉽게사랑에 빠지며 쉽게 식기도 한다.

대부분의 경우에 말띠는 일찍 집을 떠난다. 아니면 그의 독립정신이 그로 하여금 이른 나이에 일을 시작하고 직업을 갖도록 자극한다. 모험을 즐기면서도 한편으로는 예민한 지성을 가지고 있으며 돈을 다루는 재주도 탁월하다. 자신감과 생기가 있고 정력적이며 충동적이고, 가끔 경솔하기까지 한 말띠는 멋부리기를 좋아하는데 특히 밝은 색상과 색다른 치레를 좋아하여 지나치게 화려하게 보이기도 한다.

말띠는 정신적, 육체적인 훈련을 좋아한다. 민첩하고 우아한 몸놀림과 활발한 반사작용 그리고 재빠른 말솜씨 등으로 우리는 말띠를 구분해낸다. 그는 재빨리 대답하고 신속한 결정을 내린다. 그의 마음을 놀랍도록 빠른 속도로 움직여 비록 안정성과 인내력이 부족하더라고 개방적인 마음 자세와 유연한 태도로 그것을 보충한다. 기본적으로 말띠는 잘 순응하고 따르는 사람들은 아니다.

말띠는 종종 열두 띠 중에서 바람기 많은 남자와 여자이며 허세부리기를 좋아하고 움직임이 있는 곳을 좋아한다. 틀림없이 유쾌한 사람으로서 칭찬을 듣고 해주기를 좋아한다.

▶내궁합·사주·팔자 中에서

15
장

식물에 관한 꿈

나무에 관한 꿈

나무

🍃 푸르고 싱싱한 나무를 본 꿈
  당신 신체가 건강해질 것입니다. 여인이 꿈에 그런 나무를 보았다면
  시댁 쪽 식구가 불어나게 됩니다.

🍃 메마른 나무를 본 꿈
  재난이 떨어집니다. 여인이 꿈에 메마른 나무를 보았다면 병마의 시
  달림을 받습니다.

🍃 넓고 푸른 숲을 본꿈
  생활이 부유하고 행복할 꿈입니다. 농민이 꿈에 넓고 푸른 숲을 보았
  다면 명년에 날씨가 좋아 대풍이 들 것입니다.

🍃 푸른 나무를 찍어 넘어뜨린 꿈
  당신에게 위험이 닥칠 꿈이니 주의해야 합니다.

🍃 마른 나무를 찍어 넘어뜨린 꿈
  수입이 대단히 늘어날 것입니다.

🍃 나무 끝에 기어오른 꿈
  자신이 속해있는 모임이나 지역의 지도자가 될 꿈입니다.

🍃 목재를 본 꿈
  새집을 지을 징조입니다.

🍃 목재를 나르는 꿈
이는 체력 노동을 하면 돈을 벌 꿈입니다.

🍃 목재 창고를 본꿈
여자가 이런 꿈을 꾸면 심정이 유쾌할 것이고, 상인은 큰 돈을 벌게
됩니다. 죄수가 이런 꿈을 꾸면 징역 기간에 중노동을 하게 됩니다.

🍃 목재를 구입한 꿈
머지않아 멋지고 호화로운 주택을 한 채 지을 것입니다.

🍃 목재를 판매하는 꿈
장사에 적자가 날 꿈입니다.

 상수리나무

🍃 상수리나무를 본 꿈
당신이 건강할 것입니다.

🍃 상수리나무에 기어오른 꿈
돈을 많이 벌게 됩니다.

🍃 상수리나무가 말라 죽은 꿈
오랫동안 병도 없고 재난도 없이 즐겁게 살 수 있습니다.

🍃 어떤 사람이 상수리나무를 찍는 꿈
집안사람이 사망하거나 중병에 앓게 됩니다.

🍃 상수리나무에서 내려오는 꿈
재판에 걸려 있는 사람은 오랜 기간 형을 살게 됩니다.

감람나무(올리브 나무)

🍃 **감람을 본 꿈**
실망했던 사람에게도 희망이 보일 것입니다.

🍃 **올리브 가지를 본 꿈**
수험생은 시험을 잘 보게 될 것입니다.

🍃 **남에게 감람을 주는 꿈**
당신이 직장에서 발탁될 꿈입니다.

🍃 **올리브 나무를 도끼나 다른 도구로 찍은 꿈**
부자가 될 아주 좋은 기회를 놓치게 될 꿈입니다.

종려나무

🍃 **종려나무가 보인 꿈**
모든 일이 순조롭고 생활이 행복하고 부유해질 꿈입니다. 고통스러운 장거리 여행을 하는 사람이 종려나무를 꿈에서 보았다면 여행이 순조로워져 당신은 평안하게 목적지까지 도달할 것입니다.

🍃 **종려나무에 기어오른 꿈**
당신이 자기 목적을 실현함에 있어서 많은 고난을 접하지만 결국엔 성공하게 될 것입니다.

🍃 **종려나무에서 떨어진 꿈**
이는 당신이 신체가 쇠약해지고 수입이 감소될 꿈입니다.

🍃 **종려나무를 찍는 꿈**
당신이 직장 상사의 화풀이 상대가 되거나 아니면 반역을 기도한 범죄자로 몰려 공소 받거나 혹은 기타 무거운 징벌을 받게 됩니다.

🌿 손에 종려 나뭇잎을 쥐고 있는 꿈
사업에서 당신은 빛나는 성과를 걷을 것입니다.

🌿 메마른 종려나무를 본 꿈
당신에게 재난이 떨어지고 수입도 줄어들 것입니다.

🌿 열매가 맺힌 종려나무를 본 꿈
대풍(大豊)이 들게 됩니다. 기혼 여자의 꿈에 열매가 잔뜩 맺힌 종려나
무가 보였다면 부부 생활이 화목하고 백년해로하게 되고, 미혼 여자
는 명성 높은 가정에 시집가게 될 것입니다.

🌿 높게 쌓인 종려나무 단을 본 꿈
당신이 부자가 될 꿈입니다.

묘목

🌿 금방 싹이튼 묘목을 본꿈
기혼남자는 당신 생활은 아무 근심 걱정 없이 행복할 것이고, 총각은
예쁜 아내를 얻게 됩니다. 학생은 시험에 합격하고, 상인은 머지않아
장사에서 큰돈을 벌게 됩니다.

🌿 말라 버린 묘목을 본꿈
이는 슬픔과 실망을 상징합니다.

🌿 묘목에 물을 주는 꿈
사업에 성과가 있을 길조입니다.

🌿 묘목을 접붙이는 꿈
이는 당신이 장수하여 자손이 번성할 것입니다.

나뭇잎

● 푸른 잎이 보인꿈
오래오래 건강하게 살 꿈입니다.

● 시들어 떨어진 나뭇잎을 수집한 꿈
가족들이 먹고 살기 위해서 부득이 멸시받는 일이라도 해야 할 꿈입니다.

● 연인이 자기에게 푸른 나뭇잎을 기념으로 준 꿈
이는 그들의 사랑이 더욱 깊어질 꿈입니다.

● 바닥의 낙엽을 쓸어버린 꿈
남편은 돈을 잘 벌고 살림은 행복해질 꿈입니다.

화초에 관한 꿈

꽃

🍃 **꽃을 본 꿈**
길하고 부자가 될 길조입니다. 싱싱한 꽃을 보았으면 행복이 언제나
당신과 함께 있을 길조입니다.

🍃 **시간이 흐르면서 꽃들이 더욱 아름다워진 꿈**
운수가 좋을 길조입니다.

🍃 **자기 꽃밭의 꽃들이 전부 말라 버린 꿈**
이는 큰 재난이 생길 꿈입니다.

🍃 **누군가가 꽃을 짓이겨 버린 꿈**
이는 재난이 있을 안 좋은 꿈입니다.

🍃 **싱싱한 꽃을 꺾은 꿈**
지금의 장사가 흥하거나 가정이 행복할 꿈자립니다.

🍃 **꺾을 때만도 싱싱하던 꽃이 손에 쥐자 꽃잎이 떨어져 버린 꿈**
당신의 염원은 실현되겠지만 재산은 잃을 것입니다.

🍃 **화환을 쓰는 꿈**
고위로 승진할 징조입니다.

🍃 **남이 자기에게 화환을 준 꿈**
결혼 생활이 행복할 것이고 문학에서 뛰어난 능력을 발휘할 것임을
예시합니다.

● 자기가 화관(花冠)을 쓴꿈

이는 당신이 한 지역의 지도자가 될 꿈자립니다.

● 손에 쥔 꽃이 절로 떨어지는 꿈

나쁜 질병에 걸릴 꿈자리입니다.

● 꽃향기를 맡은 꿈

앓고 있던 병이 나을 꿈입니다.

● 싱싱한 꽃을 짓밟은 꿈

재난이나 죽음이 닥칠 수도 있습니다.

● 꽃다발을 본 꿈

수확이 있고 운수가 좋을 길조입니다. 연인이 꽃다발을 보았다면 그
들의 사랑이 더욱 깊어질 꿈입니다.

● 꽃다발을 떨어뜨린 꿈

연인들은 좋던 사이가 악화될 것입니다.

● 꽃다발이 시들어 말라 버린 꿈

이는 염원이 실현될 수 없고 사랑이 끝날 꿈입니다.

● 꽃다발을 머리에 쓴 꿈

장사나 시험에서 성공할 꿈입니다. 처녀는 부유하고 능력 있는 남자
에게 시집갈 꿈입니다.

● 꽃다발을 쓴 부녀가 보인 꿈

이는 생활이 부유해질 꿈입니다.

● 갖가지 색깔의 꽃으로 엮어진 다발을 쓴 꿈

돈이 사방팔방에서 몰려 들 징조입니다.

● 말린꽃으로 만든 화환을 씌워 준 꿈

청년이 처녀에게 이런 화환을 씌어 준 꿈을 꿨다면 그들의 혼례가 순
조롭게 진행될 꿈입니다.

● 자기가 말린 꽃으로 만든 화환을 쓴 꿈

이는 아내가 변함없는 사랑과 지조를 지킬 꿈입니다.

🍂 말린꽃이 활짝 핀 꿈
이것은 자식이 결혼할 꿈입니다.

🍂 다른 사람에게서 말린꽃을 얻는 꿈
신체가 곧 건강해질 꿈입니다.

연꽃

🍂 연꽃을 본 꿈
남자가 꿈에 연꽃을 보면 상서입니다. 당신이 기혼 남자라면 보배 같
은 재물이 들어올 것이고, 미혼 청년이라면 백옥같이 맑고 꽃같이 아
름다운 아내 를 얻게 됩니다.
회사원이 연꽃을 꿈에 봤다면 이는 당신이 겸허해야만 상사의 환영
을 받아 직급이 올라갈 것입니다.
연꽃이 꿈에 보이면 당신 마음이 유쾌해질 것입니다. 미혼 남녀가 꿈
에 연꽃을 보게 되면 마음에 만족한 결혼 상대를 찾게 될 것입니다.
기혼 여자의 꿈에 활짝 핀 연꽃이 보였다면 돈을 벌 수 있습니다.

🍂 낯선 사람이 자기에게 연꽃을 선물하는 꿈
당신은 친구의 도움으로 부자가 될 수 있습니다.

장미

🍂 장미를 본 꿈
남자에겐 부부간에 사랑이 극진할 꿈이고, 기혼 여자에겐 잘생긴 사
내아이를 낳을 꿈입니다. 환자가 장미꽃을 꿈에 보게 되면 건강이 회
복되고, 상인이 꿈에 장미꽃을 봤다면 오래지 않아 백만장자가 될 것
입니다.

● 장미꽃 봉오리를 딴 꿈
　미혼남자가 이 꿈을 꾸면 아주 빼어난 미인을 부인으로 맞이할 것입니다.

● 장미 화단을 본 꿈
　당신은 행복, 부유할 것입니다.

● 메마른 장미꽃을 본 꿈
　집안에 매우 슬픈 일이 생깁니다.

● 다른 사람들에게 장미꽃을 선물하는 꿈
　사람들의 환영을 받게 될 꿈입니다.

● 남이 선물하는 장미꽃을 받은 꿈
　당신의 직위는 올라가고 권세도 커질 것입니다.

목화

● 목화를 본 꿈
　부유해질 징조입니다.

● 밭에서 목화송이를 따는 꿈
　장사가 신속히 호전되어 큰돈을 벌게 될 꿈입니다.

● 연한 황색의 목화를 본 꿈
　아주 돈 많은 처녀와 결혼을 할 꿈입니다.

풀

풀이 보인꿈
장수할 징조입니다.

풀을 베는꿈
헐벗고 굶주릴 꿈자립니다.

누가 풀단을 메고 당신에게로 걸어오는 꿈
돈이 생길 꿈입니다.

풀에 곰팡이가 낀 꿈
이는 많은 가축을 잃게 될 꿈자립니다.

마른풀을 팔아 버리는 꿈
재산 손해가 있을 꿈입니다.

햇볕에 풀을 말리는 꿈
돈을 벌 꿈입니다.

마른풀을 구입하는 꿈
그날 벌어서 그날을 먹고 살아갈 꿈자리입니다.

산더미 같은 마른풀 무지에 불이 붙은 꿈
마을에 기근이 발생하고 콜레라 등 전염병이 창궐할 꿈입니다.

과실류에 관한 꿈

 과일

📌 **과일이 무르익은 꿈**
이는 행복과 부유함을 상징합니다.

📌 **과일이 익지 않은 꿈**
이는 불행과 고통을 싱징합니다.

📌 **물컹해진 과일을 먹는 꿈**
재난이 닥칠 꿈입니다.

📌 **매마른 나무에 과일이 달린 꿈**
당신이 아무도 모르는 곳에서 보물을 얻을 꿈자립니다.

📌 **과일을 따는 꿈**
아들을 여럿을 낳을 꿈입니다.

📌 **과일을 나눠주는 꿈**
당신이 돈을 너무 헤프게 써서 파산하고 거리로 나 앉을 것을 예시합니다.

📌 **남에게서 과일을 받은 꿈**
이상적인 후손을 얻게 될 꿈자리입니다.

📌 **과일을 파는 꿈**
여자가 이 꿈을 꾸면 남편과 헤어질 것입니다.

살구

● 살구를 먹고 있는 꿈
좋은 일이 생길 길조입니다.

● 살구만 보인 꿈
고난에 부딪칠 징조이니 주의해야 합니다.

사과

● 사과를 본 꿈
사과는 성공과 장수(長壽)의 징조입니다.

● 광주리나 혹은 상 위에 올려진 잘 익은 사과를 본 꿈
복권에 당첨되거나 지하에 묻혀 있던 재물을 얻을 수 있고, 또 이름을 떨칠 관운(官運)이 형통할 것입니다. 아이가 업는 부녀자에게는 곧 임신할 태몽 입니다.

● 덜 익었거나 혹은 썩은 사과를 본 꿈
당신은 경제상 손실을 보거나 병에 걸리거나 아니면 가정에 시끄러운 일이 생길 수 있습니다.

포도/포도나무

● 포도가 보인 꿈
새 벗을 많이 사귀게 되고 또 신체도 건강해질 꿈입니다.

● 포도나무를 본 꿈
남자가 꿈에서 포도나무를 보면 사업이 성공하고, 여자는 자녀가 많고 집안이 부유하고 행복하게 됩니다.

🍃 포도를 먹은 꿈
　이는 생활이 행복하고 유쾌해질 꿈입니다.

🍃 상한 포도를 먹은 꿈
　액운이 닥칠 꿈자립니다.

🍃 누군가 자기에게 포도를 보낸 꿈
　이는 새로운 친구를 사귀게 될 꿈입니다.

🍃 포도나무를 심은 꿈
　노인이 이 꿈을 꾸면 자손이 번창하고, 건강 장수할 것입니다. 상인은 장사가 번창하여 돈을 크게 법니다.

🍃 남이 포도나무를 심는 꿈
　당신에게 첩첩산중 곤란이 쌓일 것입니다. 상습적으로 죄를 범하는 사람은 감옥에 갇힐 것입니다.

🍃 포도나무가 메마른 꿈
　당신 주변에서 재수 없는 일이 계속 일어날 것입니다.

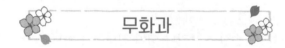

무화과

🍃 무화과가 보인 꿈
　이것은 운이 트일 길조입니다. 환자는 병이 나을 것입니다.

🍃 무화과를 먹는 꿈
　남모르게 돈을 벌 징조입니다. 임신부에겐 아들을 낳을 꿈입니다.

🍃 무화과를 위문품으로 받은 꿈
　환자는 오직 신의 힘을 빌어야만 건강을 회복할 수 있음을 뜻합니다.

🍃 무화과를 잃어버린 꿈
　장사가 순조롭지 못할 것입니다.

🍃 물컹해진 무화과를 먹는 꿈
　장차 남의 신세에 의탁해야만 살아 나갈 수 있음을 상징합니다.

레몬

🍃 레몬이 보인 꿈

　　가정에 갈등과 언쟁이 생깁니다. 기혼 여자의 꿈에 레몬이 보인 것은
　　남편과 헤어질 꿈입니다.

🍃 레몬을 쥐어 짠 꿈

　　전신이 무력해지면서 얼굴이 누렇게 뜨고 몹시 수척해질 꿈입니다.

🍃 레몬을 먹는 꿈

　　좋은 일이 있을 징조입니다.

🍃 무더기로 쌓인 레몬을 본 꿈

　　운수 대통할 꿈입니다. 미혼 남녀가 이와 같은 꿈을 꾼다면 마음에
　　아주 흡족한 결혼 상대를 찾을 수 있습니다.

귤

🍃 잘 익은 귤을본꿈

　　좋은 운을 만나기 어렵습니다. 미혼 여자가 꿈에 익은 귤을 봤다면
　　그녀는 수많은 처와 첩을 두고 있는 남자에게 시집을 가야 할 액운을
　　만나게 됩니다.

🍃 익지 않은 귤을 본 꿈

　　이는 당신이 병에 걸릴 흉조입니다.

🍃 귤을 사는꿈

　　남자라면 지금 아내가 사망한 후 젊은 처녀를 아내로 얻게 되거나 혹
　　은 미모의 여자와 결혼을 할 꿈입니다. 미혼 남자가 꿈에 귤을 샀다
　　면 이는 대단히 길한 징조로서 날씬하고 건강한 처녀와 결혼하게 됩
　　니다.

● 귤을 파는꿈
당신 이름이 널리 알려질 것입니다.

● 남에게 익은 귤을 준 꿈
당신은 칭찬을 받게 됩니다.

● 귤껍질을 벗기거나 혹은 주스를 만든 꿈
당신의 사업에서 큰돈을 벌게 됩니다.

● 어떤 사람이 귤을 재배하는 과수원을 파괴한 꿈
당신의 많은 원수가 여러 면으로 당신에게 손해를 가할 꿈입니다.

복숭아

● 잘 익은 복숭아를 먹는 꿈
신체가 건강해질 꿈입니다. 하지만 환자가 이런 꿈을 꾸었다면 병세가 악화 됩니다.

● 복숭아를 파는 꿈
불행할 흉조입니다. 하지만 상인이 복숭아 장사를 하는 꿈은 길조입니다.

● 복숭아를 구입하는 꿈
수입이 대폭으로 증가할 꿈입니다.

● 복숭아를 가지는 꿈
유산을 상속받을 꿈입니다.

● 남에게 복숭아를 주는 꿈
벗에게 복숭아를 주었다면 다른 사람들의 환영을 받습니다. 미혼 남자가 꿈에 연인에게 복숭아를 주었다면 그녀의 사랑을 얻고 그녀는 당신에게 시집 올 것입니다. 실업자가 꿈에 회사원에게 복숭아를 주었다면 좋은 일자리를 찾게 됩니다.

● 나무에서 복숭아를 따는 꿈
당신이 오래지 않아 좋은 일이 있을 꿈입니다.

● 썩은 복숭아를 본 꿈
당신은 그 어떤 일을 해도 다 성공하지 못할 것입니다.

배

● 배가 보인꿈
당신 이름이 온 세상에 알리게 됩니다.

● 배를 먹는꿈
당신 신체가 건강해질 꿈입니다.

● 배를 가지는 꿈
오래지 않아 임신하고 잘 생긴 아들을 하나 낳게 됩니다. 남자가 배를 가지는 꿈을 꾸었다면 부자가 됩니다.

● 나무에서 배를 따는 꿈
이익이 있을 새 장사를 시작할 꿈입니다. 미혼 여자가 나무에서 배를 따는 꿈은 마음에 꼭 드는 남자에게 시집가게 될 꿈입니다. 미혼 남자가 꿈에 배를 땄다면 품격이 높고 아름다운 처녀와 결혼하게 됩니다. 환자가 꿈에 배를 먹었다면 불길합니다.

● 배를 남에게 선물한 꿈
당신이 사람들의 환영을 받게 될 길조입니다.

● 배를 여러 사람에게 나누어주는 꿈
당신은 손실을 입게 될 것입니다.

● 배를 파는꿈
장사에서 실패할 흉조입니다.

● 배를 사는꿈
당신의 급료가 올라가거나 수입이 증가될 꿈자립니다.

파인애플

🍃 **파인애플을 본 꿈**

돈이 들어옵니다. 기혼 여자가 꿈에 파인애플을 보게 되면 오래지 않아 임신하여 예쁘게 생긴 아들을 낳게 됩니다. 미혼 남자가 꿈에 파인애플을 보았다면 가장 예쁜 여인을 아내로 맞아들일 것입니다.

🍃 **파인애플을 먹은 꿈**

당신의 신체는 건강해지고 장수할 것입니다. 상인이 파인애플을 먹는 꿈은 장사가 번창할 꿈입니다.

🍃 **파인애플을 내던지는 꿈**

당신이 친구와 관계를 끊을 징조입니다.

대추

🍃 **단 대추를 먹은 꿈**

당신은 집안 살림을 근면하고 알뜰하게 꾸릴 것입니다. 상인이 꿈에 대추를 먹었다면 사업이 국외까지 발전하게 됩니다.

🍃 **대추를 따는 꿈**

당신의 사업 범위가 점점 확대될 것입니다.

🍃 **대추를 파는 꿈**

당신은 그 지방에서 제일 환영받는 사람이 될 것입니다.

🍃 **대추를 남에게 주는 꿈**

당신이 국민을 위해 수고를 했기에 국민들의 추대를 받게 됩니다.

🍃 **남이 당신에게 대추를 주는 꿈**

당신의 재산과 자유를 모두 박탈당할 것입니다.

🍃 **대추가 마구 흩어져 있는 꿈**

당신과 친척이 모두 곤경에 빠지게 됩니다.

호두

● 호두를 채집하는 꿈
당신에게 재난이 떨어질 꿈입니다.

● 호두를 본 꿈
여자가 이 꿈을 꾸었다면 가정에 의견 충돌이 생깁니다.

● 호두를 먹는 꿈
집이 매우 가난할 꿈입니다. 환자가 꿈에 호두를 먹었다면 병상에서
일어나지 못합니다.

● 남에게 호두를 준 꿈
새로운 영예를 지니게 됩니다.

● 남이 준 호두를 받은 꿈
친구를 잃게 될 꿈입니다.

채소류에 관한 꿈

 ## 토마토

● 토마토를 먹는 꿈
남자는 운수가 좋을 것이고, 여자는 신체가 건강할 것입니다. 미혼 여자가 이 꿈을 꾸었다면 몸이 튼튼하고 힘이 강한 남자에게 시집을 가게 되고, 미혼 남자는 몸이 유연하고 용모가 아름다운 여자를 부인으로 얻게 됩니다. 환자에겐 건강이 회복될 꿈이고, 죄수에게는 오래지 않아 석방될 꿈입니다.

● 부패한 토마토를 먹은 꿈
당신에게 액운이 내릴 꿈입니다.

● 토마토를 판매한 꿈
남에게 업신여김을 당하고 모욕을 당할 것입니다.

● 토마토를 구입한 꿈
오래지 않아 손님이 오십니다.

딸기

🍃 **딸기를 본 꿈**

미혼남자는 백옥같이 아름답고 신체가 튼튼한 처녀와 결혼하게 됩니다. 기혼 여자가 꿈에 딸기를 보았다면 남편이 첩을 얻거나 혹은 정부를 두게 됩니다. 환자가 꿈에 딸기를 보게 되면 오래지 않아 병이 완치될 것입니다. 상인이 이런 꿈을 꾸면 머지않아 출국할 것입니다.

🍃 **딸기를 사는 꿈**

오래지 않아 귀한 손님이 오십니다.

🍃 **잘 익은 딸기를 산 꿈**

이는 집에 혼사가 있을 상서입니다.

🍃 **딸기를 받은 꿈**

머지않아 귀한 손님이 찾아올 길조입니다. 꿈에 아내가 딸기를 당신에게 주었다면 아내가 사내아이를 낳을 대단히 길한 꿈입니다.

🍃 **딸기를 파는 꿈**

불행한 그날이 닥쳐옵니다.

🍃 **딸기를 먹은 꿈**

기혼남자는 부부가 화목하고 행복할 것입니다. 미혼 여자가 딸기 먹는 꿈을 꿨다면 그녀가 남의 첩이 되거나 아니면 애인이 다른 여자를 사랑하게 됩니다. 미혼남자는 곧 결혼하게 될 것입니다. 상인이 꿈에 딸기를 먹었다면 장사가 번창할 것입니다.

🍃 **썩은 딸기를 먹은 꿈**

액운에 부딪치거나 병에 걸릴 것입니다.

🍃 **딸기를 주는 꿈**

새로운 친구를 사귀게 될 것입니다.

수박

🍃 잘 익은 수박을 본꿈
  길조입니다.

🍃 익지 않은 수박을 본꿈
  흉조입니다.

🍃 수박을 먹은 꿈
  당신은 외국에 나가 큰돈을 벌 수 있습니다.

🍃 손에 들고 있던 수박을 다른 사람이 빼앗아 간 꿈
  당신이 송사에서 실패하여 큰 손해를 입을 꿈입니다.

채소

🍃 채소가 보인 꿈
  가벼운 병을 한번 앓을 징조입니다.

🍃 채소를 사는 꿈
  저명한 개혁가가 될 꿈자리입니다.

🍃 채소를 다른 사람들에게 나누어주는 꿈
  자기가 거주하고 있는 구역에 전염병이 생길 꿈입니다.

🍃 누가 내 손의 채소를 빼앗아 간 꿈
  불행 사건이 발생하여 내 몸에 상처를 입게 됩니다.

🍃 많은 채소를 본 꿈
  부유해질 꿈입니다.

🍃 채소를 산 꿈
  진행 중인 사업이 무리 없이 성공합니다.

🍃 채소를 심은 꿈

남자에게는 곤란이 연달아 생길 꿈이지만 여자에게는 명성과 위엄이 크게 떨쳐질 꿈입니다.

🍃 채소로 요리 만드는 꿈

친구의 꾐에 빠질 꿈입니다. 그러나 재산상의 손해만 입고 재난은 면하게 됩니다.

고추

🍃 고추를 본 꿈

자신의 비밀이 폭로되어 딱히 처지가 되고 아랫사람들에게 깔보일 것입니다. 이 밖에도 다른 곤란에 부딪칠 것입니다.

🍃 바구니에 고추를 가득 따온 꿈

이것이 태몽이라면 사업을 할 자손을 얻게 됩니다.

마늘

🍃 마늘을 본 꿈

비밀이 폭로되고 운수 사나운 일이 연달아 생길 꿈자리입니다.

🍃 다져 놓은 마늘을 본꿈

전 식구가 근심에 쌓이게 될 것입니다.

양배추

◉ 양배추를 본 꿈

신체가 튼튼하고 힘이 강해집니다. 미혼 남자가 이 꿈을 꾸면 예쁜 처녀와 결혼하게 됩니다.

◉ 양배추를 먹은 꿈

부자가 될 상서입니다. 환자가 꿈에 양배추를 먹었다면 오래지 않아 건강해 집니다.

◉ 양배추가 풍년인 꿈

당신의 사업이 성공할 길조입니다. 농민이 이 꿈을 꾸면 내년 농작물 생산량이 증가될 것입니다.

호박

◉ 호박이 보인 꿈

신체는 건강하지만 생활이 방탕해질 징조입니다. 그러나 오래지 않아 곧 이런 세속적인 생활에 싫증을 느끼고 혐오하게 됩니다.

생강

◉ 생강이 보인 꿈

이는 행복하고 즐거울 길조입니다.

양파

🍃 양파가 보인 꿈

당신의 비밀이 탈로나 아랫사람의 무례함을 당할 것입니다. 이밖에도 정신 상, 육체상의 구박을 받고 경제상 손해도 보게 됩니다.

🍃 양파를 먹는 꿈

길조로서 당신은 마음도 유쾌해지고 모든 일이 뜻대로 잘 될 징조입니다.

🍃 양파로 요리를 만든 꿈

당신과 가족에게 병이 생길 꿈입니다.

🍃 남편에게 양파를 준 꿈

당신은 원기가 쇠하여 활기가 없어질 꿈입니다.

🍃 양파로 장사를 하는 꿈

장사가 번창할 꿈입니다.

버섯

🍃 버섯을 본 꿈

살림이 부유해질 꿈입니다. 미혼의 남자가 꿈에 버섯을 보게 되면 실연 당하게 됩니다.

🍃 버섯을 먹은 꿈

장수할 수 있습니다. 하지만 환자가 꿈에 버섯을 먹었다면 병상에서 일어나지 못할 꿈입니다.

🍃 버섯을 부숴 버린 꿈

이는 적들이 많아질 꿈입니다.

미나리

🍃 미나리를 본 꿈

기쁜 소식이 있을 것입니다. 기혼 여자가 꿈에 미나리를 보았다면 시댁 쪽이 갈수록 강해질 것이고, 처녀는 상류층 가정에 시집가게 될 것입니다. 집 떠난 사람이 이 꿈을 꿨다면 머지않아 고향으로 돌아가게 되고, 죄수가 이 꿈을 꾸면 오래지 않아 석방됩니다. 실업자는 일자리를 얻게 됩니다. 상인이 이 꿈을 꿨다면 만약 당신이 장사를 번창하려면 반드시 새 판로를 개척 해야 합니다.

🍃 낫으로 미나리를 베는 꿈

표리부동한 벗을 사귀게 됩니다.

무

🍃 무를 썰거나 먹은 꿈

남자에겐 좋은 친구를 사귀게 될 것이고, 기혼 여자는 오래지 않아 임신하여 딸아이를 낳게 됩니다. 미혼 남자가 이런 꿈을 꿨다면 기가 센 여자를 얻게 되고, 미혼 여자는 가난한 남자에게 시집가게 됩니다. 남성 환자가 이런 꿈을 꾸면 신체가 점차 회복됩니다.

🍃 무 요리를 만드는 꿈

흉조입니다. 남자는 비참한 생활을 하게 되고, 여자는 가족이 앓아누울 것 입니다.

🍃 무를 팔아 버리는 꿈

흉조로서 당신은 해고당할 것입니다.

🍃 무를 사들이는 꿈

귀한 손님이 찾아올 것이고 지출이 많을 것입니다.

곡류에 관한 꿈

 곡식

🌱 곡식을 보거나 혹은 곡식을 수확하는 장면을 본 꿈
장사나 사업을 하면 성공하여 큰돈을 벌 꿈입니다.

🌱 알곡을 온 땅에 흘린꿈
가정 내에 분쟁이 생길 징조입니다.

🌱 곡식을 방아 찧는 것을 본 꿈
이는 감옥에 갇힐 꿈입니다.

🌱 곡식이 빽빽하게 자란 꿈
이는 풍년이 들 징조입니다.

🌱 곡식이 성기게 자란 꿈
이는 수확이 보통일 것을 알리는 꿈입니다.

🌱 잘 자랐던 곡식이 훼손된 꿈
성공할 일이 수포로 돌아갈 꿈자립니다.

쌀/벼

● 쌀을 김에 찌는꿈

당신은 피나는 노력을 해야만 돈을 벌 수 있을 것입니다.

● 벼가 아주잘 자란 꿈

장사에서 큰돈을 벌게 됩니다.

● 쌀이 무더기로 있는 꿈

국외로 나가 장사를 하면 큰돈을 벌게 될 꿈입니다.

● 쌀장사를 한 꿈

절친한 벗이 생길 것입니다.

● 쌀을 구입하는 꿈

자식이 결혼을 할 길조입니다.

● 남에게 쌀을 주는 꿈

재난이 떨어질 흉조입니다.

● 자신이 쌀을 갖는 꿈

나라의 존경을 받을 길조입니다.

● 쌀이 온 집안에 떨어져 있는 꿈

이는 당신에게 좋은 일이 생길 꿈입니다.

● 볏짚 더미를 본 꿈

당신은 생활이 행복하고 장수하게 됩니다. 여인이 이 꿈을 꾸면 백만 가산을 갖게 됩니다. 농민이 이 꿈을 꾸면 풍년이 들게 됩니다.

● 볏짚 더미에 불을 지른 꿈

재난이 닥치게 됩니다.

보리

🍃 **보리를 본 꿈**
재물이 들어와 부자가 될 꿈입니다.

🍃 **보리를 먹는 꿈**
당신이 결혼할 것을 의미합니다.

🍃 **거지에게 보리를 시주하는 꿈**
당신에게 액운이 닥쳐 병이 생길 것입니다.

🍃 **익지 않은 푸른 보리를 본꿈**
부부 생활은 평안하고 아름다워 매우 원만한 생활을 할 것입니다.

🍃 **보리 더미를 본꿈**
남자는 큰 이익을 얻게 되고, 환자는 건강에 좋은 곳으로 요양을 가게 됩니다. 상인이 이런 꿈을 꿨다면 큰돈을 벌게 됩니다.

🍃 **집 둘레에 보리가 잔뜩 떨어져 있는 꿈**
가정 내에 충돌이 생겨 가족들 간의 화목이 깨어질 것입니다.

밀

🍃 **밀을 심은꿈**
앞으로 하는 일에 곤란과 위험이 있을 겁니다. 농민이 꿈에 밀을 심었다면 풍년이 들 희망이 보입니다.

🍃 **밀이잘 자란 꿈**
큰돈을 벌게 될 꿈입니다.

🍃 **밀을 구입한 꿈**
오래지 않아 자식의 혼사를 거행할 것입니다.

🍃 밀 창고가 보인 꿈
생활이 힘들 것입니다. 여인이 이 꿈을 꾸면 가정에 경제가 곤란할
것입니다.

콩

🍃 콩을 본 꿈
대체적으로 상서입니다. 남자가 콩을 보면 생활이 행복하고 부유할
것이고, 여자는 집안일을 잘 처리하는 어진 아내가 될 것입니다. 상
인이 꿈에 콩을 보았다면 장사가 번창합니다. 기혼 여인이 콩을 보면
친정 부모가 결혼에 참석하라고 당신을 부를 것입니다. 환자는 병세
가 점점 좋아질 꿈입니다. 하지만 여행자가 콩을 보면 도중에 교통사
고 생길것이고, 수감된 죄인이 꿈에 콩을 보았다면 복역 기간이 길어
질 것입니다.

🍃 콩을 먹은꿈
병에 걸리거나 건강이 점점 안 좋아질 것입니다. 임신부가 꿈에 콩을
보면 수태 후 얼마 안 된 태아가 잘못될 수 있으니 조심해야 합니다.

🍃 콩을 구입하는 꿈
가난에 쪼들릴 꿈입니다.

🍃 남에게 콩을 주는 꿈
귀한 손님이 찾아올 꿈입니다.

🍃 콩을 파는꿈
당신이 초청되어 연회에 참석하게 됩니다.

🍃 콩꼬투리를 본 꿈
살기 좋은 날이 곧 찾아올 것입니다.

🍃 콩꼬투리가 여물지 않은 꿈
다른 사람과 말다툼을 할 수 있으니 주의해야 할 것입니다.

완두

🍃 완두가 보인 꿈
　상서입니다. 농민이 꿈에 완두를 보았다면 풍년이 듭니다.

🍃 날 완두를 먹는 꿈
　신체가 건강해질 길조입니다.

🍃 뜨거운 완두를 먹는 꿈
　위병에 걸릴 흉조이니 주의해야 합니다.

🍃 썩은 완두를 먹는 꿈
　목숨이 위급할 꿈입니다.

🍃 기름에 튀긴 완두를 먹는 꿈
　이는 당신이 근근이 그날 벌어 그날그날을 살아가야 할 흉조입니다.

🍃 완두 묘목을 본 꿈
　수입이 형편없이 줄어들 흉조입니다.

🍃 마른 완두를 먹는 꿈
　당신은 정밀하게 계획하여 근면하고 알뜰하게 살림을 꾸릴 수 있습니다.

🍃 응접실 바닥에 완두를 잔뜩 펼쳐 놓은 꿈
　아내나 혹은 아이가 병으로 눕게 됩니다.

🍃 완두 잎을 먹는 꿈
　생존을 위해 당신은 힘겨운 육체노동을 해야만 할 것입니다.

🍃 완두 장사를 한 꿈
　현재 하고 있는 장사가 망할 징조입니다.

🍃 완두를 맷돌에 가는 것을 꿈
　당신은 재난에 부딪치게 됩니다. 상습범이 완두를 맷돌에 가는 것을 꿈에서 보았다면 오래지 않아 감옥에 갇힐 것입니다.

⓫ 양띠 생의 성격에 대해서

양띠는 열두 띠 중에서 가장 여성적이다. 양띠는 착한 자선가이다. 정직하고 성실하며 슬픈 이야기에 쉽게 눈물을 흘리고 여자들에게 부끄러움을 타기도한다. 장점으로는 예술적이며 사교적이고 창조적인 인물이라는 것이다. 단점은 자신의 감정에 쉽게 압도되고 회의적이며 주저하는 경향이 있다.

양띠들은 부드럽고 동정심이 강하다. 다른 사람의 결점을 쉽게 이해하고 용서하는 경향이 있다. 엄격한 규율을 싫어하고 지나친 훈련과 비난을 받아들이지 못한다. 아이들과 동물들을 좋아하는 그는 자연에 가깝고 일반적으로 가정적이다. 자기 애정 대상에 대해 어머니처럼 굴고 심지어 숨이 막힐 정도의 애정을 표시하는 경향이 있다. 양띠는 다양한 분위기에 잘 사로잡히고 강압에 의한 일은 하지 않으며 객관적이기 못하다.

겨울에 태어난 양띠는 대개 어렵게 산다. 겨울에는 풀이 없어 양의 식량감이 없는 때이기 때문이다. 그러나 가장 힘든 환경에서조차도 기본적 생필품을 지니며 사람들은 그를 아주 잘 보살펴준다. 양띠는 여덟 번째로 8이라는 숫자는 번영과 안락을 상징한다.

양띠는 마치 어린아이 같은 성격을 지녀 항상 엄마 품과 가장 좋아하는 음식을 찾는다. 생일이며 기념일 등 특별한 경우를 결코 잊는 법이 없어 설령 빛을지고 있어도 이런 날들을 항상 화려하게 축하해 준다.

▶내궁합·사주·팔자 中에서

16장

분비물·배설물에 관한 꿈

피

● 피를 마신꿈
부자가 될 꿈입니다.

● 피를 본 꿈
당신의 재산을 이어받을 사람이 있다는 뜻입니다.

● 사람을 칼로 찔렀는데 피가 나지 않은 꿈
자신의 일이 성사되지만 왠지 모르게 불안해 할 꿈입니다.

● 잠자리나 옷에 혈흔이 있는 꿈
중병에 걸리거나 형사 사건에 걸려들 징조입니다.

● 다른 사람의 침대 혹은 의복에 혈흔이 있는 꿈
적이 당신에게 정복당하고 또 살려달라고 빌 것입니다.

● 많은 피가 흘러 피바다를 이룬 꿈
이는 큰돈을 벌 꿈입니다. 하지만 여자에겐 주거지역에 유행병이 퍼질 것입니다.

똥

● 똥을 본 꿈
불행할 꿈입니다.

● 똥의 냄새를 맡은 꿈
자신이 하는 일이 성사되어 널리 알려지고 남이 하는 행동이 역겹게 느껴질 꿈입니다.

● 수북이 쌓인 똥을 손으로 주무른 꿈
막대한 재물을 마음대로 움직일 수 있을 꿈입니다.

🍃 똥을 머리에 이어 나른 꿈
당신의 사업이 성공할 것을 뜻합니다.

🍃 집안 전체가 똥으로 범벅이 된 꿈
가족이 중병에 걸릴 꿈입니다.

🍃 어떤 사람이 당신의 몸에 똥을 뿌린 꿈
적의 역량이 증가될 것입니다.

🍃 쇠똥을 본 꿈
운수가 좋습니다. 농부가 쇠똥을 보면 풍년의 꿈입니다.

🍃 젖소의 똥을 본 꿈
건강, 장수할 꿈자리입니다.

🍃 자기 집 마당이 쇠똥으로 온통 더럽혀져 있는 꿈
귀한 손님이나 혹은 새 사람이 들어 올 꿈입니다.

🍃 자기 침실 바닥이 쇠똥으로 가득한 꿈
임신부가 이 꿈을 꿨다면 귀공자를 나을 것입니다.

🍃 자기 몸이 쇠똥으로 더럽혀진 꿈
헐벗고 굶주릴 꿈자립니다.

눈물

🍃 눈물을 흘린 꿈
남자에겐 멀리 떨어진 아내와 친척이 당신을 그리워하고 있음을 의미합니다. 남편과 떨어진 여인이 이런 꿈을 꾸었다면 남편이 당신을 더욱 그리워하게 됩니다.

🍃 남이 눈물 흘리는 꿈
남편과 별거하게 됩니다. 친구가 눈물을 흘리는 꿈이었다면 당신 지지자가 당신을 잊어버리고 맙니다. 적이 눈물을 흘린 꿈은 당신이 놈들 속임수에 빠져들어 손실을 보게 됩니다.

● 상대방이 눈물을 흘리는 것을 본 꿈
상대방으로 하여금 불만을 갖게 되고 불쾌한 감정이 생길 꿈입니다.

● 하염없이 눈물을 흘리며 울고 있는 꿈
남에게 자신을 과시하거나 경사스러운 일이 생깁니다.

땀/침

● 땀을 많이 흘리는 꿈
매사에 의욕을 잃거나 기력이 쇠퇴하여 근심 걱정이 생길 꿈입니다.

● 땀을 수건으로 닦아낸 꿈
마음이 편안한 상태이고 기력이 회복될 꿈입니다.

● 입안에 침이 마른 꿈
여러 방면으로 자본이 부족하여 고통을 받게 될 꿈입니다.

● 상대방의 얼굴에 침을 뱉는 꿈
상대방에게 사소한 일로 마음에 상처를 입히게 될 꿈입니다.

17
장

모임·행사에 관한 꿈

모임

● 여행자 대열을 본 꿈
당신이 스스로 즐거워하고 만족해할 꿈입니다.

● 자신이 관광객 대열에 끼어 있는 꿈
많은 돈을 벌어 부자가 될 것입니다.

● 문화 서클에 참가한 꿈
다른 사람의 장례식에 참석하게 될 것입니다.

● 다과회에 참석한 꿈
당신은 상사와 등을 지게 될 겁니다.

잔치/연회

● 당신이 잔치를 베풀어 손님을 초대한 꿈
사업에서 이익은 별로 크지 못할 것입니다. 회사원이 꿈에 잔치를 베풀어 손님을 초대했다면 승진도 못하고 경제적으로 손실이 있을 겁니다. 실업자 가 이와 같은 꿈을 꿨다면 장기간 일자리를 얻지 못합니다. 환자는 병상에 서 일어나지 못하고, 죄인은 형기가 늘어날 것입니다.

● 연회에 참석한 꿈
임신부는 오래지 않아 곧 해산하게 될 것입니다. 미혼 남자가 꿈에 연회에 참석했다면 결혼하게 됩니다.

● 결혼 잔치에 참석한 꿈
불길한 꿈입니다. 꿈을 꾼 사람이 중병에 걸리지 않으면 세상을 뜨게 됩니다.

● 남을 위해 환영회를 베푸는 꿈
큰 재난이 생길 것입니다.

● 당신이 남이 베푸는 연회에 참석한 꿈
운이 좋을 길조입니다.

● 연회석이 그릇과 음식으로 아수라장이 된 꿈
가정에 다툼이 생길 것입니다.

● 결혼에 참가한 꿈
친구가 사망할 것입니다.

● 결혼을 한 꿈
젊은 남녀가 이 꿈을 꾸면 신체에 병이 생깁니다. 꿈에 노인과 결혼을 했다면 이는 유산을 상속받을 꿈입니다. 꿈에 자신이 결혼했다면 병에 걸리거나 세상을 뜨게 됩니다. 청년의 꿈에 자신의 연인이 다른 남자와 결혼을 했다면 이는 그들의 결혼이 친구의 사망으로 인하여 연기하게 될 것을 의미합니다.

● 자기가 결혼식 주례를 선 꿈
이는 당신의 직업 운이 형통할 꿈입니다.

● 초청장을 받고 혼례식에 참석한 꿈
여자에게 새 장신구와 새 옷이 생길 꿈자립니다. 환자가 혼례식 초청장을 받은 꿈은 머지않아 세상을 뜰 꿈입니다.

● 초청되어 음악회에 참석한 꿈
당신이 신체가 건강하고 새 벗을 사귀게 될 꿈입니다.

● 초청을 받아 상사의 연회에 참석한 꿈
그가 승진하여 신임을 받을 꿈입니다.

대회

● 군중대회에 참석하거나 남의 연설을 들은 꿈

당신은 남의 기만에 속아 넘어갈 꿈입니다. 상인이 이 꿈을 꿨다면 적수가 당신에게 손실을 끼칠 것입니다.

● 남성들만이 모이는대회에 참석한 꿈

이는 당신이 다른 사람과 싸울 꿈입니다. 환자가 꿈에 남성 대회에 참석했다면 치료를 하지 않고도 건강이 회복될 것입니다.

● 여성들만의 대회를 본 꿈

이 꿈을 꾼 남자는 큰돈을 벌 것입니다.

● 당신이 대회의 주최자인 꿈

이는 당신이 부유한 가정의 집사가 될 것입니다.

팬터마임(무언극)

● 무언극을 본 꿈

당신은 우울하고 불안할 것입니다. 남자가 꿈에 무언극을 관람했다면 집안일 때문에 근심 걱정에 싸일 것입니다. 여자가 꿈에 무언극을 보았다면 자식의 병 때문에 속을 태울 것입니다. 미혼 남녀는 그들 부모가 그들의 결혼을 반대할 것입니다. 미혼 남자가 무언극을 꿈에 보면 결혼에 대한 연인의 태도가 청년으로 하여금 근심 걱정에 싸이도록 할 것입니다. 실업자가 꿈에 무언극을 보았다면 지배자가 당신의 일자리를 마련해 준다고 약속해 놓고 그 약속을 실행하지 않을 것입니다. 상인이 무언극을 관람했다면 이는 당신의 장사가 부진하고 손해까지 입게 될 꿈입니다.

데모/시위

● 데모하는 것을 본 꿈
당신은 걱정과 고통에 싸이게 됩니다.

● 시민이 군대들 데모에 참가한 꿈
국내에 혁명이 일어나 많은 고통과 재난이 조성될 것입니다. 여자가 꿈에 데모에 참가했다면 남편과 헤어지고 맙니다.

● 학생들의 데모를 본 꿈
당신은 경험 부족으로 장사에서 손해를 보게 됩니다.

⓬ 원숭이띠 해에 대해서

이 해에는 만사가 실행 가능하다. 적어도 민첩한 원숭이는 모든 방면으로 시도하기 전에는 아무 것도 포기하지 않는다. 불가능하다고 여겨지던 일조차 이루어지며 즉흥적인, 즉 발명과 같은 일들이 풍부하게 있다. 정치·외교·재정과 사업이 모두 한바탕의 경기처럼 바쁘게 돌아간다. 모든 사람이 일을 시도할 수 있는 기회가 주어지는 다소 즐겁고 신나는 한 해가 될 것이다.

원숭이띠는 그의 실수를 웃어넘기고 다음 일에서 그의 용감성을 더욱 발휘하는 사람으로 직접적인 대결이 없는 해이다. 우리 모두 더 나은 거래를 하게 된다. 왼손이 하는 일을 오른손이 모르므로 항상 일이 잘 풀리는 사람을 추적하기가 어렵다. 하지만 한 가지는 확실하다. 이 해는 아주 진보적인 해가 될 것이다. 모두 열기를 내뿜으며 나아갈 것이며 설령 우리가 어떤 일에 최대한 전념하지 않을지라도 원숭이띠의 학문과 진보에 대한 타고난 재능의 거센 물결덕분에 만사가 잘 이루어진다.

미국이 불(火)의 원숭이띠의 해인 1776년에 탄생했다는 것은 주목할만한 재미있는 사실이다. 미국이 그렇게 짧은 기간 내에 다른 나라를 지배하는 제국주의 국가로 성장하게 된 것은 이 때문인지도 모른다.

원숭이띠 해는 여러 가지 새롭고 특이한 방식으로 일이 이루어진다. 이 해의 격언은 이렇다.' 아니요(못해요)라는 말은 하지 말라!'

▶내궁합·사주·팔자 中에서

장소에 관한 꿈

도시

🌸 도시가 보인 꿈
돈을 벌 운수입니다.

🌸 어떤 사람이 당신이 알고 있는 도시가 파괴되었다고 알려준 꿈
이는 당신 주택이 파손될 흉조입니다.

🌸 낯선 도시가 파괴되었다는 소식을 들은 꿈
당신 친척의 가옥이 무너질 꿈입니다.

시골마을

🌸 시골의 마을에 있는 자기 집을 본 꿈
도시에 사는 사람이 이 꿈을 구면 생활이 사치하고 방탕해집니다. 여자 꿈에 촌에 자기 집이 보였다면 튼튼한 아들을 낳게 됩니다.

🌸 자기가 농촌에서 결혼을 한 꿈
미래의 남편은 성격이 부드러운 사람이며 그의 친구도 열성적인 사람일 것입니다.

🌸 촌락을 지나간 꿈
여행가가 이 꿈을 꾸면 당신의 개인적인 비밀을 남들이 알게 됩니다.

🍃 농촌에 주택을 짓는 꿈
아주 번창한 상업 중심을 건립하게 됩니다.

🍃 촌락에 불이 난 꿈
당신에게 재난이 생겨 집과 가족을 다 잃게 될 꿈입니다.

궁전

🍃 궁전을 본 꿈
당신은 누군가의 하인이 될 것입니다.

🍃 혼자서 입궁한 꿈
불길합니다. 벗들과 함께 입궁했다면 이는 당신이 나라의 칭찬을 받을 꿈입니다.

🍃 궁전에 올라선 꿈
이 꿈을 꾼 남자는 그의 가정 살림이 부유하진 못해도 처첩은 여럿 맞아들일 그런 꿈입니다. 그렇지 않으면 지금 아내가 돈을 물 쓰듯 헤프게 쓸 것입니다.

🍃 궁전 위에서 내려오는 꿈
가족들 사이에 분쟁이 발생할 것입니다.

🍃 궁전에서 쫓겨 난 꿈
당신은 덕과 명망이 높은 인물로 될 것입니다.

🍃 궁전에서 살고 있는 꿈
당신은 죄인으로 감옥에서 고통을 겪게 될 것입니다. 죄인은 감형될 것이고, 학생은 연이어 몇 년이나 낙제할 것입니다. 여행기간에 여행자가 꿈에 궁전에 살고 있는 자신을 봤다면 여행 중에 교통사고가 생길 것입니다.

🍃 남편과 함께 입궁한 꿈
여인은 오래지 않아 임신할 것입니다.

◈ 시녀와 함께 입궁한 꿈
꿈을 꾼 처녀는 돈 많고 명성 높은 가정으로 시집가게 될 것입니다.

◈ 궁전을 건축하는 꿈
당신의 직장 운은 형통할 것입니다.

집

◈ 집이 보인꿈
사업도 장사도 모두 호전될 꿈입니다.

◈ 집의 정원을 만드는 꿈
좋은 꿈입니다.

◈ 집의 문과 창문을 모두 꼭 닫고 있는꿈
이는 친구가 죽을 꿈자럽니다.

◈ 눈부실 정도로 화려하게 장식한 집을 본 꿈
이것은 큰 돈을 벌 꿈입니다.

◈ 집이 무너진 꿈
이는 상업에 불경기가 들 전조입니다.

◈ 집에 불이 붙은꿈
중상을 입을 꿈입니다.

◈ 집을 파는꿈
사업이 망하거나 혹은 해직당할 꿈입니다.

◈ 집의 일부가 파손된 꿈
그것은 대부분 재산을 잃을 꿈입니다.

◈ 하얀 집이 보인꿈
도둑이 들어 손실을 입을 꿈입니다.

◈ 집의 뒷문에 불이 붙은 꿈
이는 여자 쪽의 친구가 세상을 뜰 꿈입니다.

● 집의 방을세 놓은 꿈
　수입과 지출이 많아질 꿈입니다.

● 남의 남자와 함께 집에 들어간 꿈
　여자가 배신할 꿈입니다.

● 부잣집을 본 꿈
　부유해지거나, 사치할 징조입니다.

● 가난한 집이 보인 꿈
　수입이 점점 줄어들 꿈자립니다.

● 원수진 집 가정 식구가 늘어나는 꿈
　이는 적의 역량이 강대해질 꿈입니다.

 ## 초가집

● 초가집이 보인 꿈
　넓고 환한 주택을 한 채 사게 될 꿈자립니다. 여자의 꿈에 초가집이
　보이면 이는 남편이 사망한 후 집에서 아들한테 쫓겨날 것입니다.

● 초가집에 여자가 있는 꿈
　이것은 감춰 둔 재산을 찾게 될 꿈입니다.

● 초가집을 짓는 꿈
　경건하고 정성스러운 종교인이 될 꿈입니다.

● 초가집에 살고 있는 승려를 본 꿈
　생활이 부유해질 꿈입니다.

● 초가가 불에 타는 것을 꿈
　재난이 닥칠 징조입니다.

● 남편과 함께 초가에서 사는 꿈
　이는 생활이 빈곤해질 꿈자리입니다.

이웃집

🍂 이웃집이 보인 꿈
  집에 도둑이 들 것입니다.

🍂 이웃과 말다툼이 생긴 꿈
  당신 장사가 안정적이고 번창할 것입니다.

🍂 이웃집 남성과 대화를 나눈 꿈
  이 꿈을 꾼 여자는 안 좋은 소문이 널리 알려질 겁니다.

🍂 이웃과 악수를 한 꿈
  환자는 그가 받을 치료가 적절하고 합당할 것입니다.

거처

🍂 병영이 보인 꿈
  남자는 아내와 헤어질 꿈입니다. 미혼 남녀가 꿈에 병영을 보게 되면
  장기간 독신으로 있을 것입니다.

🍂 철도청 직원의 거주지가 보인 꿈
  오래지 않아 장거리 여행을 떠날 것입니다. 공소 당한 사람이 이런
  꿈을 꿨다면 국외로 축출 당하게 됩니다.

🍂 이사를 하는 꿈
  장교가 이 꿈을 꾸면 머지않아 전방으로 나갈 것입니다.

여관

- 여관이 보인 꿈
  뜻밖의 재난에 부딪쳐 재산을 손해 볼 꿈입니다.

- 다른 사람이 여인숙으로 들어가는 꿈
  당신에게 어떤 수확이 있을 꿈입니다.

- 여관이 낡아서 형편없는 꿈
  곤경에 빠질 꿈입니다.

- 여관에 들어간 꿈
  연인이 당신을 배반할 꿈입니다.

- 여관 주인과 대화를 나눈 꿈
  부인과 언쟁이 있을 꿈자립니다.

- 여관에서 잔 꿈
  해외여행을 할 꿈입니다.

천막

- 천막이 많이 있는 꿈
  적이 공격을 받을 꿈입니다. 장교가 이런 꿈을 구면 오래지 않아 전방으로 나갈 것입니다.

- 천막을 본 꿈
  당신이 유목 생활을 할 것을 의미합니다. 여자가 이런 꿈을 꾸면 남편이 나라의 중요 직무를 맡게 됩니다. 실업자가 이 꿈을 꾸면 관광업에 종사하게 됩니다. 상인이 이런 꿈을 꾸면 외국으로 장사를 떠날 것입니다.

● 천막을 친 꿈
생활이 매우 어려워질 것입니다.

● 새 천막을 구입한 꿈
당신 생활이 부유하고 직업 운이 트일 것입니다.

굴뚝

● 굴뚝을 본 꿈
당신의 이름이 널리 알려질 징조입니다.

● 굴뚝에서 연기가 뿜어져 나오는 꿈
이는 운수가 좋을 꿈입니다.

주방

● 부엌이 보인 꿈
이득이 잇는 생활이 곧 시작될 것입니다.

● 주방에 취사도구가 다 갖춰진 꿈
돈을 벌게 될 꿈입니다.

● 주방이 텅빈꿈
이는 남편이 그녀를 사랑하지 않을 꿈자리입니다. 하지만 처녀가 꿈
에 텅 빈 주방을 보았으면 돈 많은 사람에게 시집가게 됩니다.

담

🍃 담이 보인 꿈
장사에서 귀찮은 일이 생길 것입니다.

🍃 담을 넘는 꿈
그것은 사업이 성공하게 될 꿈입니다. 환자가 꿈에 담을 넘었으면 오래지 않아 몸이 건강해질 징조입니다.

🍃 자기 앞에 담 하나가 있는 꿈
당신이 진행하는 일에 장애가 있을 것입니다.

🍃 새로 지은 집이 네 면의 벽만 있고 지붕이 없는 꿈
큰 재난이 떨어질 흉조입니다.

🍃 벽에 오른 꿈
안전 무사할 징조입니다.

🍃 벽이 갈라졌거나 무너진 꿈
곤란이 첩첩할 흉조입니다.

🍃 미장이가 벽을 쌓고 있는 꿈
오래지 않아 장사에서 돈을 벌게 됩니다.

문

🍃 활짝 열린 대문으로 들어서는 꿈
이는 상업 시장을 좌지우지할 수 있을 꿈자립니다.

🍃 꼭 닫혀진 대문이 보인 꿈
이는 고난에 부딪칠 꿈입니다.

🍃 철 대문이 보인 꿈
이는 삶을 위해 꾸준히 악전고투할 꿈자립니다.

🍃 무장한 병사가 대문을 지키고 있는 꿈
이는 당신이 군 계통에 취직할 징조입니다.

🍃 바로 대문을 들어서려는데 문지기가 가로막고 나선 꿈
이는 안 좋을 일이 생길 꿈자리입니다.

🍃 아무런 제재도 없이 대문 안에 들어간 꿈
임신부는 순조롭게 아들을 낳을 것입니다.

🍃 문이 닫혀 있는 꿈
성공할 길조입니다.

🍃 문이 활짝 열려 있는 꿈
실패를 알리는 꿈입니다.

🍃 문을 두드리는 꿈
액운을 당할 꿈입니다.

🍃 문이 삐걱거리는 꿈
가난해질 꿈입니다.

🍃 문이 불타는 꿈
죽음을 암시하는 꿈입니다.

🍃 문이 반짝이는 장식품으로 단장되어 있는 꿈
장사가 잘될 꿈자립니다.

🍃 문턱을 넘을 때 넘어진 꿈
큰 재난을 당할 꿈입니다.

🍃 아치형 문이 수없이 많이 있는 꿈
의외의 수입이 생깁니다. 미혼 여인이 이런 꿈을 꾸면 결혼할 때 많은 재물과 돈을 받게 되고, 미혼 남자가 이런 꿈을 꾸면 시집오는 여자가 만은 예물 을 갖고 올 것입니다.

🍃 아치형 문 밑에 서 있는 꿈
당신에게 곤란이 첩첩산중일 꿈입니다. 환자가 이 꿈을 꾸면 생명이 위험하게 되고, 상인이 이 꿈을 꾸면 장사가 거의 망하게 됩니다.

방

🍃 처녀집 안방을 본꿈

청년이 이 꿈을 꿨다면 사랑이 성공할 것입니다.

🍃 남의 내실에서 여자를 희롱한 꿈

모든 일이 원하는 대로 되지 않을 꿈입니다.

🍃 자기 안방에 여자가 여럿이 있는 꿈

이는 불길한 징조입니다.

🍃 안방이 아무도 없이 텅 비어 있는 꿈

이는 아내를 잃게 될 꿈자립니다.

🍃 낯선 사람의 내실이 보인 꿈

여자의 꿈에 이는 재난이 닥칠 흉조입니다.

🍃 처녀의 규방을 보인 꿈

노인이 이 꿈을 꾸면 오래지 않아 세상을 뜨게 될 것입니다. 상인은
장사가 잘될 것입니다.

🍃 자기 집이나 방안을 장식한 꿈

재수 없을 날이 닥쳐옵니다. 기혼 여자가 이 꿈을 구면 남편과 별거
하게 됩니다.

🍃 남의 방을 장식한 꿈

오래지 않아 기쁜 소식이 있을 좋을 상서입니다.

발코니/옥상

🍃 발코니에서 잠을 잔 꿈

부부 생활이 행복하고 원만할 것입니다. 여자는 예쁘게 생긴 아기를
낳게 되고, 미혼 남자는 오래지 않아 결혼하여 자립할 것입니다.

● 집 옥상에 크게 갈라진 틈이나 크게 뚫린 구멍이 생긴 꿈
　당신이 재산 손실을 보게 됩니다.

● 건물 옥상에 설치한 건조대가 석회나 시멘트로 만들어져 있는 꿈
　이는 안전 무사할 상서입니다.

● 발코니를 보수한 꿈
　당신이 무일푼이 되고 재난을 당할 흉조입니다.

울타리

● 울타리가 보인 꿈
　염원이 실현되기 어려울 징조입니다.

● 울타리를 뛰어 넘는 꿈
　이는 장애물이 곧 사라질 꿈자립니다.

● 관목으로 엮은 울타리를 본 꿈
　임산부가 해산할 때 사고가 생길 꿈자리입니다.

지붕

● 초가지붕을 본 꿈
　지갑이 무일푼이 됩니다. 여자가 꿈에 초가지붕을 보았다면 아이가
　앓게 됩니다.

● 기와지붕이 보인 꿈
　수입이 증가될 꿈입니다. 농민이 꿈에 기와지붕을 보게 되면 풍년이
　옵니다. 여인이 이 꿈을 꾸면 친정 부모가 선물한 예물이 남편을 부
　유하게 만듭니다. 상인이 이 꿈을 꾸게 되면 수입이 감소됩니다.

🍃 지붕을 세운 꿈

당신 영업에서 수입이 아주 많아질 것입니다.

🍃 지붕 꼭대기가 보인 꿈

가난에 쪼들릴 꿈입니다.

🍃 지붕 위에 서서 고함지르는 꿈

그 지역에 유행병이 돌 꿈자립니다.

화장실

🍃 화장실에서 대변을 본 꿈

남자는 병에 걸리게 되고, 여자는 남이 당신을 업신여기어 모욕을 줄
것입니다.

🍃 자신의 집 변소에서 소변을 본 꿈

모든 곤란이 다 없어질 꿈입니다. 여자가 자신의 집 변소에서 소변을
보았다면 훌륭한 가정주부가 될 것이고, 환자가 이런 꿈을 꾸면 건강
이 회복됩 니다.

🍃 공중 화장실에서 소변을 본 꿈

여행자가 이 꿈을 꾸면 국외에서 생활 중 고생하거나 다른 사람으로
부터 고소당하게 됩니다.

공공기관/관공서에 관한 꿈

도서관

🍃 도서관으로 가는 꿈

당신의 문장력이 출중하여 전국에 이름을 날릴 것입니다.

🍃 도서관에서 책을 정리하는 꿈

장사가 흥할 꿈입니다.

🍃 도서관에서 걸어 나오는 꿈

이는 당신 위신을 크게 떨칠 꿈입니다.

천문대

🍃 천문대가 보인 꿈

이익이 있을 장사를 한다면 꼭 성공합니다. 이는 신이 오랫동안 고통을 참아 온 당신에게 베푸는 은혜입니다.

🍃 천문대에서 사업하는 꿈

불길한 징조입니다. 재난이 당신과 집안 식구들에게 떨어질 것입니다. 전투 부대 지휘관, 지도자가 꿈에 천문대에서 사업을 했다면 이는 전군(全軍)이 전멸할 징조입니다. 국왕이나 국가 지도자가 꿈에 천문대에서 사업을 했다 면 왕관과 지도권을 박탈당할 것입니다.

법정

● 자신이 법정 심문에 참가한 꿈
당신의 지출이 증가될 꿈입니다.

● 자기가 법정에서 안건을 심사 처리한 꿈
이는 당신이 등용될 꿈사립니다.

학교

● 학교를 본 꿈
당신의 품격이 고상함을 의미합니다.

● 학교에 간 꿈
기혼 여자는 남편의 지극한 사랑을 받을 꿈입니다. 미혼 여자는 총명하고 수양이 높은 남자에게 시집가게 됩니다. 학생이 꿈에 학교에 갔다면 시험 자격이 취소됩니다. 상인은 국외로 나가 장사를 하면 큰돈을 벌게 될 꿈입 니다. 죄인이 꿈에 학교로 갔다면 오래지 않아 출옥됩니다.

● 학교 교장이 된꿈
당신은 행복하고 부유해집니다.

● 학교에서 제명 처분을 당한 꿈
좋은 명예를 얻을 꿈입니다.

시장

● 시장을 돌아다닌 꿈
좋은 징조입니다.

● 차를 타고 시장에 가는 꿈
이 꿈을 희미하게 꾸었다면 재난을 당할 흉조입니다.

● 시장이 보인 꿈
집의 소비가 대단히 증가할 것입니다.

● 아내와 함께 물건을 구입한 꿈
이는 돈이 들어올 징조입니다.

● 상점에 간 꿈
환자는 오래지 않아 병이 나을 것입니다. 그러나 군인이 꿈에 상점에
갔다면 행동이 법도를 벗어나 처벌을 받을 것입니다.

묘지

● 자기가 교회 밖의 공용 묘지에서 산보하는 꿈
근심 걱정이 없이 행복한 노후를 보낼 좋은 꿈입니다.

● 능묘를 본 꿈
남자는 장수하고, 여자는 정서가 불안정해져 몹시 우울해할 것입
니다.

● 공원묘지를 본 꿈
참된 사랑을 얻게 됩니다. 기혼 여자가 이런 꿈을 꾸었다면 남편이
당신을 더욱 아껴 주고 더욱 귀여워할 것입니다. 미혼 여자가 이 꿈
을 꾸면 뜻에 맞는 남편에게 시집가게 되고, 미혼 남자는 귀엽고 충
성스런 여자와 결혼하게 됩니다. 열애 중의 남녀가 이 꿈을 꾸면 그
들 사랑이 더욱 깊어집니다.

🍃 공원묘지를 조성하는 꿈
집안에 누가 앓거나 세상을 뜨게 됩니다. 환자가 이 꿈을 꾸면 병세가 악화 됩니다.

절/사원

🍃 자신이 절에 들어갔거나 절 안에 앉아 있는 꿈
성공하거나 결혼할 좋은 꿈입니다.

🍃 절이 보인꿈
남자가 이 꿈을 꾸면 나라에 폭동이 생길 것이고, 여자가 꿈에 사원 건물이 보였다면 시댁 집안이 사분오열이 될 것입니다. 환자가 꿈에 절이 보였다면 병세가 가중해질 것입니다.

🍃 사원에 들어간 꿈
모든 노력이 수포로 돌아갑니다. 임신부가 이런 꿈을 꾸면 태아에게 탈이 납니다. 상인은 장사에서 큰 적자가 보게 됩니다.

🍃 남이 사원으로 들어간 꿈
모든 곤란이 다 없어집니다.

🍃 아내가 사원으로 들어간 꿈
부부 생활이 화목하고 행복할 것입니다.

🍃 적이 절에 들어간 꿈
당신이 적을 정복할 수 있습니다.

🍃 절이나 종교 성지에서 맹세를 하는 꿈
당신이 염원하던 것이 이루어질 길조입니다.

상점

🍃 상점들이 한 줄로 늘어선 꿈
일반적으로 이는 상서입니다.

🍃 잡화점을 본 꿈
당신 집안이 엉망진창이 됩니다.

🍃 구두수리점이 보인 꿈
소비가 증가할 꿈입니다.

🍃 보석점을 본 꿈
이는 당신이 새 장신구를 사들일 길조입니다.

🍃 상점이 보인 꿈
당신 장사가 도산할 흉조입니다.

🍃 당신이 가게 안에 앉아 있는 꿈
당신의 장사는 도산됩니다.

극장

🍃 극장이 보인 꿈
곤란이 연달아 생깁니다. 하지만 여자가 이 꿈을 꾸면 남편이나 보호
자에게 의탁하지 않고도 완전히 자립할 수 있습니다.

🍃 연극을 본 꿈
남자는 지출이 늘어날 것이고, 여자는 모욕을 당합니다.

🍃 친구와 함께 연극을 본 꿈
장사가 번창해집니다.

🍃 극장에서 바로 연극을 연출하고 있는 걸 본 꿈
장차 부유하고 행복할 꿈자립니다.

박물관/전람회

🍃 박물관이나 혹은 전람회를 관람한 꿈
집안의 다른 여성들과 말다툼을 하게 됩니다.

명승고적

🍃 명승고적을 구경한 꿈
당신의 이름이 널리 알려집니다.

성지

🍃 집을 나와 성지 순례를 떠난 꿈
결혼한 남자는 여러 면에서 우려와 고난에 부딪칩니다. 미혼 남녀가 꿈에 성지 순례를 떠났다면 부모님의 부탁을 까맣게 잊어버리고 마음대로 행동 할 것입니다. 환자가 이런 꿈을 꾸면 현재의 치료들을 모두 취소당하게 됩 니다. 상인이 성지 순례의 꿈을 꾸었다면 행상 교역이 증가될 것입니다. 종교의 도사 혹은 선교사가 꿈에 성지 순례를 떠났다면 무신론자들의 엄중한 위협을 받게 됩니다. 노인이 성지 순례의 꿈을 꾸게 되면 오래지 않아 세 상을 뜹니다.
회사원이 이런 꿈을 꾸게 되면 퇴직 혹은 해고를 당하게 됩니다. 기자가 꿈에 성지 순례를 했다면 법을 위반했다는 공소를 받고 장기 형을 받게 될 것 입니다. 과부가 성지 순례의 꿈을 꾸게 되면 종교 사업에 헌신할 것입니다.

🍃 아내와 자식들을 데리고 성지 순례를 떠난 꿈
당신은 이사를 가거나 혹은 전근을 갈 것입니다.

● 성지 순례를 마치고 돌아오는 꿈

이는 당신이 고난을 이기고 전진해 나갈 꿈입니다.

수렵장

● 수렵장에 간 꿈

관운이 형통할 꿈입니다. 여자가 이런 꿈을 꾸면 여행을 떠날 것이고, 상인이 이 꿈을 꾸면 국외의 장사에서 큰돈을 벌게 됩니다.

● 자신이 수렵장의 직원이 된 꿈

행동거지가 우악스럽고 아무 수양도 없는 사람을 벗으로 사귀게 됩니다.

탑

● 탑을 본 꿈

고위직으로 승진할 꿈입니다. 기혼 여자가 이 꿈을 꾸면 남편의 신체가 건강하여 오래오래 살 것이고, 기혼 남자가 이 꿈을 꾸면 당신은 건강 장수할 것입니다. 미혼 남자가 꿈에 탑을 보았다면 일반 가정의 건강하고 품행이 단정한 처녀와 결혼하게 됩니다. 미혼 여자는 덕과 명망이 높은 남자에게 시집가게 됩니다. 상인이 탑을 보면 큰돈을 벌게 되고, 장교는 전투에서 승리할 것입니다.

● 탑에 기어오른 꿈

어려운 난관을 쉽게 넘을 수 있습니다. 환자가 꿈에 탑 꼭대기에 올랐다면 오래지 않아 건강이 회복됩니다.

● 탑 꼭대기에 올라앉은 꿈

천하에 이름을 떨칠 것입니다.

● 금자탑을 밀어 넘어뜨린 꿈

당신은 고위로 승진하게 됩니다.

● 탑이 수없이 많이 있는 꿈

당신은 출국하게 될 것입니다.

● 시계탑을 본 꿈

고위로 승진하거나 혹은 사회의 존경을 받게 됩니다.

목장

🍀 목장을 본 꿈
당신의 모든 일이 순풍에 돛을 단 것처럼 순조로울 것입니다.

🍀 가축을 몰고 방목하러 가는 꿈
당신의 사업은 큰 이익을 볼 것입니다.

가축우리

🍀 가축의 우리가 보인 꿈
당신이 하는 사업에 장애가 있을 것입니다. 기혼 여자가 이런 꿈을 꾸게 되면 임신하게 됩니다. 젊은 남녀가 이런 꿈을 꾸었다면 오래지 않아 결혼을 하게 됩니다. 재판중인 사람이 이런 꿈을 꾸면 증거 부족으로 무죄 석방이 될 것입니다. 상인이 이런 꿈을 꾸면 장사에서 큰 손실을 보게 되고, 농민은 풍년이 들 희망이 보입니다.

🍀 동물을 우리 안에 몰아넣는 꿈
송사에서 이겨 돈과 재물을 배상 받게 됩니다.

🍀 양 우리를 본 꿈
돈을 벌 수도 있습니다.

● 가축우리에서 잠을 잔 꿈
자유를 잃게 됩니다. 하지만 수감된 죄인이 이런 꿈을 꾸었다면 석방
될 것 입니다.

● 외양간을 본 꿈
이는 운이 트일 길조입니다.

● 말이 매어 있는 마구간이 보인 꿈
많은 손님이 찾아올 것입니다. 여자가 이 꿈을 꾸면 남편이 부유해집
니다. 상인이 이런 꿈을 꾸면 백만장자로 될 것입니다.

● 텅 빈 마구간을 본 꿈
손실이 있게 됩니다.

● 마구간을 세낸 꿈
오래지 않아 당신은 이사를 할 것입니다.

● 새 마구간을 지은 꿈
당신이 새로운 장사를 하게 되면 이익이 있을 겁니다.

공장

● 제분소를 본 꿈
큰돈을 벌게 됩니다.

● 방직공장을 본 꿈
큰 재난이 닥칠 것입니다.

● 자기가 제분소 소장을 하는 꿈
당신의 생활이 유쾌해질 것입니다.

● 방직공장을 시찰하고 관리한 꿈
위급한 고비를 당신은 침착하고 용기 있게 넘길 수 있을 것입니다.

● 방직공장이 도산한 꿈
당신이 위급할 때 다른 사람의 협조를 받기 어려울 것입니다.

사무실

● 자기가 사무실 안의 한 직원인 꿈
 불행한 날이 닥쳐오게 됩니다.

● 자기가 사무실 실장인 꿈
 이는 당신에게 직장 운이 형통할 길조입니다.

● 사무실에서 사무를 보고 있던 꿈
 이웃들이 당신의 부유한 생활을 질투할 꿈입니다.

● 새로운 사무실을 마련한 꿈
 당신이 새로운 사업을 계획한다면 이익을 보게 됩니다.

● 사무실에서 사무를 보라는 명령을 받은 꿈
 이는 당신이 전근을 가게 될 꿈입니다.

● 사무실 빌딩에 불이 붙은 꿈
 당신에게 재난이 닥칠 것입니다.

항구

● 자신이 배와 함께 물에 빠져 거의 바다 밑까지 가라앉으려 할 때 돌연
 부두에 다은 꿈
 이는 재난 중에 낯선 사람의 도움을 받게 될 좋은 상서입니다.

● 항구를 본 꿈
 장사가 잘되고 또 당신이 세상에 이름을 날릴 것입니다.

채석장

🍃 채석장이 보인 꿈

남자는 급료가 오릅니다. 여자 꿈에 채석장이 보이면 남편이 그녀에게 호화로운 주택을 지어줄 것입니다. 수감된 죄인이 꿈에 채석장을 보게되면 징역 기간에 고된 일을 하게 됩니다. 환자가 이 꿈을 꾸면 병상에 장기간 누워 있을 것입니다. 여행자는 숨겨진 보물을 발견할 것입니다. 군대 장교가 이런 꿈을 꾸면 적들과 치열한 전투가 벌어졌다가 나중엔 실패로 끝날 것입니다.

감옥

🍃 감옥을 본 꿈

생활이 아무 근심 걱정 없이 행복할 꿈입니다. 기혼 여자가 꿈에 감옥을 봤다면 임신하게 됩니다. 하지만 노인이 이런 꿈을 꾸게 되면 건강이 날로 안 좋아질 것입니다. 상인이 이런 꿈을 보았다면 장사에 손실이 있게 됩니다.

⑬ 닭띠 생의 성격에 대해서

닭띠는 돈키호테와 같다. 생존하기 위해 땅을 뒤져야만 하는 불굴의 영웅인 그는 모든 띠들 중에서 가장 오해를 잘 받는 괴짜이다. 외적으로는 자기 확신이 강하고 적극적으로 보이지만 내심 보수적이고 고집스럽다. 닭띠는 특히 남자일 경우 매력적이고 뛰어난 미남이다. 기품 있는 새처럼 눈부시고 자신의 훌륭한 외모를 자랑하며 몸가짐이 순수하다. 당신은 볼꼴 사나운 닭을 본 적이 없을 것이다. 그는 위엄스럽게 으쓱거리고 다닌다. 아무리 수줍음을 타는 닭띠라 해도 어디를 가나 특별한 몸가짐을 유지한다.

닭띠는 두 가지 유형이 있다. 다혈석이고 지나치게 수다스러운 형과 몹시 근엄한 관찰자 형이다. 둘 다 다루기 힘들다. 닭띠는 많은 특출한 자질들을 지녔다. 날카롭고 단정하고 정확하며 체계적이고 결단력 있고 곧은 성품에 민첩하고 솔직하다.

그는 자신의 지식과 영리함을 과시하면서 논쟁하고 토론하기를 좋아한다. 때때로 다른 사람의 감정을 고려하지 않으며 반대로 자신의 자존심이 흔들리면 참지 못한다.

닭띠는 뛰어난 연예인 기질로 사람의 매력을 끈다. 명랑하고 재치 있게 남을 즐겁게 하는 의젓한 이들은 자신의 모험담과 업적을 열거할 기회를 결코 놓치지 않으며 말이나 글로써 자신을 표현하는 데 능숙하다.

▶내궁합·사주·팔자 中에서

19장

감정에 관한 꿈

기쁨/유쾌함

● 마음이 기쁜 꿈
불행과 재난에 부딪칠 꿈자립니다.

● 자기가 매우 유쾌한 꿈
남자는 근심으로 시달림을 받을 것입니다. 하지만 환자가 이와 같은
꿈을 꾸었으면 신체가 건강해질 것입니다.

● 어떤 여성의 사랑을 받을 희망에 기쁨을 금치 못한 꿈
일이 모두 수포가 되어 한없이 낙심할 것입니다.

● 사람들이 기뻐하는 장면을 본 꿈
불행한 소식이 들려 올 것입니다. 여자가 이런 꿈을 꾸면 큰소리로
말싸움을 잘하는 여자가 될 것입니다.

● 행복한 생활을 한 꿈
이는 불행과 우수(憂愁)를 의미합니다.

● 자신이 많이 기뻐한 꿈
노인이 이 꿈을 꾸면 병으로 일어나지 못할 것입니다.

● 남이 기뻐서 어찌할 바를 모르고 있는 꿈
당신의 앞길은 밝을 것입니다.

● 당신의 숙적(宿敵)이 당신의 재난에 대해 고소하게 생각한 꿈
이는 당신이 장사에서 큰돈을 벌 꿈자립니다.

● 친한 사람이 기뻐하고 있는 걸 본 꿈
이는 가정에 불화가 생길 꿈입니다.

● 즐겁고 행복했던 꿈
당신이 놀라고 공포를 느끼게 될 것을 예시합니다. 환자는 자신의 병
을 치료할 수 없게 될 것입니다. 군인의 꿈에 자신이 매우 행복했다
면 이는 군대에서 제대할 꿈입니다. 상인이 이런 꿈을 꾸게 되면 장
사가 부진할 것입니다. 수감된 죄인이 이런 꿈을 꾸었다면 오래지 않
아 출옥하게 됩니다.

🌿 자기는 고통스럽지만 남편은 매우 기뻐한 꿈
이는 재난이 전 가족에게 떨어질 꿈입니다.

🌿 벗들이 즐기며 노는 꿈
당신의 모든 근심 걱정이 다 지나가 버릴 것입니다.

 두려움

🌿 두려워한 꿈
이는 대담하고 세심해질 징조입니다. 여자 꿈에 남편이 두려웠다면
이것은 부부싸움이 잦아질 꿈자럽니다.

🌿 남이 놀래는 꿈
신경쇠약에 걸려 심한 겁쟁이가 될 꿈입니다.

🌿 자기 아들이 겁쟁이인 꿈
이는 아들이 고집불통으로 부모의 충고를 듣지 않을 꿈입니다.

 상심/슬픔

🌿 자신이 많이 슬퍼한 꿈
이는 행복의 그 시각이 꼭 닥쳐올 것임을 의미합니다.

🌿 집안 식구가 막심한 슬픔에 잠긴 꿈
이는 집안에 결혼식이 있을 꿈입니다.

🌿 남이 슬퍼하는 꿈
이는 길한 징조입니다.

🌿 친구의 어떤 손실로 몹시 상심한 꿈
당신의 생활은 행복하고 유쾌할 것입니다.

● 자신이 슬픔에 찬 사람 무리에 끼어 있는 꿈
당신이 고난을 같이 할 친구를 사귀게 될 꿈입니다.

● 원수가 슬퍼한 꿈
이는 송사에서 이길 수 있는 길한 꿈입니다.

● 자신이 상복을 입고 있는데 다른 사람들이 기뻐하는 꿈
당신이 많은 사람들과 원수질 것임을 예시합니다.

● 사람들이 슬퍼하는 장면을 본 꿈
행복하고 유쾌할 것입니다.

불행

● 자신이 불행한 꿈
이는 좋은 꿈입니다. 환자가 꿈을 꾸면 건강이 회복될 것이고, 군대 장교의 꿈에 자신이 불행했다면 적을 격파하고 승리를 얻을 것입니다.

● 다른 사람이 불행한 꿈
당신 친구의 운수가 좋을 꿈입니다.

● 아내가 혹은 아이가 재난에 휩싸인 꿈
당신이 자신을 아주 번거롭게 만들 것입니다.

실망

🌸 자신이 아주 실망한 꿈

이는 생활이 행복할 상서입니다. 기혼 남자가 꿈에 실망, 낙심했다면 누가 기쁜 소식을 전해 올 것입니다. 기혼 여자가 이 꿈을 꿨다면 오래지 않아 임신을 하게 됩니다. 결혼을 아직 하지 않은 남녀가 꿈에 기가 죽어 생기가 없었다면 오래지 않아 그들은 결혼을 하게 됩니다. 상인이 꿈에 아주 실망, 낙심했다면 단기일 내에 큰돈을 벌게 됩니다. 학생은 시험에 합격합니다. 하지만 환자가 이 꿈을 꿨다면 병상에서 일어나지 못할 것입니다.

🌸 아내가 심하게 낙심한 꿈

가정에 언쟁이 생깁니다.

🌸 벗이 자포자기하는 꿈

적이 당신에게 재난을 가해 올 것입니다.

🌸 적들이 실망하는 꿈

당신이 그들을 정복할 수 있을 길조입니다.

⓮ 개띠 생의 성격에 대해서

개띠는 열두 띠 중에서 가장 바람직한 띠이다. 개띠는 정직하고 지적이며 일관적이다. 그는 충성심이 강하며 정의와 공정함에 대한 강한 열정을 가지고있다. 개띠들은 활기차고 매력적이어서 성적인 매력을 강하게 보여준다. 일반적으로 상냥하고 잘난 체 하지 않는 이들은 지나친 것을 남에게 요구하지 않으므로 남들과 사이좋게 지낸다. 평등심을 지녀 다른 사람들과 타협할 줄알며 다른 사람들의 사저에 귀기울기이고 자신의 역할을 다하는 책임의식을 가지고 있다.

만일 당신이 올바른 개띠 친구를 가지고 있다면 당신이 어려움을 당했올 때 그에 전화를 하는 것이 가장 좋은 해결책이 될 수 있다. 그가 아무리 심하게 불평을 하고 당신을 비난하거나 무관심한 척해도 결코 당신의 도움을 모르는 척하는 사람이 아니다. 개띠들은 아무리 그가 가치없는 사람이라 할지라도 자기 마음에 들면 계속적으로 충실한 경우가 있다. 주인이 못난 경우가 있다고 개가 자신의 집을 버리는 경우는 없다. 만일 개가 자신의 집을 떠난다면 개를 비난할 수 없는 무시무시한 일이 있었을 것이다. 개띠들은 쉽게 배신하지 않는다.

때로 개띠들은 자신이 옳다는 명분을 갖게 되면 용감히 나선다. 다행히 그의 이상과 도덕은 가장 고상하므로 결코 잘못된 명분에 나서지 않는다. 정의의 상징으로서 개띠는 자신에게 부과된 책임에 매우 진지한 사람이다.

▶내궁합·사주·팔자 中에서

20
장

행동에 관한 꿈

걷기/달리기

🍃 자신이 네 발 달린 짐승처럼 걸어 다닌 꿈
당신은 액운에 부딪쳐 사람들의 모욕과 질책을 받게 됩니다.

🍃 새로 사귄 친구가 짐승처럼 네 발로 걸어 다닌 꿈
집안에 재난이 생길 것입니다.

🍃 적들이 네 발로 움직인 꿈
적들을 쉽게 이길 수 있을 꿈입니다.

🍃 스스로 혹은 타인의 핍박으로 네 발로 걸어 다닌 꿈
죄인은 복역 기간이 연장되고, 환자는 병을 치료할 수 없을 것입니다.

🍃 달리기를 한 꿈
사업이 성공할 꿈입니다. 환자가 꿈에 달리기를 했다면 병이 오래지 않아 완치됩니다. 수감된 죄인이 꿈에 달리기를 했다면 규칙을 위반하여 더 중한 징벌을 받게 됩니다.

🍃 걸어간 꿈
집안 살림을 정연하게 처리합니다. 상인이 걷는 꿈을 꿨다면 큰돈을 벌게 됩니다.

🍃 달리기 경주하는 꿈
운수가 사나워서 사업이 실패합니다.

🍃 장애물 경기를 한 꿈
당신 사업에 많은 장애가 생길 흉조입니다.

뜀뛰기

🍃 높이뛰기를 한 꿈
이름이 널리 알려질 꿈자립니다.

🍃 내리뛰기를 한 꿈
주머니가 텅 비고 병마의 시달림을 받을 흉조입니다.

🍃 멀리뛰기를 한 꿈
경쟁에서 승리할 꿈입니다. 하지만 도박꾼이 꿈에 멀리뛰기를 했다면 돈을 형편없이 잃을 것입니다.

미끄러지다

🍃 자기가 높은 곳에서 아래로 미끄러진 꿈
당신은 강직될 것입니다. 여자가 꿈에 높은 곳에서부터 멀어졌다면 남편의 사업과 행복에 장애가 생길 것입니다.

🍃 연인과 함께 미끄러진 꿈
그들은 오래지 않아 결혼하게 됩니다.

🍃 남이 미끄러진 꿈
이는 당신이 손실을 보게 될 흉조입니다.

채이다

🍃 부자의 발길에 채인 꿈
머지않아 부자가 될 수 있을 꿈입니다.

🍃 여자에게 채인 꿈
아내가 자기를 더욱더 사랑할 꿈입니다.

날다

🍃 자신이 날아다닌 꿈
높은 자리로 승진되고 장사도 이득이 생기겠지만 친구와 말다툼이 있을 것입니다.

구타하다

🍃 자기가 남을 구타하는 꿈
다른 사람의 칭찬을 받을 것입니다.

🍃 아무런 상관도 없는 사람에게 매를 맞은 꿈
실패하고 재수 없을 흉조입니다.

🍃 자신의 연인이 구타당하는 꿈
서로의 애정이 더욱 깊어질 것이며 또 영원할 것입니다.

🍃 자기가 매를 맞는 꿈
살림이 부유해질 꿈입니다. 범인이 매를 맞는 꿈을 꿨다면 머지않아 석방됩니다.

🍃 자기가 구타당하다 죽은 꿈
앞으로 당신의 모든 고통과 재난은 끝나고 이제부터 극히 행복한 생활이 시작될 것입니다.

🍃 남을 시켜 어떤 사람을 구타, 살해한 꿈
살해된 그 사람이 당신의 진실한 벗이 될 것입니다. 환자는 신속히 건강을 되찾을 것입니다.

🍃 자신이 구타당할 위험이 있는 꿈
승리를 얻을 수 있음을 예시합니다.

싸우다

🌸 자기가 싸우는 꿈
이는 마음이 불쾌해질 징조입니다.

🌸 두 사람이 맞붙어 싸우는 것을 본 꿈
이것은 법관이 될 꿈입니다.

🌸 여자와 싸운 꿈
명예가 훼손될 징조입니다.

🌸 두 여자가 싸우는 꿈
집안이 망할 꿈자립니다.

🌸 다른 사람과 싸운 꿈
아무런 근심 걱정이 없을 것입니다.

식사하다

🌸 사람들과 함께 음식을 먹으려고 식당에 간 꿈
이는 체력적, 정신적으로 고통을 겪게 될 꿈입니다.

🌸 사람들과 함께 식사를 한 꿈
당신 집안이나 이웃에 혼사가 있을 꿈입니다.

🌸 산해진미가 잔뜩 차려진 식탁에 앉자마자 음식들이 온데간데 없이 사
라진 꿈
이는 재난을 면하고 행복을 누릴 좋은 꿈입니다.

🌸 자기 혼자서 식사한 꿈
가정 내에 언쟁이 생길 징조입니다.

● 몇몇 사람들과 함께 식사하려 식탁에 둘러앉았지만 그들 중 어느 누구도 음식을 먹지 않는 꿈

이는 재난이 생기거나 아니면 세상을 하직할 징조입니다.

● 자기가 식사하려는 것을 금지당한 꿈

이는 병으로 누워 다시는 일어나지 못할 꿈입니다.

● 혼자 담 위에 앉아 식사하는 꿈

고위직으로 승진될 것입니다.

● 야외에서 식사하는 꿈

신체가 건강해지고 정신이 분발될 것입니다. 기혼 여자가 꿈에 야외에서 식사했다면 시댁 쪽 여인들의 냉대와 욕설에 시달리게 될 것입니다. 상인이 이런 꿈을 꾸었다면 장사에 실패하겠지만, 환자가 이런 꿈을 꾸었다면 오래 지 않아 건강이 회복될 것입니다. 하지만 학생은 시험에 늘 낙제하여 그의 앞날에 영향을 주게 됩니다. 군인이 꿈에 야외에서 식사를 했다면 탈영을 기도할 수 있습니다.

● 자신이 초청되어 야외 식사에 참석한 꿈

당신은 명성이 높아 사람들의 존경을 받게 됩니다.

● 당신이 야외 식사에 참석하지 않은 꿈

당신 가정에 누가 중병을 앓거나 사망할 것입니다.

물다

● 자기가 남을 문 꿈

원수를 갚는 것을 예시합니다. 자기가 또 다른 사람을 더 물었다면 이는 남이 당신을 적대시할 징조입니다.

말다툼하다

- 말다툼한 꿈
  이는 상급이 자기에 대해 불만이 있음을 알리는 꿈입니다.

- 부인들이 말싸움을 하는 꿈
  가난에 쪼들릴 흉조입니다.

- 젊은 남녀가 말다툼을 한 꿈
  신체가 건강해질 길조입니다.

- 직장 상사와 언쟁한 꿈
  발탁되어 승진할 것입니다.

- 아랫사람과 언쟁한 꿈
  당신과 자신의 일이 타당하게 잘 처리될 것입니다.

- 집안 여성과 말다툼을 한 꿈
  재난으로 집과 가족을 잃게 됩니다.

- 고객과 언쟁을 한 꿈
  장사가 부진하여 수입이 줄어들 꿈입니다.

- 끊임없이 언쟁을 한 꿈
  여행이 원만하게 결속될 것입니다.

구토하다

- 구역질이 난 꿈
  당신은 배를 타고 머나먼 외국으로 떠날 것입니다. 환자가 꿈에 구토
  했다면 이는 신체가 건강해질 것이고, 선원은 항해에서 성공할 좋은
  길조입니다.

● 구역질나는 물건을 본 꿈
불행과 빈곤에 부딪칠 것입니다.

● 남이 당신에게 구역질나는 물건을 준 꿈
당신은 벗들을 노엽게 할 것입니다.

● 자신이 구토한 꿈
사업이 쉽게 성공합니다. 여자는 오래지 않아 임신하게 되고, 임신부
는 분만이 매우 순조로울 것입니다. 환자가 꿈에 구토를 했다면 오래
지 않아 건강이 회복됩니다.

● 남이 구토한 꿈
병에 걸리게 됩니다.

● 적이 구토한 꿈
적들을 정복할 수 있습니다.

담배피우다

● 흡연하는 꿈
좋은 운수가 생겨 승진이 되거나 혹은 생활이 유쾌할 것입니다. 그러
나 여인이 담배 피우는 꿈을 꾸었으면 남에게 모욕당하게 됩니다. 상
인이 이런 꿈을 구면 판로가 국외까지 확대되어 큰돈을 벌게 됩니다.
죄수가 이런 꿈을 꾸면 오래지 않아 석방되고, 노동자가 이 꿈을 꾸
면 꿈을 꾼 그날로 많은 돈을 벌 게 됩니다. 하지만 환자가 이런 꿈을
꾸면 장기간 병상에서 일어나지 못할 것입니다.

● 많은 사람과 함께 담배를 피우는 꿈
당신이 국민의 추대를 받게 될 꿈입니다.

욕하다

🍃 누군가가 자기를 욕하는 꿈

그 사람과의 거래에서 마찰이 생길 수 있습니다.

화내다

🍃 누가 자기를 향해 펄쩍 뛸 듯이 몹시 성을 내는꿈

이는 우의(友誼)의 상징입니다.

🍃 자신이 남의 잘못을 보고 노발대발한 꿈

이것은 누군가와 원수가 될 수 있습니다.

🍃 남에게 화내는 꿈

이는 그와 우의를 맺을 징조입니다. 청년이 자신의 연인에게 화내는
꿈을 꾸었으면 그녀와 곧 결혼할 것입니다.

상점 주인이 꿈에 자기 단골손님을 싫어한 꿈

손님이 문턱이 닳도록 모여들고 이들이 몇 배로 증가될 징조입니다.

웃다

🍃 매를 맞은 사람과 함께 크게 웃는 꿈

친척이 세상을 뜰 꿈입니다.

🍃 상쾌하게 웃은 꿈

앓고 있던 병이 완치될 꿈입니다.

🍃 연인이 함께 웃는 꿈

그들 애정이 더욱 깊어질 꿈입니다.

울다

🌸 흐느껴 운 꿈

모든 일이 다 뜻대로 됩니다. 여자가 꿈에 눈물로 얼굴을 적셨다면 남편을 더욱 아끼고 사랑할 것이며 자녀가 많아질 것입니다. 환자가 꿈에 눈물을 흘렸다면 건강이 빨리 회복됩니다. 죄수가 이런 꿈을 꾸면 친척이 대면하러 올 것입니다.

🌸 다른 사람이 울부짖는 꿈

큰 재난이 떨어집니다.

떨리다

🌸 춥지 않은데도 오돌오돌 떤 꿈

당신에게 오래지 않아 기쁜 소식이 들려 올 것입니다.

🌸 추위에 벌벌 떨고 있는 꿈

파산의 징조입니다. 꿈 꾼 사람의 처지가 딱하게 되고 생활에 수심이 가득 찰 것입니다.

🌸 남이 떨고 있는꿈

이는 운수가 좋을 꿈입니다.

의심하다

🌸 자신의 품격을 의심받은 꿈

이는 당신의 법적 개념이 매우 확고함을 상징합니다. 여자의 꿈에 어떤 사람이 자기 품격에 대해 의심을 했다면 이는 그녀가 자기 남편에 대해 변함 없이 충성과 지조를 다할 꿈자리입니다.

모욕하다

🌸 자신이 모욕당한 꿈

당신의 전도가 양양할 꿈입니다. 여자 꿈에 자기가 모욕을 당했다면 이는 당신 자신의 매력 있는 재간으로 남편의 사랑을 마음껏 누릴 꿈입니다. 상인은 장사에서 돈을 벌 수 있습니다. 죄수가 이런 꿈을 꾸면 오래지 않아 출옥하게 됩니다. 환자가 이런 꿈을 꾸면 장기간 병이 낫지 않을 것입니다. 직원이 이 같은 꿈을 꾸면 발탁, 승진될 것입니다.

🌸 자신이 남에게 모욕당한 꿈을 꿨다면

오래지 않아 다른 사람과 싸움을 할 꿈입니다.

🌸 남을 모욕하는 꿈

이는 당신의 이름이 크게 떨쳐져 사람들의 주목을 끌 꿈입니다. 꿈에 자기보다 고위에 있는 상사를 모욕했다면 이는 당신이 고위직에 등용되고 신임도 늘어날 꿈입니다.

책망하다

🌸 누가 신령(神靈)이나 선지자(先知者)에게 책망하는 것을 본 꿈

당신의 사업은 성공할 것이며 생활도 부유해질 것입니다.

🌸 누가 신령이나 선지자를 책망하는데 자신도 맞장구친 꿈

이는 흉조입니다.

🌸 자신이 남의 품격이 나쁘다고 책망을 한 꿈

이는 당신이 범죄자로 고소당할 흉조입니다.

자랑하다

🌸 **자신이 나라와 민족을 위해 이바지한다고 자랑한 꿈**
이는 상서입니다. 당신의 위신은 아주 높아질 것입니다.

🌸 **자기 집의 재산을 자랑한 꿈**
근심과 불행에 부딪칠 꿈입니다. 상인이 이런 꿈을 꾸었다면 오래지 않아 판매 시장을 여러 곳 잃게 됩니다.

🌸 **많은 돈을 자랑한 꿈**
가난한 사람이 이 꿈을 꿨다면 명성과 재물을 함께 얻게 되고, 보통 사람은 사람들의 존경을 받게 됩니다.

🌸 **자신의 건강한 몸과 행복한 생활에 대해 자랑한 꿈**
그는 정말로 생활이 행복할 것입니다.

🌸 **자신의 얼굴이 예쁘다고 남을 깔본 꿈**
이 꿈을 꾼 여자는 병에 걸려 심한 걱정에 빠지게 됩니다. 미혼 남자가 자신의 외모를 자랑하는 꿈을 꿨다면 방탕한 여인을 아내로 얻게 될 것이고, 미혼 여자가 이런 꿈을 꾸게 되면 생김새가 추하고 또 병에 걸려 있는 남자에 게 시집가게 됩니다.

🌸 **자신의 재능을 자랑한 꿈**
예술가가 이 꿈을 꾸면 앞으로 창작 활동을 통해 크게 돈을 벌 것입니다.

갈망하다

🌸 **부자가 되기를 갈망했거나 여자와 성교하길 갈망했거나 아니면 지하 보물을 발견하길 갈망한 꿈**
이는 재난이 닥칠 흉조입니다.

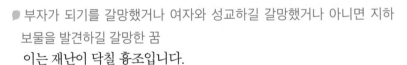

🍃 다른 사람에게 위에서 말한 욕망이 있는 것을 알게 된 꿈
당신은 막역한 친구를 얻게 될 것입니다.

용서하다

🍃 연인에게 용서를 비는 꿈
결혼 전에 당신은 그녀와의 결합을 위해 치욕을 참아야 할 일이 생길
것입니다.

🍃 아랫사람에게 용서를 비는 꿈
당신의 사업이나 가정이 관리 소홀로 엉망이 될 것입니다.

칭찬하다

🍃 남이 자기를 칭찬하는 꿈
오래지 않아 좋은 일이 생길 것입니다.

🍃 자기가 남을 칭찬한 꿈
큰 재난이 올 수 있으니 주의하십시오.

일하다

🍃 일한 꿈
당신이 돈이 많은 사람이라면 여행을 떠나는 것이 좋습니다.

🍃 힘든 일을 한 꿈
사업이 성공합니다. 임신부가 꿈에 힘든 일을 했다면 분만할 때 누구
보다도 심한 통증으로 고생할 것입니다.

● 쉬운 일을 한 꿈

매일 소득이 겨우 그날그날 입에 풀칠이나 할 정도일 것입니다.

● 남의 집에서 품팔이하는 꿈

당신이 적수에게 격패당하게 됩니다.

● 노동자가 된 꿈

불행한 날이 다가올 꿈자립니다.

● 익숙치 않은 노동을 한 꿈

장차 딸을 낳을 것입니다. 환자가 꿈에 익숙치 않은 노동을 했다면
신체가 곧 건강해질 것입니다.

해직되다

● 자신이 해직당한 꿈

고위로 승진되고 생활이 개선될 길조입니다. 실업자가 꿈에 해직을
당했다면 이는 오래지 않아 맞는 직업을 얻게 될 것입니다.

● 남이 해직당한 꿈

이는 불길한 흉조입니다.

파산하다

● 자기가 파산한 꿈

이는 당신이 큰 재산을 얻게 될 꿈입니다.

편집하다

🍃 자기가 신문 잡지사의 편집자가 된 꿈
천하에 이름이 날릴 징조입니다. 학생이 꿈에 편집인이 되었다면 시험에서 일등을 하게 됩니다.

🍃 편집자와 대화를 나누는 꿈
사람들의 존중을 받게 됩니다.

장사하다

🍃 장사가 한번 잘된꿈
이는 행복과 쾌락의 상징입니다.

시찰하다

🍃 하위기관들을 시찰한 꿈
당신의 상사가 강직되거나 혹은 정직 처분을 받게 됩니다.

전근가다

🍃 자기가 전근을 간 꿈
직장에서 발탁, 승진하게 됩니다.

🍃 남이 전근 가는꿈
당신이 손실을 보게 됩니다.

🍃 전근을 신청한 꿈
걱정과 재난이 생깁니다.

🍃 다름 사람을 전근시킨 꿈
당신이 친구들과의 사이에 금이 생깁니다.

휴가가다

🍃 휴가를 지내는 꿈
그의 생활이 행복하고 즐거울 꿈입니다.

🍃 휴가 신청 없이도 휴가를 보낸 꿈
승진하고 직장 내에서 신임이 증가할 꿈입니다.

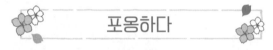

포옹하다

🍃 다른 사람과 포옹하는 꿈
불길한 흉조입니다. 여자의 꿈에 남자와 포옹한 것은 좋은 꿈자립니다.

🍃 여자가 누워서 남자를 끌어안은 꿈
그녀의 악명이 널리 퍼질 꿈입니다.

🍃 여러 사람을 하나하나 포옹한 꿈
그의 정력이 더욱 왕성해 질 징조입니다.

🍃 남녀가 포옹하고 있는 것을 본 꿈
꿈 꾼 자의 성욕이 바로 불같이 왕성해짐을 의미합니다.

사랑하다

● 사랑의 늪에 빠진 꿈
  재난이 닥칠 것입니다.

● 당신이 사랑하는 사람이 당신을 사랑하지 않는 꿈
  이것은 당신의 사랑이 성공할 꿈입니다.

간통하다

● 자신이 간통(姦通)한 꿈
  재물을 잃고 모욕을 당할 징조입니다.

● 남이 간통하는 꿈
  당신의 가족이나 친구에게 안 좋은 화가 미칠 것입니다.

키스하다

● 연인과 키스한 꿈
  후에 그녀와 결혼하여 행복한 부부가 될 상서입니다.

목욕하다

● 목욕한 꿈
  새로운 곳으로 여행을 떠날 것입니다. 상인은 해외에 가서 장사를 하
  면 큰 돈을 벌 수 있습니다. 고소 당한 사람이 꿈에 목욕을 했다면 꼭
  무죄 석방될 것입니다.

🍀 더러운 물로 목욕을 하는 꿈
친척이나 친구 중 병 중의 누군가가 세상을 뜰 것입니다.

🍀 더운물로 목욕한 꿈
행복해질 길조입니다.

🍀 아주 뜨거운 물이나 혹은 차디찬 냉수로 목욕하는 꿈
가정에 시끄러운 일이 생길 것입니다.

🍀 목욕을 하려고 옷을 벗고 준비만 하고 끝내 씻지 못한 꿈
일시적으로 곤란한 일에 부딪치게 될 것입니다.

 ## 깨어나다

🍀 이미 잠에서 깨어난 자신을 본 꿈
불행이 곧 지나가 버릴 것입니다.

🍀 잠들지 않을 당신에게 남들이 잠들었다고 하는 꿈
나쁜 운들이 다 지나가 버릴 것입니다.

🍀 잠든 당신을 누군가가 깨워 주는 꿈
운수가 좋을 것이므로 이 좋은 기회를 절대로 놓치지 말아야 합니다.

 ## 산책하다

🍀 산책하러 가는 꿈
상서입니다. 미혼자가 꿈에 산책을 했다면 오래지 않아 결혼을 할 것입니다.

🍀 기차역 플랫폼에서 산책한 꿈
오래지 않아 여행을 떠날 것이며 여행에서 수확이 있을 것입니다.

- 사무실에 이어야 할 자신이 공원에서 산책하고 있거나 혹은 영화관에서 영화 관람을 한 꿈

  심술궂은 벗이 낭신에게 견디기 어려운 손실을 갖다 줄 것입니다.

잠자다

- 자신이 자는 꿈

  이는 당신에게 재난이 찾아들 불길한 징조입니다. 여자 꿈에 자기가 깊이 잠들었다면 딸을 낳게 되고, 처녀는 무능한 남자와 약혼하게 됩니다.

- 남이 자고 있는꿈

  이는 상서입니다. 꿈에 아내가 잠들었다면 부부가 서로 사랑하고 백년해로 하게 됩니다.

- 누군가가 잠든 당신을 흔들어 깨운 꿈

  당신 사업이 번창할 것입니다. 환자가 이와 같은 꿈을 구면 병이 빨리 완쾌됩니다.

- 잠을 이루지 못한 꿈

  당신의 직위가 높아지고 권세도 더욱 커질 꿈입니다. 상인이 꿈에 잠을 이루지 못했다면 장사가 번창하고 돈을 더 많이 벌게 됩니다.

- 자신이 이미 잠이 깨어있는 꿈

  병에 걸릴 징조입니다. 기혼 여자가 이 꿈을 꾸었다면 남편과 별거할 것입니다. 미혼 남자의 꿈에 자신이 이미 잠이 깨었다면 연인과의 애정이 더욱 깊어질 것입니다. 환자가 이 꿈을 꾸었다면 당신이 현재 앓고 있는 병은 불치의 병입니다.

- 자신이 잠들지 않은 꿈

  임신부가 이 꿈을 꿨다면 태아에 탈이 있을 것입니다. 상인에게 장사에 적자가 생기거나 도산되어 울상을 할 것입니다.

🍀 남이 아직 잠들지 않은 꿈

요긴한 시기에 당신은 다른 사람의 도움을 받게 됩니다.

운동

🍀 운동하는 것을 본 꿈

생활이 유쾌할 것입니다. 기혼 여자는 튼튼한 사내아이를 낳을 것이고, 미혼 여자는 영리하고 건강한 남자에게 시집가게 됩니다. 그리고 미혼 남자가 이런 꿈을 꾸게 되면 결혼식을 성대하게 하고 행복하고 원만하게 살 것입니 다.

🍀 운동에 참가한 꿈

당신 염원을 실현할 수 있습니다. 여자가 이 꿈을 꾸면 부유해집니다. 학생이 이런 꿈을 꾸게 되면 다음 시험에 낙제합니다. 그러나 상인이 이런 꿈을 꾸게 되면 장사가 번창하여 큰돈을 벌게 됩니다. 죄수가 꿈에 체력단련에 참여했다면 오래지 않아 출옥하게 됩니다. 여행자가 꿈에 운동에 참가했다 면 도중에서 많은 곤란이 생길 것입니다.

시합

🍀 시합을 구경한 꿈

근심 걱정이 많아질 것입니다. 여자가 꿈에 시합을 구경했다면 외출 시 강도의 기습을 당할 것입니다.

🍀 시합에 참가한 꿈

불길한 흉조입니다. 상인이 시합에 참가한 꿈을 꾸었다면 새로운 장상에서 많은 손실을 볼 것입니다. 직원이 이런 꿈을 꾸면 정직당하거나 또는 해고 당할 수 있습니다. 환자가 이런 꿈을 꾸게 되면 오랫동안 병이 낫지 않을 것 입니다.

🍃 시합에서 진 꿈

이는 실패를 의미하는 꿈자립니다. 상인이 꿈에 시합에서 졌다면 새로 상점을 세우면 큰돈을 벌 수 있습니다.

🍃 자전거 혹은 오토바이, 자동차 경기를 본 꿈

좋은 일이 있을 징조입니다. 여인이 이런 꿈을 꾸면 오래지 않아 결혼식에 참가할 것입니다.

테니스를 치다

🍃 테니스를 친 꿈

초과 소비가 많아집니다. 기혼 여자가 이 꿈을 꾸면 당신과 아이의 신체가 모두 건강해지고, 미혼 여자는 자기와 성격이 맞지 않는 사람과 결혼하게 됩니다. 학생이면 시험에서 낙제하고, 상인이 이런 꿈을 꾸면 큰돈을 벌게 됩니다.

🍃 남이 테니스를 치는 꿈

생활이 즐겁고 행복할 것입니다.

씨름을 하다

🍃 씨름하는 것을 본 꿈

생활이 매우 가난할 것입니다. 노동자가 이 꿈을 꾸었다면 무지하고 수양이 없는 여자와 결혼하게 됩니다. 환자의 병세가 더욱 악화됩니다.

춤을 추다

● 자신이 춤추는 꿈

사업에 성과가 있을 것이고 승진도 할 것입니다. 당신이 아직 미혼이라면 전국에서 뛰어난 미모의 처녀와 결혼하게 됩니다.

● 춤은 남들이 추고 자기는 앉아서 구경만 한 꿈

이는 불행한 소식이 있을 꿈입니다.

● 여자와 함께 춤을 춘 꿈

파산할 꿈입니다. 하지만 자신의 연인과 춤을 추었다면 애정이 더 깊어질 것입니다.

● 여자의 춤을 보는 꿈

행운이 찾아와 큰 재산을 모을 것입니다.

● 남자의 춤을 본 꿈

처녀는 선장(船長)이나 수장(首長)에게 시집가게 됩니다.

놀다

● 자신이 논 꿈

환자에겐 병이 치유될 수 있는 길조입니다. 하지만 여자가 꿈에 놀았다면 남편의 사랑을 잃게 될 꿈입니다.

연극하다

🍃 각본을 쓴 꿈
학자가 되어 존경받을 징조입니다. 그러나 원고비는 겨우 생활 유지나 할 정도일겁니다.

🍃 단원이 되어 출연한 꿈
당신이 아첨을 하고 아양을 잘 떨 것을 의미합니다. 기혼 여자의 꿈에 자 기가 극단원이 되었다면 남편에게 버림을 당할 징조입니다.

그림을 그리다

🍃 자기의 초상화를 그리도록 한 꿈
이는 당신이 빛나는 출발을 할 것을 의미합니다.

🍃 당신이 그림 그리는 것을 업으로 삼은 꿈
손실을 입을 흉조입니다.

🍃 화가에게 그림을 그려 준 꿈
당신의 수입은 증가됩니다.

🍃 전시회를 위해 그림을 그린 꿈
이것은 당신이 시합에 참가하면 꼭 상을 탈 꿈입니다.

🍃 유화(油畵)를본꿈
오래지 않아 평생을 업으로 삼을 직업을 갖게 되고 또 고위직으로 승진하게 됩니다.

🍃 산림이나 화원을 그린 꿈
당신의 이름은 천하에 알려질 것입니다.

🍃 자신의 일생을 그림으로 그린 꿈
이 꿈을 꾼 죄인은 석방될 것입니다.

노래하다

🌸 큰소리로 노래를 부른 꿈

기혼 여자가 이런 꿈을 꿨다면 아이를 낳게 됩니다. 소녀가 이 꿈을
꾸면 초청되어 친척집 혼례에 참가하게 됩니다. 환자가 이런 꿈을 꾸
면 병이 나을 것 입니다. 죄수가 이 꿈을 꾸면 석방됩니다. 상인은 장
사가 부진할 것입니다.

🌸 가수가 노래를 부르는 꿈

회사원에겐 불행한 소식이 있을 흉조입니다.

🌸 기생이 노래를 부른 꿈

가족 중 여자의 사망 소식이 들려 올 것입니다.

🌸 자기는 노래를 부르지만 청중이 없는 꿈

오래지 않아 세상을 뜰 불길한 흉조입니다.

음악을 듣다/연주하다

🌸 음악을 들은 꿈

운수 좋을 길조입니다. 환자가 꿈에 음악을 들었다면 그의 신체는 차
차 건강해질 것입니다.

🌸 많은 사람이 악기를 연주하고 노래를 부른 꿈

집안 어른이 세상을 뜰 징조입니다.

🌸 자신이 악기를 연주하는데 청취자들은 도리어 슬퍼한 꿈

이는 당신이 많은 벗들을 노엽게 할 꿈입니다.

🌸 음악 소리는 들려도 악사가 보이지 않는 꿈

당신의 재산은 의외의 손실을 받게 될 것입니다.

▮ 연인이 연주하는 음악이나 달콤한 목소리로 부르는 노래를 들은 꿈
청년이 자기 일생이 편안하고 슬픔과 번뇌를 쫓아버릴 수 있을 꿈입니다.

도박하다

▮ 도박하는 것을 본 꿈
이는 사랑도 장사도 모두 성공할 꿈입니다.

▮ 도박에서 돈을 딴 꿈
이는 친구가 사망할 꿈입니다.

사냥하다

▮ 포위하고 몰아가는 사냥을 본 꿈
이는 여자가 건장하고 힘 있는 아들을 낳을 꿈입니다.

제비뽑기

▮ 아내가 제비뽑기 놀이를 한 꿈
아내가 병에 걸릴 흉조입니다.

▮ 친구가 제비뽑기 놀이를 한 꿈
원수가 당신을 해치려고 음모를 꾀할 것입니다.

▮ 원수가 제비뽑기 놀이를 한 꿈
고난이 지나가 버릴 징조입니다.

● 자신이 제비뽑기 놀이를 한 꿈

큰 재난에 부딪칠 것입니다. 여자는 오래지 않아 한 아이가 당신에게서 떠나가 버릴 것입니다. 환자의 꿈에 자기가 이런 놀이를 했다면 병세가 더 악화될 것입니다. 하지만 나라 지도자의 꿈에 자기가 이런 놀이를 했다면 국민이 현재 실시하고 있는 정책에 만족해할 상서입니다.

 수수께끼

● 수수께끼를 맞히고 있는 꿈

당신은 부동산 때문에 걱정할 것입니다. 기혼 여자가 꿈에 수수께끼를 풀고 있었다면 아이의 안전 때문에 온종일 속을 태울 것입니다. 학생이 이런 꿈을 꾸게 되면 시험이 어려워서 안절부절못하며 속을 태울 것입니다.

 경마하다

● 자신이 경마 기수가 된 꿈

신체가 튼튼해지고 힘이 강해 널리 소문이 날 꿈입니다.

● 경마중인 기수를 본 꿈

친구의 오락 만회에 초청되어 참석할 꿈입니다.

● 기수와 대화를 나눈 꿈

경기에서 일등을 할 꿈입니다.

고소(告訴)하다

🌸 남이 자기를 고소한 꿈
이는 당신이 승진할 꿈자립니다.

🌸 자기가 남을 고소하는 꿈
이는 당신이 적을 만들고 있음을 의미합니다.

범죄

🌸 남이 당신에게 해를 끼쳐 죄를 범한 꿈
당신의 형편이 나아질 것입니다.

🌸 남의 죄를 찾은꿈
이는 당신이 근심과 슬픔에 잠길 흉조입니다.

🌸 다른 남자가 죄를 범하는 꿈
이는 당신이 여행을 떠날 꿈입니다.

🌸 당신이 죄를 범한 꿈
이는 당신이 원수를 갚고 원한을 풀 꿈입니다. 감옥에 갇힌 범인이 꿈에서 또 범죄를 저질렀다면 이는 그가 죄를 감형 받을 꿈입니다. 교도관이 꿈에 자신이 죄를 저질렀다면 이는 그가 살아남기 어려운 재난에 부딪칠 흉조입 니다.

🌸 형사상의 죄를 범한 꿈
이는 중대한 실수를 범할 징조이기 때문에 반드시 행동에 삼가야 합니다.

🌸 범죄를 저질러 판결을 받은 꿈
이는 당신이 고난을 이겨내고 서광을 맞이할 상서입니다.

🌸 아내의 죄를 공소한 꿈
당신은 아내가 장기간 병으로 누워 있는 것에 대해 몹시 안타까워할 것 입니다.

🍀 남편에게 죄를 씌운 꿈
여자가 이 꿈을 꾸면 그들 부부는 장기간 별거하게 됩니다.

🍀 자기 친구를 고소한 꿈
당신이 남의 속임수에 넘어갈 것입니다. 그러나 재산상의 손실만 보고 재난은 면하게 됩니다.

🍀 적에게 죄를 가한 꿈
당신에게 재난이 떨어지게 됩니다.

도둑질하다

🍀 집이 절도를 당한 꿈
재산상의 손해를 크게 볼 것입니다. 여자가 집에 도둑이 든 꿈을 꿨다면 오래지 않아 남편과 갈라서게 됩니다.

🍀 남의 집에 도둑이 든 꿈
당신이 친구와 말다툼을 하게 될 것입니다.

🍀 적의 집에 도적이 든 꿈
적과의 싸움에서 전승할 수 있는 꿈입니다.

🍀 도둑질에 참여한 꿈
당신에게 좋은 일이 생길 상서입니다. 상인이 이런 꿈을 꾸게 되면 출국을 하게 됩니다.

강간하다

🍃 남의 여자를 본 꿈
승리의 소식이 연이어 전해 올 것입니다.

🍃 부녀를 강간한 꿈
마음에 드는 일자리를 얻기 어려울 것입니다. 학생이 이 꿈을 꿨다면
시험에 합격할 것입니다. 환자는 자리에서 일어나지 못합니다.

🍃 처녀를 강간한 꿈
당신이 손해를 입을 흉한 꿈입니다.

🍃 자신이 강간죄로 공소 당한 꿈
이는 당신 이름이 널리 알려질 꿈입니다.

🍃 자기가 강간당한 꿈
이는 병에 걸릴 징조입니다.

🍃 자기를 강간한 남자에게 욕설을 퍼부은 꿈
당신의 처지가 곤란하게 될 것입니다.

징벌/처벌

🍃 징벌을 받은 꿈
명성과 재물을 같이 얻게 됩니다. 하지만 여자는 남편과 말다툼을 하
게 됩니다. 고소 당한 사람이 꿈에 징벌을 받았다면 법원에서 당신에
대한 고소를 취하할 것입니다.

🍃 당신의 사건이 엄중한데도 엄하게 처리하지 않은 꿈
이는 당신이 사람들의 환영을 받을 징조입니다.

🍃 자신이 관련된 사건이 가벼운데도 오히려 엄한 처벌을 받은 꿈
이는 당신의 직장 운이 형통할 꿈입니다.

● 법관이 죄인이 지은 죄를 낱낱이 밝힌 꿈
당신은 승진할 것입니다.

● 자식을 벌하는 꿈
재물이 흥할 것입니다.

● 직장 상사가 처벌을 당하는 꿈
당신의 모든 걱정이 사라질 것입니다.

● 하급 관원을 처벌한 꿈
당신은 어떤 음모로 인해 손실을 보게 됩니다.

● 처벌을 면한 꿈
재난이 떨어질 것입니다.

 석방되다

● 죄인을 석방하는 꿈
오래지 않아 곤란한 일에 처할 것입니다.

● 자신이 감옥에 있다가 석방된 꿈
오래지 않아 임신하게 됩니다.

● 아내가 석방되어 출옥한 꿈
영원히 그녀와 별거하게 됩니다.

● 남편이 출옥한 꿈
집안 걱정으로 시달림을 받게 됩니다.

● 친척이나 혹은 친구가 석방된 꿈
당시는 고위직에 발탁될 것입니다.

● 적이 석방되는 꿈
당신에게 많은 귀찮은 일이 생길 것입니다.

● 다른 사람이 감옥에서 석방된 꿈
당신 이름이 천하에 날리게 됩니다.

선거/투표하다

🍃 선거하는 것을 본 꿈
가난해질 흉조입니다.

🍃 선거에서 자신이 당선된 꿈
운수 좋고 사업에 성공할 꿈입니다.

🍃 자기가 선거 운동에 참가한 꿈
오래지 않아 천하에 이름이 날 것입니다.

🍃 다른 사람에게 투표한 꿈
액운에 부딪칩니다. 여자가 꿈에 남에게 투표했다면 부부 감정이 화목하지 못할 것입니다.

🍃 남이 당신에게 투표한 꿈
당신 명성과 위엄이 크게 떨칩니다. 여자 꿈에 남이 자기에게 투표하였다면 위신이 없어지고 나쁜 평판이 널리 퍼질 것입니다. 상인이 이런 꿈을 꾸면 장사에서 경쟁을 몰아내고 크게 돈을 벌 것입니다.

통치하다

🍃 국민이 자신의 통치에 불만족스러워 한 꿈
통치자가 이 꿈을 꿨다면 국민의 충성과 옹호를 받아 정국이 안정되고 국민의 생활이 평안할 것입니다.

🍃 국가 통치제도가 변화된 꿈
당신이 국가 최고의 영예를 수여받을 것을 예시합니다.

🍃 백색테러의 국가에서 고통을 겪은 꿈
당신은 부유해질 것입니다.

폭동

🌸 폭동이 일어난 꿈

오래지 않아 재수 없는 날이 올 꿈입니다. 여자의 꿈에 폭동이 보이면 시댁에 말싸움이 생깁니다.

🌸 폭동에 참가한 꿈

기혼남자가 이 꿈을 꾸면 나라의 존중을 받게 됩니다. 죄인이 꿈에 폭동에 참가했다면 오래지 않아 출옥합니다.

🌸 폭동을 진압하는 꿈

회사원이 이 꿈을 꾸면 윗사람들이 당신을 안 좋게 볼 것입니다. 어쩌면 강직을 당하거나 아니면 해고를 당할 수 있습니다.

🌸 낯선 사람이 폭동자가 되어 있는 꿈

당신이 높은 지위의 사람과 친구를 사귀게 됩니다.

변혁/혁명

🌸 정치 혁명이 일어난 꿈

당신 이름이 천하에 알려질 것입니다. 국왕이나 통치자의 꿈에 혁명이 발생했다면 그는 국민의 옹호를 받게 됩니다. 공무원이 꿈에 혁명이 발생한 것을 보았다면 그는 발탁되어 승진할 것입니다.

🌸 혁명에 참가한 꿈

당신은 나라에서 존경받는 인물이 될 것입니다. 여자가 꿈에 혁명에 참가했다면 남편이 더욱더 그녀를 아끼고 사랑해 줄 것입니다.

🌸 혁명이 진압되는 꿈

공무원이 이 꿈을 꾸면 나라에서 주는 상과 상금을 받게 됩니다.

전쟁

● 전쟁이 난 꿈

고통을 겪을 징조입니다. 큰 전쟁을 꿈에 보면 당신이 거주하는 지역에 혼란이 발생할 것입니다. 머나먼 곳에서 벌어지는 전쟁이라면 당신에겐 별로 큰 영향이 없을 것이지만 친족이나 아랫사람은 재난을 입을 것입니다.

● 자신이 전쟁에 참가한 꿈

실연(失戀)당하거나 거래에서 손실이 생길 것입니다.

● 전쟁이 끝나는 꿈

가정이 화목해질 길조입니다.

자유

● 자신이 자유의 몸이 된 꿈

이것은 오래지 않아 당신이 신체적 억압을 받을 꿈입니다.

● 자유를 요구하는 사람을 지지한 꿈

이는 당신이 반역죄로 고소당할 꿈자립니다.

위반

● 규칙을 위반한 꿈

장사에서 손실을 볼 꿈입니다. 군인이 꿈에 부대 규율을 위반했다면 이는 군인이 상관의 미움을 받을 것이고, 아내가 위법했거나 허약해졌다면 이는 집안이 안녕치 않을 꿈입니다.

여행

● 여행을 하는 꿈

좋은 꿈입니다. 상인이 외국 여행을 하는 꿈은 큰돈을 벌 꿈이고, 군인이 외출 여행을 한 꿈은 전선에 나가 공을 세워 훈장을 받을 꿈입니다. 하지만 노인이 여행을 떠나려고 서두른 꿈은 세상을 뜰 꿈입니다. 임신부가 여행을 한 꿈은 조산할 흉조입니다. 감옥에 갇힌 범인이 여행을 한 꿈은 국 외로 추방당할 불길한 꿈입니다.

● 혼자서 여행한 꿈

말년이 아주 행복할 것입니다. 여자가 꿈에 혼자서 여행을 했다면 위신이 없어집니다. 환자가 꿈에 여행을 했다면 병이 오랫동안 낫지 않을 것입니다.

● 여행자를 본 꿈

장사가 망합니다.

● 여행자와 대화를 나눈 꿈

기쁜 소식이 있게 됩니다.

● 여행자를 친구로 사귄 꿈

남의 꼬임에 빠져 재산은 조금 손실을 보겠지만 재난은 면하게 됩니다.

도피하다

● 아내가 아닌 남의 여자와 함께 사랑의 도피를 하는 꿈

장차 큰일(나쁜 일)을 저지를 것입니다.

● 연인과 함께 사랑의 도피를 하는 꿈

여행길에서 악당들의 손아귀에 잡혀 곤란을 당하게 될 것입니다.

출국하다

🍃 출국을 한 꿈

좋은 징조가 아닙니다. 고령 노인이 꿈에 출국을 하면 세상을 뜨게
될 꿈자리고, 살인한 범죄가가 꿈에 출국을 하면 극형에 처해질 예시
입니다. 기혼 여자가 꿈에 출국을 한 것은 남편에게 버림을 받을 꿈
입니다. 환자는 병세 가 더 중해질 꿈자립니다. 하지만 청년은 생활
에서 자립할 수 있을 징조입 니다.

🍃 출국하려는 사람과 대화를 하는 꿈

당신이 정부 고위직에 등용될 꿈자립니다.

🍃 출국하려다가 판결당하는 꿈

당신 장사가 매우 순조로울 꿈입니다.

탈출하다

🍃 야수의 습격을 당했지만 안전하게 탈출한 꿈

이는 중병에 걸렸다가 나중에 완치될 꿈자리입니다.

🍃 적의 포위망을 탈출한 꿈

이것은 재난을 면할 징조입니다.

🍃 죄를 범하고도 법의 제재를 피한 꿈

생활에서 불행을 당하게 됩니다.

축출하다

🌸 종교나 종족으로부터 축출당한 꿈
만수무강하며 사람들의 존경을 받을 꿈자리입니다.

🌸 자기가 누군가를 종교에서 쫓아내려고 갖은 애를 쓴 꿈
그 사람은 이제 자기의 진지한 벗이 될 꿈입니다.

부르다

🌸 누군가가 큰소리로 당신의 이름을 부르짖은 꿈
꿈 꾼 사람은 오래지 않아 화를 입어 세상을 뜨거나 병에 걸리지 않으면 큰 재난에 봉착될 것입니다.

대화하다

🌸 임신부와 대화를 나눈 꿈
장차 딸을 낳을 꿈입니다.

🌸 정든 사람과 속삭인 꿈
두 사람은 남들이 부러워하는 행복한 한 쌍이 되어 애정이 넘치는 결혼 생활을 하게 될 것입니다.

외치다

🍃 자신이 고래고래 외쳐 댄 꿈

이는 재난이 떨어질 꿈입니다. 여인이 이런 꿈을 꾸었으면 남편이나 자식들이 병날 것이고, 상인은 장사에 막대한 손실이 생길 것이며 심지어 파산까지 하게 될 것입니다.

변론

🍃 자기가 변론에 참가한 꿈

생활에 변화가 생길 꿈입니다. 즉 어떤 정당이나 혹은 종교 집단의 우두머리가 되어 많은 국민들이 당신의 연설과 문장에 감동할 것입니다. 아니면 당신이 신문 언론의 첨예한 비판과 상대방의 신랄한 풍자를 받게 될 것입니다. 여하튼 그 명성이 천하에 크게 떨칠 것입니다.

🍃 변론에서 이긴 꿈

새 친구를 많이 사귈 꿈입니다.

충고하다

🍃 남에게 충고해 주는 꿈

당신의 사업이 번창할 것입니다.

선언하다

🌸 선언을 공포하는 꿈
고위로 승진될 꿈입니다.

🌸 선언을 비석에 새기는 꿈
학자가 되어 사회의 존경을 받을 꿈자립니다.

연설하다

🌸 자기가 연설한 꿈
이는 말솜씨 좋은 당신이 여러 사람의 칭찬을 받아 사람을 한 번 크게 놀라게 할 꿈자리입니다.

🌸 문맹들을 향해 연설을 한 꿈
장사를 망치게 될 징조입니다.

🌸 남이 연설하는 꿈
나라를 대표하여 국제회의에 참석할 것입니다.

거짓말하다

🌸 자기가 거짓말을 한 꿈
기쁜 소식이 있을 꿈입니다.

🌸 당신이 남의 속임수에 걸려든 꿈
그는 큰 돈을 벌 것입니다.

맹세하다

🍂 맹세하는 꿈

불행이 안팎으로 생길 꿈입니다. 여자가 맹세하는 꿈을 꾸었다면 아이에게 재난이 생깁니다. 미혼 남자가 이런 꿈을 구면 당신이 사랑하는 처녀와 결혼하기가 태산에 오르기보다 어려울 것입니다. 미혼 여자는 이럭저럭 끌면서 늦도록 시집을 못 가게 됩니다. 상인은 자금 부족으로 사업이 도산하게 됩니다. 환자가 이 꿈을 꾸면 오래지 않아 건강이 회복됩니다. 여행자는 성공적으로 여행을 마칩니다.

🍂 다른 사람이 맹세하는 꿈

당신 위신이 십 배로 높아집니다.

요청하다/요구하다

🍂 남에게 무언가를 요구하는 꿈

오래지 않아 자신의 무지로 인하여 중대한 손실을 입게 될 것입니다.

🍂 누군가가 당신에게 도움을 청한 꿈

이는 당신이 기만당할 흉조입니다.

🍂 자신이 다른 사람에게 원조를 청한 꿈

당신의 위신이 크게 올라갈 꿈입니다.

🍂 결혼 신청을 받은 꿈

큰돈을 벌게 될 길조입니다.

🍂 어떤 요구를 받는 꿈

실업자는 일자리를 찾는데큰 희망을 갖지 말아야할 것입니다. 이 꿈은 장기간 일자리를 얻기 힘들 꿈입니다.

제의하다

🍃 자신과 아무 상관없는 여자에게 무례한 요구를 한 꿈

그는 사랑을 얻게 됩니다. 하지만 여자가 이런 행동을 했다면 그녀의 건강은 갈수록 나빠질 것입니다.

🍃 자기가 장사할 것을 제의한 꿈

이는 당신이 상인이 되고 싶은 것을 의미합니다. 현재 당신은 이런 생각한지 오래됐지만 혼자서는 결정을 못해 다른 사람의 도움이 있기를 기다리는 중입니다.

언약/승낙

🍃 남에게 승낙의 말을 한 꿈

불길한 징조입니다. 기혼 남자가 아내에게 승낙의 말을 했다면 부부 간에 말다툼이 생깁니다. 상인이 꿈에 고객에게 승낙의 말을 했다면 수입이 감소됩니다.

🍃 연인에게 한 언약을 실행한 꿈

오래지 않아 그들은 결혼하게 됩니다.

🍃 다른 사람에게 한 언약을 실행하지 못한 꿈

이는 당신의 행복이 곧 찾아올 것임을 의미합니다. 상인이 꿈에 다른 사람에 대한 언약을 실행하지 못했다면 오래지 않아 당신은 새 시장을 얻어 자기 물품의 판로를 확장하게 됩니다.

소문

🍃 남에게 비방을 당한 꿈

당신의 좋은 명성이 널리 알려지고 관운이 형통할 것입니다. 여인이 꿈에 비방을 당한 것은 당신이 티끌 하나 없이 정결함을 의미합니다.

살해하다

🍃 살인한 꿈

당신은 우정을 얻게 됩니다.

🍃 사람 죽이는 것을 본꿈

이는 당신에게 원수가 많을 꿈입니다.

🍃 알지 못하는 사람에게 자신이 살해된 꿈

당신은 건강하고 무병장수할 것입니다.

🍃 집안사람 중에 누가 당신을 찔러 죽이려 한 꿈

이는 그 친척이 당신의 계승인(繼承人)이 될 꿈입니다.

🍃 당신의 목이 졸린 꿈

이는 당신 사업이 성공할 꿈입니다. 여자가 이 꿈을 꾸면 남편이 당신을 더욱 아끼고 사랑할 것입니다. 상인의 꿈에 누가 자기 목을 졸랐다면 장사에서 큰돈을 벌게 됩니다. 죄수는 오래지 않아 석방될 것입니다.

🍃 다른 사람 목을 조른꿈

당신이 액운에 부딪치게 될 흉조입니다.

참회하다

● 참회하는 꿈

가난한 사람은 살림이 부유해질 것이고, 기업가는 여론에 못 이겨 제품의 가격을 인하하여 적은 이익으로 상품을 팔게 될 것입니다. 기혼 여자가 꿈에 속죄를 했다면 남편 신체가 무병장수할 것입니다. 하지만 환자는 병세가 악화될 것이고, 회사원은 직장 운이 형통할 것입니다. 학생이 꿈에 참회를 했다면 시험 성적이 뛰어나 장학금까지도 탈 것입니다.

● 다른 사람이 참회하는 꿈

그것은 불길한 꿈입니다. 당신은 답답하고 우울함을 느끼게 될 것입니다.

21
장

운송수단 · 통신에 관한 꿈

비행기

● 비행기를 본 꿈
여행을 떠날 징조이며 오랫동안 만나지 못했던 친구를 곧 만나게 될
것입니다.

● 자기가 비행기를 타고 여행을 하는 꿈
친척 중의 누가 병을 앓게 되거나 세상을 뜰 수 있습니다.

비행선

● 비행선을 본 꿈
사업에서나 혹은 장사에서 손실이 있을 것입니다.

● 비행선을 띄우는 장면을 본 꿈
위험한 징조입니다.

● 비행선이 불타고 있는 꿈
죽음을 알리는 꿈입니다.

● 비행선을 날려 보내는 꿈
앞으로 실시할 계획이 자신을 파산으로 인도할 것입니다.

자동차

● 짐을 잔뜩 실은 차를 본 꿈
이는 운수가 좋을 꿈입니다.

● 텅빈 차를 본 꿈
이는 장사에서 밑질 흉조입니다.

화물차

🍃 물건을 가득 실은 화물차를 본 꿈

재산의 손해를 봅니다. 여자가 이 꿈을 꾸면 수시로 남편과 별거할 것입니다. 상인이 이 꿈을 꾸면 고객이 트집 잡아 빚을 떼일 것입니다.

🍃 화물차를 본 꿈

오래지 않아 이주하게 됩니다. 직원이 꿈에 화물차를 보았다면 전근가게 됩 니다.

🍃 빈 화물차를 본 꿈

죄인은 다른 감옥으로 이동할 것이고, 여행가가 빈 화물차를 꿈에 보았다면 여행이 편안하고 즐거울 것입니다.

🍃 짐이 가득 찬 화물차를 운전한 꿈

돈을 크게 벌 것입니다.

트럭

🍃 트럭을 본 꿈

다른 사람과 송사가 있을 것입니다.

🍃 트럭에 올라 탄 꿈

장사가 부진할 것입니다.

🍃 트럭을 운전한 꿈

겸허하고 온화함을 상징합니다.

🍃 트럭을 판 꿈

큰돈을 벌 꿈입니다.

마차

● 바퀴가 두 개이고 장막을 치지 않은 마차를 본 꿈

온 집안이 즐겁고 행복할 꿈입니다.

● 남에게 마차를 주는 꿈

당신이 돈을 벌도록 친구가 도와줄 꿈자립니다.

● 마차를 도둑맞은 꿈

장사에서 큰 손실을 보거나 혹은 해직당할 꿈입니다.

● 마차를 타는 꿈

이는 남편과 갈라질 꿈자립니다.

● 마차가 한 줄로 줄을 지어 늘어선 꿈

큰돈을 벌게 될 좋은 꿈자리입니다.

바퀴

● 돌아가는 바퀴를 본 꿈

생활이 안정되지 않습니다.

● 돌아가는 차바퀴를 본 꿈

은거 생활을 하거나 혹은 별거했다가 남편의 사랑을 구하거나 이혼 후 재결합을 하게 됩니다.

● 바퀴가 돌아가는 소리를 들은 꿈

행복하게 생활할 수 있습니다. 여행자가 이 꿈을 꾸면 여행을 원만히 마칠 수 있습니다.

● 수레바퀴 자국을 본 꿈

좋은 일이 생길 것입니다. 여자가 꿈에 바퀴 자국을 봤다면 친정 부모가 친정에 오라고 기별을 해 올 것입니다. 상인은 장사가 아주 번창할 것입니다. 농부는 풍년이 들고 여행자는 여행이 무사히 끝날 것입니다. 환자는 머나먼 도시로 가 병을 치료하게 될 것입니다.

차표

● 기차표나 전철 표를 산 꿈

고달픈 장거리 여행을 떠나게 됩니다. 여자가 꿈에 기차표나 전차표를 샀으면 남편과 별거하게 됩니다. 상인이 꿈에 승차권을 샀으면 장사에 적자가 납니다. 환자가 꿈에 승차권을 샀으면 병세가 악화됩니다.

● 기차표나 전철 표를 본 꿈

이익이 아주 적은 일에 종사하게 됩니다.

● 차표를 잃어버린 꿈

적이 소란을 피울 것입니다.

배

● 혼자서 배를 젓고 있는 꿈

먼 타국으로 여행을 떠나거나 친구들과 작별할 것입니다.

● 다른 사람과 함께 배를 저은 꿈

이는 운수 좋을 길조입니다.

● 자신이 탄 배가 침몰한 꿈

장사가 흥성하고 재물이 늘어날 꿈자리입니다.

● 배가 닻을 내리는 꿈

자기 염원이 전부 실현될 길조입니다.

● 닻을 올리는 꿈

머나먼 여행을 시작할 예시입니다.

● 키가 보인꿈

운수가 좋습니다.

● 갈라져 금이 난 키를 본 꿈
우수와 불행에 부딪치게 됩니다.

● 방향타를 잡고 있는 꿈
당신은 안팎으로 모든 일을 잘 처리할 것입니다. 선원이 방향타를 돌리고 있었다면 이는 항해가 순조로울 것입니다.

● 키가 손에서 떨어진 꿈
모든 것이 다 실패하고 말 것입니다.

● 아내나 정부와 함께 배를 저은 꿈
승리의 소식이 연달아 있을 상서입니다.

● 친구와 함께 배를 저은 꿈
모든 곤란을 다 이겨낼 수 있을 것입니다.

● 맑게 갠 날에 배를 젓는 꿈
당신이 하는 모든 일이 다 성공할 것입니다.

● 몹시 험한 날씨에 배를 젓는 꿈
많은 곤란에 부딪칠 것입니다.

 유람선/요트

● 유람선을 탄 꿈
장사가 부단히 번창할 것입니다. 환자가 꿈에 유람선을 탔다면 건강이 얼른 회복됩니다.

● 아내와 함께 요트를 운전한 꿈
부부 생활이 행복 원만할 것입니다.

● 남이 요트를 타는 꿈
큰 재난이 닥쳐옵니다.

● 남편이 요트를 모는 꿈
부부 감정이 화목하지 못합니다.

기선

🍃 기선이 부두에 정박해 있는 꿈

남자는 오래지 않아 기선을 타고 출국할 것이고, 기혼 여자는 남편과 헤어 질 것입니다. 미혼 여자가 위와 같은 꿈을 꾸면 돈 있는 상인에게 시집가게 됩니다.

🍃 기선이 당신 앞으로 지나간 꿈

당신은 재산에 손해를 보게 됩니다.

🍃 기선이 당신을 향해 다가온 꿈

당신은 큰돈을 벌게 됩니다. 상인이 이와 같은 꿈을 꿨다면 해외로 나가 장사하면 큰돈을 벌게 됩니다.

🍃 화물을 가득 실은 기선을 본 꿈

좋은 일자리를 얻게 됩니다.

🍃 텅 빈 화물선을 본 꿈

당신은 경제력을 잃을 것입니다.

🍃 군함을 본 꿈

적을 격파할 수 있습니다. 해군 장교가 꿈에 군함을 보았다면 미래의 전투 에서 최고 공군 메달을 수여 받게 됩니다.

🍃 수많은 기선을 본 꿈

당신 운수가 좋을 것입니다.

🍃 기선을 제작하는 꿈

당신은 급료가 낮을 일을 하게 됩니다.

🍃 기선에 큰 틈이 난 꿈

당신은 재난에 부딪치게 됩니다.

뗏목

● 뗏목을 본 꿈
고난이 밀려올 것입니다.

● 혼자 뗏목을 탄 꿈
벗이 생길 것입니다.

● 아내와 함께 뗏목을 타는 꿈
가정 살림이 원만할 것입니다.

● 적과 함께 뗏목을 타는 꿈
액운에 부딪칠 꿈입니다.

● 뗏목을 묶는 꿈
풍년이 들고 큰돈을 벌 것입니다.

전보

● 전보를 받은 꿈
뜻밖의 금전과 재물을 얻게 됩니다. 기혼 여자는 친정 부모가 선물하는 예물을 받게 되고, 미혼 남녀는 머지않아 결혼하게 됩니다. 죄수가 이런 꿈을 꾸면 오래지 않아 석방됩니다. 상인은 장사에서 이익을 보게 됩니다. 여행자가 이 꿈을 꾸면 여행이 원만히 끝납니다.

● 전보를 전한 꿈
오래지 않아 불행히 생깁니다. 상인이 꿈에 전보를 전했다면 장사에 적자가 납니다.

22장

물건·생활도구에 관한 꿈

생활도구에 관한 꿈

물건

🍃 자기가 버린 물건이 보이는 꿈
자기가 버린 물건을 다시 얻게 될 것입니다.

상자

🍃 철상자가 보인 꿈
위험이 닥칩니다. 여자가 꿈에 철상자를 보면 재산에 손실이 있게 됩니다.

🍃 새 상자를 산꿈
오래지 않아 장거리 출장을 할 것입니다. 상인이 꿈에 상자를 사게 되면 해외에 나가 장사를 하면 부자가 될 것입니다.

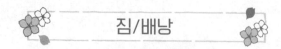

짐/배낭

🍃 여행을 떠나려는데 짐이 너무 많아 불편해 한 꿈
당신의 생활에 해결하기 어려운 문제들이 많이 생길 꿈입니다.

● 짐을 꾸린꿈
이는 당신이 외국에 사업하러 떠날 전조입니다.

● 당신이 수화물을 운반한 꿈
당신이 생활에 쪼들릴 꿈입니다.

● 남편의 짐을 나른 꿈
그녀는 질병의 시달림을 받게 됩니다.

● 배낭이 보인 꿈
국외로 여행을 떠날 꿈자립니다.

● 자기가 배낭을 진 꿈
압력에 굴복되어 싫은 여행을 떠날 꿈입니다.

● 배낭을 잃은 꿈
여행 중 의외의 재난이 닥칠 꿈입니다.

● 배낭을 돌보는 꿈
노인이 이 꿈을 꾸면 세상을 뜰 것입니다. 여자는 남의 은덕에 의지해서 살아갈 징조입니다.

쓰레기

● 쓰레기 더미 위를 걸어간 꿈
좋은 운수가 생길 것입니다.

● 쓰레기를 머리에 이어 나른 꿈
당신은 모욕과 멸시를 당할 것입니다.

● 아내가 쓰레기를 운송한 꿈
이는 당신이 처갓집 재산을 얻을 것입니다.

● 벗들이 쓰레기를 운송한 꿈
당신이 위급한 시기에 벗들의 원조를 받게 됩니다.

● 적들이 쓰레기를 운송하는 꿈
당신에게 위험이 있을 꿈입니다.

● 집안 구석구석 쓰레기로 가득 찬 꿈
큰돈을 벌고 생활이 행복해질 대단한 길조입니다.

침대

● 침대에 누워 있는 꿈
고통과 위험의 징조입니다.

● 침대에 누웠지만 잠들지 않은 꿈
병이 생길 흉조입니다.

● 낯선 사람의 침대에 자신이 누워 있는 꿈
당신의 부부는 이혼할 우려가 있습니다.

● 더러운 침대에 누워 자는 꿈
심한 재정적 압박에 빠지어 사람마다 당신을 업신여기거나 아니면
병에 걸릴 것입니다.

● 신선한 꽃들이 많이 깔려 있는 침대에서 깊이 잠든 꿈
저승에 갈 흉조입니다.

● 자신의 침대가 불타는 꿈
아내가 병에 걸릴 흉조입니다. 여자의 꿈에 제 침대가 불타는 것을
보았으면 이는 남편이 병에 걸릴 꿈입니다.

● 새로 장식을 멋있게 한 침대를 본 꿈
오래지 않아 아이를 밸 꿈입니다.

● 침대를 본 꿈
이 꿈을 꾼 처녀는 곧 시집갈 것입니다.

◉ 낡은 침대를 본꿈
굶주림을 당할 꿈입니다.

◉ 뒤집어 놓은 침대가 보인 꿈
집안사람 세상을 뜰 꿈입니다.

◉ 남의 침대를 강제로 빼앗은 꿈
반려자로부터 버림받을 꿈입니다.

◉ 침대에서 바닥으로 떨어진 꿈
세상 뜰 날이 오래지 않았습니다.

◉ 침대의 시트를 수선하는 꿈
사랑이 순조롭지 못할 꿈입니다.

가구

◉ 가구를 정성 들여 배열해 놓은 꿈
좋은 운수가 트일 꿈입니다.

◉ 가구를 배열해 놓지 않은 꿈
당신이 머나먼 타국에 경상하러 떠날 꿈입니다.

◉ 남의 가구를 경매한 꿈
돈 많은 사람을 미워하는 꿈입니다.

◉ 가구가 난잡스레 널려진 꿈
부인이 병에 걸릴 꿈자립니다.

◉ 가구 파는꿈
부부 감정이 맞지 않을 징조입니다.

◉ 가구에 에나멜페인트를 칠한 꿈
당신이 액운에 부딪쳐 집안에 누가 사망하게 됩니다.

🍃 다른 사람이 가구에 페인트칠을 한 꿈
오래지 않아 귀한 손님이 찾아옵니다.

🍃 남의 가구에 페인트칠을 해준 꿈
장사에서 손해가 생깁니다. 여인이 꿈에 남의 가구에 페인트칠을 해
주었다면 남이 당신을 업신여기고 모욕을 줄 것입니다.

탁자

🍃 테이블을 본 꿈
지출이 초과될 꿈입니다. 여자가 이 꿈을 꾸면 가정에 분쟁이 생깁
니다.

🍃 탁자에서 식사한 꿈
당신 명성과 위엄이 크게 떨쳐질 것입니다.

🍃 남편과 함께 탁자에서 식사한 꿈
부인은 아이를 낳게 됩니다. 상인이 이 꿈을 꾸면 판로가 국외까지
확대될 것이고, 회사원은 직장 내에서 발탁됩니다.

🍃 탁자를 닦은 꿈
고위직에 오르게 됩니다.

🍃 탁자를 구입한 꿈
당신이 새 장사를 시작할 것입니다.

의자

🍃 의자를 본 꿈
종교나 사회단체의 지도자로 뽑힐 대단히 길한 꿈입니다.

🍃 망가진 의자에 앉아 있는 꿈
밥도 배불리 못 먹고 명예도 여지없이 나빠질 흉조입니다.

🍃 다리가 세 개 달린 의자를 본 꿈
당신이 생존을 위해 막노동이라도 해야 할 꿈입니다. 하지만 학생이 이런 꿈을 꿨다면 시험에 합격할 것입니다.

🍃 다리가 세 개 달린 의자에 앉은 꿈
적이 당신을 모함할 것입니다. 여자가 이 꿈을 꾸게 되면 모함을 당하거나 병으로 수술을 해야 합니다.

🍃 다리세개 달린 의자 위에서 있는 꿈
핍박으로 인해 당신이 나쁜 짓을 하게 될 것입니다.

🍃 다리세개 달린 의자를 만든 꿈
당신은 중대한 책임을 걸머지게 됩니다. 그러나 목공이 이런 꿈을 꾸게 되 면 수입이 감소됩니다.

🍃 다리가 세 개 달린 의자를 구입한 꿈
유익한 일을 하게 됩니다.

🍃 세 다리 의자에서 떨어진 꿈
재난이 닥칠 것입니다.

🍃 제왕의 옥좌에 앉아 있던 꿈
재난이 찾아들 것입니다. 여자가 꿈에 옥좌에 앉았다면 남편과 헤어질 것입니다.

🍃 옥좌를 본 꿈
오랫동안 병이 낫지 않을 것입니다. 상인이 꿈에 옥좌를 봤다면 장사에 적자가 날 것입니다.

- 다른 사람이 옥좌에 앉아 있는 꿈
  많은 벗들을 사귀게 됩니다.

- 적이 옥좌에 앉아 있는 꿈
  당신에게 곤란과 불행이 닥칠 것입니다.

- 자신이 안락의자에 앉아 있는 꿈
  당신이 높은 벼슬을 하게 될 징조입니다.

- 안락의자의 다리 한쪽이 부러진 꿈
  강직당하거나 당신이 싫어할 자리로 발령 날 꿈입니다.

욕조

- 욕조를 본 꿈
  당신은 가사 처리에 능수능란할 것입니다.

- 욕조에서 목욕을 한 꿈
  액운에 부딪칩니다. 기혼 여자가 이 꿈을 꾸면 오래지 않아 임신하게
  되고, 미혼 여자는 혼사 일로 근심 걱정이 가득할 것입니다.

- 목욕통을 사는 꿈
  병에 걸릴 꿈입니다.

항아리/물동이

- 텅 빈 항아리를 본 꿈
  여러 가지 재난에 부딪칠 꿈자립니다.

- 항아리가 깨진 꿈
  아이가 요절할 꿈입니다.

● 물이 가득 찬 항아리를 머리에 인 꿈
돈 많은 남자에게 시집가 마음껏 행복을 누릴 꿈입니다.

● 물이 가득 담긴 동이를 본꿈
심정이 유쾌할 꿈입니다. 환자가 물동이를 본 꿈은 병이 곧 나을 꿈입니다.

● 물동이를 파는 꿈
집에 식량이 떨어질 꿈입니다.

● 여자가 우유나 물이 담긴 동이를 머리에 인 꿈
청년은 전국에서 용모가 가장 뛰어난 미녀를 아내로 삼게 될 것입니다.

● 동이로 우물의 물을 푸는 꿈
여행을 떠날 꿈입니다.

통

● 물건을 가득 담은 통을 본 꿈
낙심하고 실망할 꿈입니다.

● 빈 통을 본꿈
생활이 유쾌해질 꿈입니다.

● 빈 통을 들고서 있는 꿈
살림이 부유해질 꿈자립니다.

단지

● 단지에 우유가 가득 담긴 꿈
당신 신체는 아주 건강합니다.

🍃 단지에 탕약이 담겨 있는 꿈
당신은 신체가 약해 병에 걸릴 것입니다.

🍃 양철통이 보인 꿈
그날 빌어 그날 먹고 살아갈 정도로 궁핍해질 꿈입니다.

🍃 새 단지가 보인 꿈
당신 이름은 세계에 알려질 것입니다.

🍃 단지가 낡고 새는 꿈
당신은 경제력을 잃고 집의 소비는 증가될 것입니다.

🍃 물동이를 이고 있는 꿈
삶을 위해 목숨 바쳐 싸워야 함을 의미합니다.

🍃 단지가 갑자기 빙글빙글 도는 꿈
당신 영업은 파산할 겁니다.

🍃 단지에 물건을 넣어 담는 꿈
영업이 호전될 것을 상징합니다.

🍃 단지를 남에게 기증한 꿈
당신은 기만당하거나 혹은 일부 재산을 상실할 것입니다.

🍃 큰 항아리에서 목욕을 한 꿈
처녀는 경건한 남자에게 시집을 갈 것입니다. 환자가 꿈에 큰 항아리
에서 목욕을 했다면 오래지 않아 병이 나을 것입니다.

 기름 통

🍃 텅 빈 기름 통을 본 꿈
시끄러운 일이 생길 것입니다.

🍃 통에 기름이 가득 찬 꿈
운수가 좋을 길조입니다.

병

🌸 낡은 병을 본꿈
운수 좋을 꿈입니다.

🌸 깨진 병을 본꿈
불행이 생길 꿈입니다.

컵/잔

🌸 컵에 물이 가득찬꿈
돈을 벌 징조입니다.

🌸 컵에 물이 없는꿈
당신에겐 장차 아무 것도 없을 것입니다.

🌸 물을 가득 담은 컵을 잘못하여 엎지른 꿈
재난이 닥칠 것입니다.

🌸 누군가 컵에 물 붓는 꿈
바라던 것과는 다른 도움을 얻게 될 것입니다.

🌸 유리잔이 보인 꿈
당신은 재원을 늘리고 지출을 줄이며 근검하고 알뜰하게 집안 살림을 꾸릴 것입니다. 하지만 여인이 이 꿈을 꾸면 집안에 식량이 떨어질 것입니다.

🌸 유리잔으로 물이나 술을 마신 꿈
모든 노력이 다 성공할 꿈입니다. 상인이 이 꿈을 꾼 후 장사를 한 가지를 하면 큰돈을 벌게 됩니다. 환자는 다른 의사에게 치료받아 병이 약간 호전 됩니다.

🌸 새 유리잔을 산 꿈
가정에 혼례가 있게 됩니다.

담요

● 담요를 몸에 덮는 꿈
한평생 편안하고 안일한 생활을 할 징조입니다.

● 담요를 구입하는 꿈
곧 결혼할 꿈입니다.

● 헌 담요를 덮은 꿈
자신의 반려자를 잃을 꿈입니다.

● 자신이 쌓여진 담요 위에 앉은 꿈
고등 학위를 받고 큰돈을 벌며 이름이 온 세상에 떨칠 꿈입니다.

● 자기 담요를 잃거나 도둑맞은 꿈
곧 자기 직위에서 떠나거나 혹은 명예를 잃을 꿈입니다.

이불

● 이불을 본 꿈
좋은 운수를 만나게 됩니다.

● 이불을 덮는 꿈
기혼 남자는 아내와 헤어질 것이고, 기혼 여자가 이런 꿈을 꾸게 되면 남편이 갈수록 부유해지고 자신도 매우 행복해집니다. 미혼 남자는 예쁘고 건강한 처녀와 결혼하게 되고, 미혼 여자는 신체가 건강한 연구원에게 시집가게 됩니다. 상인이 이런 꿈을 꾸면 해외에서 장사를 해서 큰돈을 벌게 되고, 환자는 병이 오래오래 낫지 않을 것입니다.

🍃 이불을 깁는 꿈
남자는 급료가 낮은 일을 하게 됩니다. 여자가 꿈에 이불을 기우거나 혹은 꾸몄다면 시집이 부유하고 행복해질 것입니다.

🍃 이불에 솜을 더한 꿈
큰돈을 벌게 됩니다.

🍃 이불을 사는 꿈
자식이 결혼할 꿈입니다.

🍃 헌 이불을 덮는 꿈
직장에서 승진할 꿈입니다.

🍃 작은 이불을 덮는 꿈
재난이 닥칠 꿈입니다.

🍃 이불을 옮기는 꿈
적들의 위협을 받게 될 꿈입니다.

🍃 남에게 이불을 주는 꿈
거주지에 기근과 전염병이 생길 꿈입니다.

🍃 이불을 푹 덮어쓰고 깊은 잠에 든 꿈
청년은 지금까지 아무도 그를 찾아 약혼의 말을 하는 이가 없을 것입니다.

커튼/깔개

🍃 커튼을 본 꿈
먼 곳의 아내와 곧 만나게 됩니다.

🍃 깔개를 보았거나 혹은 깔개에 앉은 꿈
수입이 몇 배로 늘어날 꿈자립니다.

테이블보

🍀 테이블보를 편 꿈

이는 돈을 벌게 될 예시입니다. 여자가 이 꿈을 꾸었다면 남편이 부유해집니다.

🍀 테이블보를 본 꿈

오래지 않아 연회에 초청되어 참석한 꿈입니다.

🍀 테이블보를 산 꿈

실업자는 오래지 않아 일자리를 찾게 되고, 상인은 장사에서 돈을 벌게 됩니다.

🍀 테이블보를 짠 꿈

지금의 사업에서 당신은 큰돈을 벌게 됩니다.

🍀 남에게 테이블보를 준 꿈

당신이 새 친구를 사귀게 됩니다.

🍀 테이블보나 혹은 의자 덧씌우개를 본 꿈

재산에 손실을 보게 됩니다. 환자가 이런 꿈을 꾸었다면 병세가 악화되고, 여행자는 도중에서 교통사고 생길 것입니다.

수건

🍀 수건을 본 꿈

초청되어 연회에 참석하게 될 꿈입니다. 여인이 수건을 꿈에 보았다면 사내아이를 하나 낳을 것입니다. 미혼 남자가 꿈에 수건을 보았다면 중매꾼이 찾아올 것이고, 미혼 여자는 오래지 않아 약혼하게 됩니다. 열애 중의 남녀가 꿈에 수건을 보면 오래지 않아 누군가와 만날 약속을 하게 됩니다. 상인이 꿈에 수건을 보면 장사에서 큰 이익을 보게 됩니다.

🍃 남에게 수건을 준 꿈
가정에 결혼이 있게 됩니다.

🍃 남이 선물한 수건을 받은 꿈
당신의 권세는 더 커집니다.

🍃 수건을 구입한 꿈
좋은 일자리를 만나거나 혹은 장사에서 이익을 보게 됩니다.

빗

🍃 빗을 본 꿈
좋은 운이 트이거나 신체가 건강해질 징조입니다. 환자가 빗을 보았
다면 건 강이 빨리 회복될 꿈입니다.

부채

🍃 부채가 보인 꿈
친구의 도움을 받아 곤경에서 벗어날 수 있습니다.

🍃 여자 손에 부채가 쥐여진 꿈
장사가 흥할 꿈입니다.

🍃 탁상용 선풍기를 본 꿈
새 공장을 세워 큰 이득을 볼 꿈자립니다.

🍃 천장에 달아 놓은 선풍기가 보인 꿈
높은 직책을 갖게 될 꿈입니다.

🍃 원수에게 부채질을 해준 꿈
이것은 그가 당신에게 굴복할 꿈입니다.

● 부채가 낡았거나 못쓰게 된 꿈
아랫사람이 당신을 배반할 꿈입니다.

숟가락

● 숟가락이 보인 꿈
당신은 군자인 체하는 사람으로부터 간접적으로 조성된 고통을 당할 것입니다.

● 숟가락을 꺾어 버리는 꿈
남편의 사랑을 잃게 될 꿈입니다. 도둑이 자신의 꿈에서 숟가락을 꺾었다면 물건을 훔치는 그 즉시 붙잡힐 징조입니다.

거울

● 거울을 본 꿈
신체가 건강하고 재물 운이 왕성해질 길조입니다. 기혼 여자에게는 남편이 다른 여자를 사랑할 꿈자립니다.

● 손에 쥔 거울이 땅에 떨어져 깨진 꿈
대란이 닥칠 꿈입니다.

● 거울 속의 자신을 본꿈
당신은 신체가 건강하여 길이 장수할 것입니다. 처녀가 거울 안의 자신을 보았다면 마음에 꼭 드는 남편을 얻게 됩니다. 기혼 여자는 남편을 더욱 사 랑하게 됩니다. 이발사가 꿈에 거울을 보았다면 영업에서 이익이 있을 것입 니다.

● 거울 하나를 얻은 꿈
당신이 환자라면 앓던 병세가 더욱 심해집니다.

난로

● 난로를 본 꿈
운수가 좋을 징조입니다.

● 난로에 알곡을 말리는 꿈
양식이 모자라 고생할 꿈자립니다.

● 난로에서 일하는 사람을 본 꿈
당신이 힘든 일을 고생스레 해야만 돈을 다소 벌 수 있을 꿈입니다.

● 난로에서 연기가 나는 꿈
돈을 벌 꿈입니다.

● 난로를 피우는 꿈
남편이 사망할 꿈입니다.

● 난로에 밥을 지은 꿈
부자가 될 꿈입니다. 여자가 꿈에 난로로 밥을 지었다면 귀한 손님이
찾아 올 것입니다.

● 난로를 구입한 꿈
이사하거나 혹은 전직하게 됩니다.

● 남에게 난로를 선물한 꿈
당신 집에 혼례가 있을 꿈입니다.

● 난로로 밥을 짓는데 갑자기 난로가 고장 난 꿈
당신이 재난에 부딪치게 될 꿈입니다.

나프탈렌/좀약

🌸 나프탈렌을 본 꿈
전염병에 걸릴 꿈입니다.

🌸 나프탈렌을 옷 속에 넣은 꿈
부자가 될 꿈입니다.

🌸 나프탈렌을 온 방바닥에 흘린 꿈
콜레라가 돌 꿈입니다.

🌸 나프탈렌을 구입한 꿈
당신의 이름이 천하에 날리고 생활이 부유해질 것입니다.

냅킨

🌸 종이 냅킨을 본꿈
기혼여자는 아들을 낳을 것입니다.

🌸 종이 냅킨을 사용하는 꿈
집안에 경사가 있을 꿈입니다.

🌸 종이 냅킨을 이미 사용한 꿈
당신은 초청되어 연회에 출석할 것입니다.

🌸 종이 냅킨을 고른 꿈
당신은 재수가 없거나 혹은 세상을 뜰 것입니다.

🌸 어떤 사람이 당신에게 냅킨을 준 꿈
당신은 벗을 사귈 수 있습니다.

🌸 낡고 더러운 냅킨을 사용한 꿈
당신의 사회적 지위가 떨어질 것입니다.

바늘

- 바늘을 본 꿈
  이는 고난과 고통의 전조입니다.

- 바늘이 부러진 꿈
  당신은 해직당할 것입니다.

- 바늘에 찔린 꿈
  적들의 돌연 습격을 받아 비참한 손해를 입을 것입니다.

- 바느질을 한 꿈
  여자가 이 꿈을 꾸면 그녀의 생활이 부유해질 것이지만, 남자가 꿈에 바느질을 했다면 그의 생활이 몹시 곤란해질 징조입니다.

기름

- 아무런 향기도 없는 기름을 머리에 바른 꿈
  이는 당신 사업이 실패할 꿈입니다.

- 몸에 기름칠을 하는 꿈
  병이 생길 징조입니다.

- 머릿기름을 바른 꿈
  소비가 급격히 증가할 꿈입니다.

- 향기 나는 머릿기름을 바른 꿈
  당신의 몸이 건강해질 꿈입니다.

- 기름 장사를 하는 꿈
  장사가 부진해질 꿈입니다.

- 기름을 쏟았거나 기름병을 깬 꿈
  장사가 성공할 꿈입니다.

● 향기 나는 기름을 만든 꿈
당신 가정이 화목하고 평안할 겁니다.

● 향기 있는 기름을 여인에게 선물한 꿈
당신은 사랑을 받게 됩니다.

면도칼

● 이발사의 면도칼을 본 꿈
손실이 생길 꿈입니다.

● 면도를 한 꿈
지금 장사하면 큰돈을 벌게 됩니다. 이발사가 꿈에 면도칼을 사용했다면 수입이 증가되고, 상인은 오래지 않아 출국하여 큰돈을 벌게 됩니다.

● 날이 무딘 면도칼을 사용한 꿈
장사에서 손해를 보게 됩니다.

● 날이 끊긴 면도칼을 사용한 꿈
장사가 망합니다.

● 면도를 할 때 칼날에 살이 베인 꿈
승리를 얻으려면 끊임없는 노력을 기울여야 할 것입니다.

● 면도칼을 산 꿈
당신은 직업을 바꾸게 됩니다.

● 면도칼을 판매한 꿈
이는 친구가 당신을 저버릴 흉조입니다.

● 면도칼에 칼날을 끼우는 꿈
승리할 희망이 있습니다.

🍃 적이 면도칼을 쥐고 있는 꿈
재난이 닥칠 것입니다.

🍃 적이 면도칼로 남을 내리 찍은 꿈
당신의 은혜에 대해 친구의 보답을 받게 됩니다.

취사도구

🍃 취사도구를 본 꿈
장사에서 이익을 보거나 혹은 사업에서 수입이 좋을 것입니다. 여자가 꿈에 취사도구를 보았다면 가사 처리를 훌륭히 할 것입니다.

🍃 취사도구를 닦은 꿈
귀한 손님이 오실 것입니다.

🍃 주방에서 취사도구가 도처에 걸려 있는 꿈
가정 내에 분쟁이 끊이지 않을 것입니다.

🍃 취사도구가 파손되어 있는 꿈
재산 손실이 있을 것입니다.

🍃 남이 취사도구를 씻고 닦아 준 꿈
당신 위신이 없어집니다.

🍃 새 취사도구를 구입한 꿈
자신의 혼례를 거행하게 됩니다.

시계

🍃 시계를 본 꿈
남자가 이 꿈을 꾸면 재난이 떨어집니다. 임신부는 분만이 순조롭지 못하고, 상인은 기차를 타고 여행을 떠납니다.

● 손목시계를 찬 꿈

앞일에 장애가 생길 것입니다. 여자가 꿈에 손목시계를 찼다면 시댁 여자들과 말다툼이 있을 것입니다.

● 자명종을 본 꿈

사업을 위하여 평생 헌신할 것입니다.

● 시계가 멎은 꿈

적이 당신에게 굴복하게 됩니다.

가위

● 가위가 보인 꿈

일체 가정사가 뜻대로 되어 나갈 것입니다.

● 가위질을 한 꿈

기혼남자가 이 꿈을 꿨다면 아내와 갈라질 것이고, 여인이 꿈에 가위를 사용했다면 근면하고 알뜰히 살림을 꾸리어 당신의 좋은 명성이 널리 알려집 니다.

● 끊어져 금이 간 가위를 본 꿈

당신 수명이 감소됩니다.

● 가위를 사용한 꿈

오래지 않아 결혼식에 초청됩니다. 재봉사가 꿈에 가위질을 했다면 사업 중 손실을 보게 됩니다.

● 남의 가위를 사용한 꿈

이것은 상서입니다.

의류, 장신구에 관한 꿈

옷

🍃 **새 옷을 입은꿈**
장차 천하에 이름을 날릴 징조입니다.

🍃 **여자가 새 옷을 입은 꿈**
자신도 모르는 사이 남의 속임에 홀딱 넘어갈 것입니다.

🍃 **옷을 벗는꿈**
당신 생활이 사치하고 방탕함을 의미합니다.

🍃 **남이 옷 벗는 꿈**
가정이 유쾌할 것입니다.

🍃 **주인이나 직장상사가 옷을 벗은 꿈**
남이 당신을 노예처럼 부릴 꿈입니다.

🍃 **아내가 옷을 벗은 꿈**
기쁜 소식이 있을 것입니다.

🍃 **다른 사람이 옷을 벗은 꿈**
오래지 않아 그들의 사적 비밀을 알게 됩니다.

🍃 **자기가 옷을 갈아입는 꿈**
이것은 당신이 애써 남의 비밀을 알아내 어떤 이득을 얻으려고 할 꿈입니다.

● 남이 옷을 갈아입는 꿈
당신의 라이벌이 당신의 비밀을 알아내어 돌연 습격할 것입니다.

● 옷을 갈아입은 친구를 몰라 본 꿈
이것은 당신이 적과 동료를 구분하지 못할 징조입니다.

● 깨끗한 옷을 본 꿈
좋은 꿈입니다.

● 더러운 옷을 본 꿈
병이 생길 수 있습니다. 기혼 여자가 꿈에 더러운 옷을 봤다면 남편을 버리고 다른 남자를 사랑할 것입니다. 남자가 꿈에 더러운 옷을 보게 되면 이는 부인과 말다툼을 할 꿈입니다.

● 더러운 옷을 빤 꿈
살림이 행복해질 꿈입니다.

● 경찰복을 입고 있는 꿈
형사사건에 걸려들 것입니다.

● 옷을 수선하는 꿈
좋은 운수가 생깁니다.

● 다른 사람이 옷을 수선하는 꿈
당신은 액운에 부딪칩니다.

● 고객의 옷을 수선한 꿈
장사에서 돈을 벌 수 있습니다.

● 적의 옷을 수선한 꿈
당신은 지혜롭게 적들을 모두 소멸할 수 있습니다.

● 웃옷을 수선한 꿈
강직 당할 꿈입니다.

● 옷을 꿰매는 꿈
이는 당신이 일을 다그쳐야 함을 의미합니다. 기혼 여자가 꿈에 옷을 꿰맸다면 당신은 어진 아내가 될 것이고, 미혼 여자는 전망이 있는 청년에게 시집가게 됩니다.

● 낡은 옷을 꿰매는 꿈

생활이 갈수록 부유해질 것입니다. 하지만 여자가 꿈에 헌옷을 꿰맸다면 남편 수입이 감소됩니다.

● 재봉사가 꿈에 의복을 만드는 꿈

당신이 재봉사가 되면 돈을 크게 벌 것임을 의미합니다.

● 재봉으로 돈을 번 꿈

이는 당신이 장사에서 큰돈을 벌게 될 꿈입니다.

● 옷감을 짜는 꿈

당신은 행복하고 쾌활할 것입니다. 기혼 여자가 꿈에 베를 짰다면 일약 유명한 인물이 됩니다. 미혼 남자는 백옥같이 아름답고 학식 있고 재능 많은 여자와 결혼하게 됩니다. 미혼 여자가 방직하는 꿈을 꾸었다면 속이 넓고 향상심이 강한 남자에게 시집가게 됩니다.

● 비단 옷 속에 옷을 입은 꿈

장사에 적자가 날 흉조입니다.

● 비단 옷을 판 꿈

당신이 자신에게 유익한 사업에 착수할 것입니다.

● 비단 옷을 구입한 꿈

자식이 결혼하여 자립할 것입니다.

● 비단 옷을 남에게 선물한 꿈

오래지 않아 기쁜 소식이 들려 올 것입니다.

● 푸른 옷을 입은 꿈

해상 여행을 떠날 꿈입니다.

● 푸른 옷 혹은 물들인 푸른 옷을 본 꿈

당신이 장사를 위해 바삐 돌아다니며 많이 고생하지만 이득은 극히 적을 꿈자리입니다.

● 푸른 옷을 입은 사람이 손에 검을 쥐고 당신 집에 쳐들어온 꿈

당신이 사형 판결을 받게 될 꿈입니다.

● 낡은 옷이 무더기로 쌓여 있는 꿈
생활이 행복하고 부유할 것입니다.

● 낡고 떨어진 옷을 본 꿈
고위직에 승진하게 됩니다.

● 남자가 헐어서 떨어진 옷을 입고 있는 꿈
당신은 파산할 것입니다.

● 아내가 헌 옷을 입고 있는 꿈
당신의 운수가 좋아져 오래지 않아 많은 돈을 모으게 될 것입니다.

● 남편이 헤어진 옷을 입고 있는 꿈
사내아이를 낳게 될 것입니다.

● 친구가 떨어진 옷을 입고 있는 꿈
당신은 다른 사람의 사적인 비밀을 듣게 됩니다.

● 낡은 옷을 입은 여인이 당신을 향해 걸어온 꿈
이는 당신이 여러 면에서 성공할 꿈입니다.

벨벳

● 벨벳 옷을 입은 꿈
재수 사나운 날이 다가옵니다. 기혼 여자가 꿈에 벨벳 옷을 입었다면 집안 사람이 연달아 앓을 것입니다. 미혼 여자가 꿈에 벨벳 옷을 입었다면 그녀는 질질 끌다가 시집을 못 가게 됩니다. 미혼 남자가 꿈에 벨벳 옷을 입었다면 중매꾼이 찾아오지만 모두 마음에 들지 않을 것입니다.

● 벨벳 위를 걸어간 꿈
앞길에 여러 가지 곤란에 부딪치게 됩니다. 환자가 이 꿈을 꾸면 장기간 병으로 누워 있게 됩니다.

🍃 벨벳을 구입한 꿈
집에 혼사가 생길 꿈입니다.

재킷

🍃 털실로 짠 재킷을 입은 꿈
병에 걸릴 꿈입니다.

🍃 가죽 잠바를 입은 꿈
꿈을 꾼 여자는 자기 마음에 매우 흡족한 남자에게 시집을 가게 될
것입니다. 남자는 경찰서나 혹은 군대에 들어갈 것입니다.

🍃 자기의 홑옷이 없어진 꿈
앓고 있던 병이 완치될 꿈입니다.

🍃 다른 사람에게서 재킷 한 벌을 선물 받은 꿈
직업을 얻게 될 꿈자리입니다.

바지

🍃 바지를 입는 꿈
발탁됩니다. 직원이 이 꿈을 꾸면 벼슬이 높아지고 직위가 오르게 됩
니다. 상인은 외국으로 여행을 떠납니다.

🍃 재봉사를 청하여 새 바지를 만든 꿈
불행한 소식이 있게 됩니다. 재봉사가 꿈에 바지를 만들었다면 수입
이 감소 됩니다.

🍃 떨어진 바지나 혹은 더러운 바지를 입은 꿈
당신이 만약 돈을 벌려면 반드시 각고의 분투를 해야 합니다.

🍂 자신의 바지를 수선한 꿈
당신의 수입이 줄어들 꿈입니다.

셔츠

🍂 셔츠를 입고 있는 꿈
당신의 신체가 건강함을 의미합니다.

🍂 양털 셔츠를 입은 꿈
당신 건강이 갈수록 나빠지거나 혹은 병에 걸리게 됩니다.

🍂 실크 셔츠를 입은 꿈
당신은 결혼식에 초청될 것입니다. 청년이 꿈에 실크 셔츠를 입고 있었다면 백옥같이 아름다운 여자와 결혼하게 됩니다.

🍂 재봉사를 불러서 새 셔츠를 만든 꿈
집안에 혼례가 있을 것입니다.

🍂 새 셔츠를 산 꿈
갑자기 장거리 여행을 떠나게 됩니다. 죄인이 꿈에 새 셔츠를 입었다면 오래지않아 출옥하게 됩니다. 환자가 이런 꿈을 꾸면 건강이 곧 회복됩니다.

🍂 다른 사람에게 셔츠를 선물한 꿈
새 친구를 사귈 것입니다.

🍂 남이 선물한 셔츠를 받은 꿈
당신은 높은 영예를 수여 받게 됩니다.

🍂 셔츠를 판 꿈
가난에 쪼들리게 될 꿈입니다.

🍂 실크 셔츠를 입은 꿈
이는 길한 상서입니다.

속옷

◼ 실크 속옷을 입은 꿈
오래지 않아 약혼 소식이 들어올 것입니다.

◼ 사람을 불러서 많은 속옷을 만든 꿈
딸이 오래지 않아 시집을 갈 것입니다.

◼ 낡은 속옷을 본 꿈
주머니 속이 무일푼이 됩니다.

양말

◼ 양말은 신은 꿈
이는 당신이 병으로 앓을 예시입니다. 여자가 이 꿈을 꾸면 남편 혹은 연인의 사랑을 받게 됩니다.

◼ 양말은 산 꿈
곧 여행 떠날 꿈입니다.

◼ 양말을 다른 사람에게 기증하는 꿈
새 벗을 사귈 꿈입니다.

◼ 남이 당신에게 양말을 선물한 꿈
당신이 근심 걱정에 놓일 꿈자립니다.

◼ 떨어진 양말을 신은 꿈
계속 병마의 시달림을 받게 됩니다.

◼ 헌 양말을 신은 꿈
여행자는 여행이 즐겁고 순조로울 것이고, 상점 주인은 장사에서 이익이 있습니다.

◼ 양말이 없어진 꿈
재산을 잃을 위험이 해소될 꿈입니다.

단추

● 새 단추를 본꿈
운수 좋을 꿈입니다.

● 헌 단추를 본꿈
운이 나쁠 꿈입니다.

● 낡은 옷에새 단추가 달린 꿈
꿈을 꾼 사람이 홀아비라면 젊고 아름다운 여인을 아내로 맞아들일
것이고, 만약 처자가 있는 사람이라면 호화로운 주택을 한 채 살 운
입니다. 만약 이런 꿈을 여자가 꾸었으면 그녀 역시 같은 결과가 있
을 것입니다.

● 새 옷에 헌 단추가 달린 꿈
남녀를 막론하고 꿈을 꾼 사람은 액운을 만나 감옥살이를 하거나 혹
은 거지가 될 것입니다.

모자

● 모자를 산 꿈
모자 쓰는 습관이 있는 사람이 이 꿈을 꾸면 사업에서 성공할 수 있
습니다. 그러나 모자 쓰는 습관이 없는 사람이 꿈에 모자를 샀다면
이는 생활이 무 계획적이고 돈을 헤프게 쓸 징조입니다.

● 떨어진 모자를 쓴 꿈
먹고 입을 것이 모자랄 꿈자리입니다.

● 모자를 벗는 꿈
배은망덕한 일을 할 징조입니다.

● 모자를 하나 받은 꿈
청첩장을 받을 꿈입니다.

📍 모자가 불에 타는 꿈
중병으로 누워 앓다가 세상을 뜰 꿈입니다.

신발

📍 새 신을 본 꿈
새로운 벗을 사귈 꿈입니다.

📍 새 신발을 신은 꿈
미혼 여자는 속이 넓고 총명하며 일 잘하는 남자에게 시집가게 되고,
미혼 남자는 연인의 사랑을 얻게 됩니다. 기혼 여자는 부부간에 사랑
이 깊어집니다.

📍 헌 신을 본 꿈
자신의 처와 헤어져 근심 걱정으로 속 태울 꿈입니다.

📍 헌 신을 신은 꿈
재수 없을 그날이 닥쳐올 것입니다.

📍 신을 사는 꿈
오래지 않아 여행을 하게 됩니다. 상인이 신을 사는 꿈을 꾸면 장사
가 번창하게 됩니다.

📍 신을 잃어버린 꿈
재난이 당신에게 떨어집니다.

📍 남의 신을 훔친 꿈
친구가 당신 원수로 변하게 됩니다.

📍 신으로 사람을 때린 꿈
당신이 발탁됩니다.

📍 신을 남에게 선물한 꿈
오래지 않아 초청되어 결혼식에 참석하게 됩니다.

슬리퍼

● 슬리퍼가 보인 꿈

재난에 부딪칠 꿈입니다. 결혼한 여자는 남편과 헤어지고, 미혼 남자가 꿈에 슬리퍼를 보게 되면 그의 연구 사업에 성과가 있고 생활이 행복할 것입니다. 미혼 여인이 이 꿈을 꾸면 품격이 고상하고 종교에 경건한 종교인에게 시집가게 됩니다.

● 은으로 만든 슬리퍼를 신은 꿈

당신은 명성을 날리고 고위직으로 승진하게 됩니다.

● 금으로 된 슬리퍼를 신은 꿈

병에 걸렸다면 손실을 입게 됩니다.

● 가죽 슬리퍼가 새것인 꿈

당신의 모든 일이 순조로울 것입니다.

● 슬리퍼가 낡아 떨어진 꿈

이는 머지않아 이사할 징조입니다.

● 슬리퍼를 산 꿈

오래지 않아 새 집을 지을 것입니다.

● 슬리퍼를 잃어버린 꿈

적의 꾐에 빠져 손실을 입게 됩니다.

허리띠

● 낡은 허리띠를 본 꿈

고난에 부딪칠 꿈입니다.

● 새 허리띠를 본 꿈

명예와 좋은 운이 생길 징조입니다.

● 허리띠가 끊어진 꿈
당신이 퇴직을 당하거나 처지가 매우 불리해질 꿈입니다.

우산

● 우산이 보인 꿈
모든 걱정이 다 없어질 꿈입니다.

● 우산을 쓴 꿈
사람들의 사랑을 받게 될 꿈입니다.

● 낡고 떨어진 우산을 쓴 꿈
재수 없을 그날이 다가올 것입니다. 기혼 남자가 이 꿈을 꾸었다면
부부가 서로 사랑할 것입니다.

● 우산을 산 꿈
재난이 떨어집니다. 상인이 꿈에 우산을 샀다면 장사가 망하고 맙니다.

● 연인이 주는 우산을 받은 꿈
연인들은 행복하게 함께 지낼 것입니다.

● 자신이 연인의 우산을 빼앗은 꿈
둘 사이는 멀어질 것입니다.

장갑

● 장갑을 본 꿈
벗을 사귈 꿈입니다.

● 털장갑을 낀 꿈
재원이 왕성할 꿈자립니다.

● 실장갑을 손에 낀 꿈
  돈을 절도 없이 물 쓰듯 할 꿈입니다.

● 구멍난 장갑을 낀 꿈
  무능력한 사람과 사귈 꿈자립니다.

손수건

● 손수건을 본 꿈
  손님이 오실 꿈자립니다.

● 손수건을 받은 꿈
  제 마음에 꼭 맞는 사람과 결혼할 꿈입니다.

● 침대에서 남의 손수건을 발견한 꿈
  남편(혹은 아내)의 사랑을 잃게 될 꿈입니다.

● 손수건을 찾아 헤맨 꿈
  사랑이 의의를 잃게 되는 꿈입니다.

● 팔 다리에 손수건이 매어져 있는 꿈
  불행한 일이 생겨 상처를 잔뜩 입을 꿈입니다.

띠

● 금띠를 본 꿈
  전 국민의 존경을 받을 것입니다.

● 은띠를 본 꿈
  신임이 증가할 것입니다.

🍃 여자에게서 금띠를 선물 받은 꿈
그녀의 사랑을 받게 될 꿈입니다.

🍃 띠가 끊어진 꿈
당신과 친구 사이에 금이 갈 꿈자리입니다.

🍃 띠 장사를 하는 꿈
사업이 평안할 꿈입니다.

🍃 금띠를 산 꿈
여자는 친정의 혼례식에 초청되어 참석할 것입니다.

양산

🍃 양산이 보인 꿈
상서입니다. 기혼 남자가 꿈에 양산을 보았다면 가정은 조용하고 사람들은 행복할 겁니다. 기혼 여자가 이 꿈을 꾸었다면 남편과 아이들이 건강하고 모든 일이 뜻대로 잘될 것입니다. 미혼 남녀는 자기가 마음으로 사모하는 애인을 얻게 될 것입니다.

🍃 뙤약볕 밑에서 양산을 쓰고 있던 꿈
승리의 소식이 연달아 전해 올 것입니다.

양산을 구입한 꿈
당신이 결혼식에 초청될 것입니다.

🍃 양산을 잃어버린 꿈
모든 것이 엉망진창이 되어 버릴 것입니다.

🍃 연인에게서 양산을 받은 꿈
그 연인과 결혼하게 될 것입니다.

🍃 양산을 하나 가진 꿈
죄인은 자유를 획득할 수 있을 것이고, 정부 관료는 제의한 안건이 정부의 지지를 받게 됩니다.

지갑

● 불룩하게 돈이 든 지갑을 본 꿈

당신은 어느 면에서나 다 성공하게 됩니다. 하지만 여자가 이와 같은 꿈을 꾸면 남편을 배반하게 되고, 도둑은 징벌을 받게 됩니다.

● 텅 빈 돈지갑을 본 꿈

집안 걱정이 떠나질 않을 꿈입니다. 여인이 꿈에 텅 빈 지갑을 보았다면 남편을 더욱 아끼며 사랑하게 됩니다. 남편은 또 진지한 사랑으로 이에 보답합니다. 회사원이 이와 같은 꿈을 꿨다면 급료가 줄어들 것입니다. 상인이 이런 꿈을 꿨다면 재수 없는 그날이 닥칠 것입니다.

● 다른 사람의 밭에서 돈이 가득 찬 주머니를 주은 꿈

친구의 신의를 잃을 꿈입니다. 여인이 꿈에 남의 지갑을 가졌다면 남편이 그를 좋아하지 않을 것입니다. 처녀가 꿈에 연인의 불룩한 지갑을 가졌다면 그들은 오래지 않아 결혼을 하게 됩니다.

● 당신에게 상사가 빈 지갑을 준 꿈

당신은 해고당할 것입니다.

● 남에게 돈지갑을 준 꿈

이는 상서입니다. 꿈에 아내에게 불룩한 돈지갑을 주었다면 아내가 사내아이를 낳을 것입니다. 상인이 돈지갑을 친구에게 주는 꿈은 새로운 판로를 개척할 꿈입니다.

● 남의 돈지갑을 훔친 꿈

사람들이 존중을 받을 꿈입니다.

● 지갑을 잃어버린 꿈

오래지 않아 당신이 가옥과 토지를 구입할 것입니다.

● 남의 지갑을 강탈한 꿈

당신의 직장 운이 형통할 것입니다.

향수

🍃 향수 냄새를 맡은 꿈
수입이 증가됩니다. 미혼 남녀는 마음에 드는 애인을 찾지 못해 홀몸
으로 지낼것이고, 기혼 여자는 자기 남편을 더욱 더 아끼고 사랑하게
될 것입니다.

🍃 옷에 향수를 뿌린 꿈
소비가 크게 증가할 것입니다.

🍃 향수 판매점에 들어간 꿈
당신은 상류층 인물과 친분을 맺게 됩니다.

🍃 향수를 산 꿈
당신은 사람들의 환영을 받게 됩니다.

🍃 향수 판매점을 경영한 꿈
당신도 돈을 벌고 당신의 친구들도 덩달아 이익을 얻게 됩니다.

🍃 다른 사람 옷에 향수를 뿌려 준꿈
당신이 발탁될 꿈입니다.

🍃 연인의 옷에 향수를 뿌려 준 꿈
당신은 그녀의 사랑을 받게 됩니다. 기혼 여자가 남편 옷에 향수를
뿌려 주었다면 잘생긴 아들을 낳게 될 것입니다.

지팡이

🍃 지팡이를 본 꿈
병이 나고 신체가 쇠약해질 예시입니다. 상인은 장사가 밑지고 빚을
잔뜩 질 것이지만, 학생은 조건이 좋은 학교에 입학할 것입니다.

🍃 지팡이를 짚고 길을 걷는 꿈
처지가 몹시 안 좋아질 것입니다. 그러나 친구의 협조와 동정을 받게
됩니다.

● 지팡이를 짚은 꿈

생활이 어려울 꿈입니다. 여자는 도둑 혹은 강도가 집에 들게 됩니다. 하지만 노인은 말년 생활이 행복하고 평안할 것이고, 환자는 병이 점차 나을 것입니다.

● 벗이 지팡이를 짚은 꿈

위급한 시기에 당신은 친구의 도움을 받게 됩니다.

● 지팡이로 사람을 때린 꿈

당신 악명이 널리 퍼질 것입니다.

● 남이 지팡이로 당신을 때린 꿈

당신 명성이 천하에 퍼집니다.

● 다른 사람이 지팡이를 당신에게 준 꿈

당신은 발탁될 것입니다.

장신구

● 장신구가 보인 꿈

가정 소비가 대폭 늘어날 것입니다.

● 자신이 장신구를 찬 꿈

아내나 연인이 세상을 뜨게 됩니다.

● 한개 혹은 몇 개의 장신구를 본 꿈

꿈을 꾼 여인의 남편이 부자가 됩니다.

● 금 장신구를 찬 꿈

여인의 남편이 친척의 결혼에 초대되어 참석할 것입니다.

● 남이 장신구를 훔치는 걸 본 꿈

당신의 부자가 되고자 하는 꿈을 실현하기 어렵습니다.

반지

- 반지가 보인 꿈
  남자에겐 사랑을 얻을 꿈이고, 기혼 여자에겐 아들을 낳을 꿈입니다.

- 금반지를 낀 꿈
  자기 마음속의 애인과 결혼하게 될 꿈입니다. 미혼 여자가 꿈에 금반지를 꼈다면 그녀는 낯선 사람과 첫눈에 반하게 될 것이고, 열애중의 남자가 이 꿈을 꿨다면 자신의 사랑하는 여인과 결혼하게 됩니다.

- 남편으로부터 반지를 선물 받은 꿈
  당신의 생활이 행복하고 부유할 것입니다.

- 연인이 선물하는 반지를 받은 꿈
  오래지 않아 결혼하여 자립하게 될 것입니다.

- 반지를 잃어버린 꿈
  남자가 이 꿈을 꾸면 부부간의 말다툼이 생길 것이고, 여자가 이 꿈을 꿨다 면 남편과 오랫동안 별거하게 됩니다.

- 반지를 산 꿈
  가정에 혼사가 있을 것입니다. 상인은 큰돈을 벌게 될 것입니다.

- 은반지를 낀 꿈
  병이 생길 꿈입니다.

- 쇠로된 반지를 낀 꿈
  당신이 가난해질 꿈입니다.

목걸이

● 금목걸이를 찬 꿈

좋은 소식이 있을 꿈입니다.

● 은 목걸이를 한 꿈

연애중인 부녀자가 이 꿈을 꿨다면 그녀의 남편은 부유할 것입니다.

● 목걸이를 선물 받은 꿈

청년은 부잣집 처녀와 결혼할 꿈입니다.

● 목걸이를 사는 꿈

집에 경사가 생길 것입니다.

● 목걸이를 잃어버린 꿈

공금을 횡령해서 커다란 손해를 입을 흉조입니다.

● 목걸이를 만든 꿈

이익이 있는 장사를 하게 될 것입니다.

● 자신의 목걸이가 끊어진 꿈

나쁜 소식이 들릴 꿈입니다.

● 쇠로 된 목걸이가 끊어진 꿈

모든 장애가 없어지고 좋은 일이 생길 꿈입니다.

● 쇠로 된 목걸이를 찬 꿈

감옥에 갇힐 꿈입니다. 그러나 소녀가 이런 꿈을 꾸면 사람들의 존경을 받는 부자에게 시집갈 것입니다.

귀걸이

◉ 귀걸이를 찬 꿈
결혼 생활이 행복하고 아름다울 것입니다.

◉ 금 귀걸이를 찬 꿈
여자에게는 잘 생긴 아들을 낳을 꿈이고, 남자는 일생을 얼떨떨하고
우둔하게 지낼 꿈입니다.

◉ 다른 사람이 동 귀걸이를 차고 있는 꿈
수입이 줄어들 꿈입니다.

◉ 남이 귀걸이를 선물한 꿈
잘 생긴 아들을 낳을 징조입니다.

◉ 은 귀걸이를 찬 꿈
아내가 곧 임신하게 됩니다.

스포츠, 예술, 놀이에 관련된 물건에 관한 꿈

공

● 공을 치며 노는꿈
집안의 재산을 물려받을 징조입니다.

북

● 북을 본 꿈
경축 의식에 참석할 징조입니다. 군인이 북을 보면 고위로 승급될 꿈입니다.

● 북을 두드리는 꿈
곤란한 일에 봉착할 꿈입니다. 하지만 처녀의 꿈에 자기가 북을 쳤으면 이제 곧 시집을 갈 꿈자리고, 기혼 여자가 북 꿈을 꾸면 임신하여 자식을 낳게 될 꿈입니다.

● 자기집문 앞에서 누가 북을 친 꿈
집에 누가 귀한 아들을 낳을 꿈자립니다.

피아노

🌸 **피아노가 보인 꿈**
당신은 근심 걱정이 없어집니다.

🌸 **집안사람이 남이 피아노를 연주하는 것을 듣는 꿈**
당신 수입이 증가될 것입니다.

🌸 **피아노 연주곡을 들은 꿈**
남편과 함께 행복한 생활을 지낼 꿈입니다. 미혼 남자가 꿈에 피아노
곡을 들었다면 오래지 않아 연인과 헤어지게 될 것입니다. 상인이 꿈
에 피아노곡 을 들었다면 장사에서 큰돈을 벌게 됩니다.

🌸 **스스로 피아노를 친 꿈**
가정의 소비가 증가될 것입니다. 기혼 여자가 꿈에 피아노를 쳤다면
그녀는 다른 여성과 말싸움을 할 것입니다.

🌸 **한참 치던 피아노가 갑자기 못쓰게 된 꿈**
이는 명절에 불길한 소식이 전해 올 꿈입니다.

🌸 **피아노를 조율한 꿈**
당신 친구와 왕래를 끊을 것입니다.

🌸 **피아노를 산 꿈**
오래지 않아 자식이 결혼을 할 것입니다.

🌸 **피아노를 파는 꿈**
가정이 파산할 것입니다.

🌸 **적에게 피아노를 준 꿈**
당신이 송사 때문에 처지가 몹시 어렵게 됩니다.

🌸 **어떤 사람에게서 피아노를 받은 꿈**
당신이 성실하지 못한 벗과 왕래가 잦아질 것입니다.

🌸 **많은 피아노가 보인 꿈**
당신이 바다 건너 외국에 가서 장사를 하면 돈을 벌수가 있을 꿈입
니다.

나팔

💧 나팔을 본 꿈
당신은 아주 건강해집니다.

💧 나팔을 부는 꿈
가정에 불쾌한 일이 발생합니다. 여자가 이런 꿈을 꾸면 모욕을 당합니다.

💧 나팔 소리를 들은 꿈
모든 근심 걱정이 전부 없어지게 됩니다. 죄수가 이런 꿈을 꾸면 오래지 않아 출옥하고, 환자는 건강이 회복됩니다.

그림

💧 그림을 본 꿈
이 꿈은 당신이 삶의 의의를 상실했음을 의미합니다. 미혼 남자가 꿈에 그림을 보았다면 사랑이 위기에 처할 것입니다. 미혼 여자가 꿈에 그림을 보았다면 노처녀가 되도록 시집을 못 갈 것입니다. 상인이 그림을 보면 장사가 실패할 꿈입니다. 그러나 직원이 그림을 보았다면 발탁, 승진됩니다.

💧 동화(銅畵)를 본 꿈
소비가 대폭 증가할 것을 예시합니다.

💧 말할 줄 아는 그림을 본 a꿈
당신은 정신을 차리고 생활을 행복하게 잘 이끌 것입니다.

💧 나체화를 본 꿈
정신이 안정될 꿈입니다.

💧 승려가 그린 그림을 본 꿈
생활이 부유해질 꿈입니다.

🍃 아내 혹은 애인이 그린 그림을 본 꿈
이는 당신이 그들과 헤어질 꿈입니다.

🍃 그림을 사는 꿈
걱정, 슬픔, 고통이 모두 당신을 찾아올 것입니다.

🍃 다른 사람에게 그림을 준 꿈
당신이 새로운 친구를 사귀게 될 꿈입니다.

🍃 적이 그려져 있는 그림을 본 꿈
이는 위험이 닥칠 징조입니다.

🍃 남의 초상화를 그려준 꿈
당신의 명성이 갑자기 알려질 것입니다.

🍃 새와 짐승의 그림을 그린 꿈
당신 생활은 행복하고 부유할 것입니다.

그네

🍃 아이와 그네를 뛰고 논 꿈
이는 부유해질 꿈입니다.

🍃 어떤 사람이 그네를 뛰고 있는 꿈
그녀가 한평생 조산원이 될 꿈입니다. 처녀가 이런 꿈을 꾸면 그것은
남의 첩이 될 꿈입니다.

🍃 자신이 그네를 뛰는 꿈
오래지 않아 곧 세상을 뜰 징조입니다.

주사위

● 주사위를 본 꿈
사람들의 질책을 받을 일이 생길 것입니다.

● 주사위를 던진 꿈
재난이 닥칠 꿈입니다.

인형

● 인형을 본 꿈
운수가 좋을 꿈입니다. 기혼 여자가 인형을 보면 아들을 낳을 것입니다. 처녀가 인형 꿈을 꾸면 결혼하여 새살림 꾸릴 시기가 되었음을 의미하고, 남자가 인형을 보면 아내가 딸을 낳을 꿈입니다.

연

● 연을 날리는 꿈
당신이 세운 계획은 허사가 되고 거래에서는 크게 손해를 보게 됩니다.

● 연을 본 꿈
재난으로 집과 가족을 잃게 됩니다. 처녀가 꿈에 연을 날리는 것을 보게되면 그녀가 사랑하게 되는 사람은 모두 부잣집의 방탕한 사람들뿐일 것 입니다.

가면/탈

🍃 가면(탈)을 본 꿈
친구의 속임수에 넘어갈 것입니다.

🍃 처녀가 가면을 쓰고 당신 쪽으로 걸어온 꿈
당신은 속임수에 넘어가 용모가 추하게 생긴 여자를 아내로 맞아들이게 됩니다.

🍃 남의 가면을 벗긴 꿈
당신은 숨겨둔 재물과 보배를 찾을 수 있을 것입니다.

🍃 자기가 가면을 쓴 꿈
곤란이 지나갈 것을 의미합니다. 죄수가 꿈에 가면을 썼다면 오래지 않아 석방됩니다.

🍃 아내가 면사포를 쓴 꿈
당신이 아내의 속임에 넘어갑니다.

🍃 가면을 벗어버린 꿈
당신이 잠시 정신을 못 차리고 손실을 입을 것입니다.

🍃 남의 여인의 면사포를 걷어 올린 꿈
당신이 모욕을 당하게 됩니다.

굴렁쇠

🍃 굴렁쇠를 본 꿈
운수가 안 좋을 것입니다. 여인이 꿈에 굴렁쇠를 보았다면 남편과 영원히 헤어질 것이고, 상인은 소득이 적을 것입니다.

🍃 굴렁쇠 놀이를 하는 꿈
힘없이 실패할 것입니다. 장교가 꿈에 굴렁쇠를 놀았다면 적들과의 제1차 교전에서 전군이 전멸당할 것입니다.

장난감

🍃 장난감을 본 꿈

생활이 행복하고 원만합니다. 기혼 여자가 꿈에 장난감을 보았다면 오래지 않아 분만하게 됩니다. 미혼 여자는 시간만 질질 끌면서 시집을 안갈 것입니다.

🍃 장난감을 산 꿈

집사람이 아이를 낳게 됩니다.

🍃 장난감을 판 꿈

생활이 부유하고 행복할 것입니다.

🍃 장난감이 부서진 꿈

아이가 요절할 꿈입니다.

🍃 여인에게서 장난감을 선물 받은 꿈

당신은 자기 정부나 아내를 더욱 아끼면서 사랑할 것입니다.

사무용품, 학용품에 관한 꿈

 종이

🍃 종이를 본 꿈
재물 운이 확 열릴 꿈입니다.

 봉투

🍃 봉투가 보인 꿈
새로운 친구를 사귀게 될 꿈입니다. 상인의 꿈에 봉투가 보였다면 이
득이 증가될 것입니다.

🍃 긴 봉투를 본꿈
직장에서 고위에 승진하게 됩니다.

🍃 푸른색이나 노란 색 봉투를 본 꿈
가정생활이 행복하고 유쾌할 것입니다. 미혼 남녀가 이런 꿈을 꾸었
으면 결혼할 것입니다.

🍃 헌 봉투가 보인 꿈
친한 사람이 서거한 소식을 받을 흉조입니다.

🍃 봉투에다 주소를 써넣은 꿈
실업자는 일자리를 얻을 수 있습니다.

22장_물건 • 생활도구에 관한 꿈 407

🍃 남이 자기에게 봉투를 주는 꿈
이는 잔치에 초대될 꿈입니다.

🍃 봉투를 사는 꿈
출국한 친구를 걱정할 꿈입니다.

잉크

🍃 잉크가 보인 꿈
모든 것이 당신 뜻대로 잘될 징조입니다.

🍃 잉크가 쏟아진 꿈
장사가 잘될 징조입니다.

🍃 잉크를 만든 꿈
돈 벌 수 있는 장사를 할 꿈자립니다.

🍃 잉크를 다른 사람에게 준 꿈
벗의 도움이 있어야만 무엇이든 성공할 수 있음을 의미합니다.

필기구

🍃 등사판용의 철필을 본 꿈
당신의 위신이 아주 높아질 것입니다.

🍃 만년필이 보인 꿈
장사가 아주 번창할 것입니다. 미혼 남자는 매력적이고 교양 있는 여
성과 결혼하게 됩니다.

🍃 석필(石筆)을 본 꿈
당신은 가난과 추위에 시달리며 장사도 망치게 됩니다.

거위 깃털로 만든 펜으로 글을 쓴 꿈

당신은 새로운 장사를 시작할 것입니다. 여자가 이 꿈을 꾸면 친정 부모로부터 받은 예물이 남편을 더욱더 부유하게 할 것입니다. 공무원은 고위직으로 승진할 것이고, 실업자는 오래지 않아 사무직을 얻게 됩니다.

낡은 펜 혹은 끝이 무뎌진 펜으로 글을 쓴 꿈

당신은 거의 도산되어 가는 기업의 대표로 위임되어 경제상 손실을 보게 됩니다.

글을 한참 쓰는데 펜 끝이 빠진 꿈

편집하는 사람이 이 꿈을 꾸면 당신은 좌익의 내용을 글로 쓰다가 체포되어 장기형을 살게 될 것입니다.

많은 펜을 본 꿈

당신은 큰 기관의 지도자로 될 것입니다.

펜 장사를 한꿈

당신이 받을 가망성이 없는 빚을 회수하려 공연한 노력을 할 꿈입니다.

펀치(Punch, 종이에 구멍을 뚫는 기계)

펀치를 본 꿈

남자에겐 직장 운이 형통할 꿈입니다만 여자는 모욕을 당하고 모함을 당하게됩니다. 상인은 큰돈을 벌게 되고, 회사원은 승진됩니다. 실업자가 펀치를 보았다면 일자리를 찾을 수 있을 것입니다.

펀치로 종이나 혹은 가죽에 구멍을 뚫는 꿈

당신의 위신에 추락할 꿈입니다. 여자는 머지않아 남편과 이혼을 합니다. 가죽을 만지는 사람이 꿈에 펀치로 종이나 혹은 가죽에 구멍을 뚫었다면 큰 회사에 입사하게 됩니다.

● 펀치로 금속에 구멍을 뚫은 꿈

큰 재난에 부딪칠 꿈입니다. 환자가 이런 꿈을 꿨다면 병상에 오랫동안 누워있게 됩니다.

● 구멍 뚫는 일을 한 꿈

굶주림 시달릴 불길한 징조입니다.

회초리

● 회초리가 보인 꿈

벌을 받을 꿈입니다. 학생이 꾸었다면 낙제할 꿈이고, 회사원 꿈에서 보였다면 해직아니면 강직당할 꿈이며, 기혼 여자 꿈에 보였다면 부부 사이가 나빠질 꿈입니다.

기계, 공구에 관한 꿈

도구

🍃 **자기가 사용하던 도구를 본 꿈**
농민이 이 꿈을 꾸면 전례 없는 대풍(大豊)이 들 것입니다. 수공업자는 전에 없었던 좋은 운수가 생길 꿈입니다.

🍃 **도구를 잃은 꿈**
곡식이 재해를 입거나 혹은 재난이 닥칠 징조입니다.

🍃 **새 도구를 구입한 꿈**
장사가 흥성하여 재물이 많이 들어올 꿈입니다.

망치

🍃 **망치가 보인 꿈**
오래지 않아 벼슬이 높아지고 지위가 오를 꿈자리입니다.

🍃 **망치질을 한 꿈**
난관을 아주 어렵게 넘을 징조입니다.

🍃 **누가 망치로 당신을 내리치는 꿈**
당신의 사업에 많은 라이벌이 나타날 꿈자립니다.

호미

🍃 호미질을 신나게 하는 꿈
평생 고생만 하다가 말년에 가서야 편안한 생활을 할 꿈자립니다. 여자가 꿈에 신나게 호미질을 했다면 이는 남편이 곤경에 처할 꿈이고, 남자는 일체 장애가 다 극복될 징조입니다.

🍃 자신이 호미질을 하는 일에 종사한 꿈
이것은 오직 부지런히 일해야만 생활을 유지할 수 있을 꿈입니다.

구유

🍃 짐승의 구유를 본 꿈
승리의 소식이 잇달아 전해질 꿈입니다. 처녀가 이 꿈을 꾸면 부잣집에 시집을 가게 될 것입니다.

🍃 구유에 꽃이 가득 담긴 꿈
큰돈을 벌 것입니다.

🍃 자신이 구유에 들어가 누워 있는 꿈
적들의 사정이 날이 갈수록 안 좋아질 꿈입니다.

쟁기

🍃 쟁기가 보인 꿈
부유하고 행복해집니다. 농민이 꿈에 쟁기가 보였다면 풍년이 듭니다.

🍃 쟁기질을 한 꿈
결혼한 남자가 이 꿈을 꿨다면 가족이 늘어납니다.

🍃 쟁기질하는 것을 본 꿈

처녀는 자기 힘으로 생활하는 청년에게 시집가게 될 꿈이고, 총각은 여러 처녀와 연애를 하다가 결국에는 젊은 과부하고 결혼할 꿈입니다. 노인이 이런 꿈을 꾸면 오래지 않아 세상을 뜰 것입니다. 상인이 이런 꿈을 꿨다면 장사가 갈수록 번창할 것입니다.

🍃 쟁기질하는 농민을 본 꿈

오래지 않아 당신은 부잣집의 총집사가 될 것입니다.

🍃 불모지를 경작한 꿈

의외의 금전과 재물을 얻게 됩니다.

🍃 쟁기질을 하다가 쟁기가 부러진 꿈

당신은 오랫동안 실직 상태로 있게 될 것입니다.

나사/나사못

🍃 나사를 본 꿈

사업에서 곤란이 생깁니다. 여자가 꿈에 나사를 보게 되면 남편과 별거하는 고통을 참고 견디어야만 할 것입니다.

🍃 나무에 나사못을 받은 꿈

이는 사업이 성공할 꿈입니다. 그러나 목공이 꿈에 나사못을 나무에 박았다면 이는 목공일이 그에게 좋을 것이 없음을 알리는 꿈입니다. 회사원이 이런 꿈을 꿨다면 상사의 칭찬을 받아 승진하게 됩니다.

열쇠

● 잃었던 열쇠를 다시 찾은 꿈
기쁜 일이 끊임없이 생길 꿈입니다.

● 열쇠를 잃은 꿈
모든 희망이 수포로 돌아갈 꿈입니다.

● 열쇠를 사는 꿈
손실을 입을 꿈입니다.

● 남편의 열쇠를 가진 꿈
남편의 돈, 재물을 자유로이 지배할 꿈입니다.

● 열쇠가 끊어진 꿈
장사가 파산할 꿈입니다.

● 강도가 있는 곳에서 열쇠를 찾은 꿈
감옥에 갇힐 꿈자립니다.

자물쇠

● 자물쇠로 잠근 문을 본 꿈
성공의 길에 있었던 장애가 없어질 것입니다.

● 자물쇠를 사는 꿈
살림이 부유해질 꿈입니다.

● 자물쇠를 만든 꿈
당신이 장사에서 많은 이익을 남길 수 있을 꿈입니다.

● 자물쇠를 억지로 비튼 꿈
당신의 생명과 재산이 위협을 받게 됩니다.

● 자물쇠를 억지로 비틀어 문을 연 꿈
사업이 성공할 꿈입니다.

사다리

📎 사다리에 오른 꿈
전국에 이름이 날릴 꿈자립니다. 학생이 사다리에 오른 꿈은 시험에 급제할 꿈입니다.

📎 사다리에서 떨어진 꿈
남에게 없어 보이고 무례한 대우를 받을 꿈입니다. 학생이 사다리에서 떨어진 꿈은 시험에서 낙제할 꿈입니다.

📎 사다리에서 내려오는 꿈
경제적 손실과 명예 손상이 있을 꿈자립니다. 학생은 수험 자격을 취소당하고, 임신부는 유산할 수 있습니다.

📎 자기 사다리를 잃어버릴 꿈
도둑을 조심해야 할 경고입니다.

그물

📎 그물을 본 꿈
이는 당신이 허위적인 사람을 벗으로 사귈 꿈입니다.

📎 그물로 고기잡이를 하는 꿈
재수가 나쁠 꿈입니다.

📎 그물로 새를 잡은 꿈
적에게 전승할 꿈입니다.

📎 어떤 사람이 그물을 들고 당신 쪽으로 걸어온 꿈
이는 적이 음모를 꾀하는 꿈입니다.

📎 그물을 잘라 버린 꿈
모든 고난을 극복할 꿈입니다.

무기, 살상에 관련된 물건에 관한 꿈

무기

● 총을 쏘는꿈

불행이 있을 징조입니다.

● 자기가 총을 쏘려는데 방아쇠를 당기자 총신(銃身)이 터진 꿈

이는 위급한 시기에 벗이든 믿던 사람이든 그 누구나 다 당신을 기만할 수가 있음을 알리는 것입니다.

● 누가 당신을 향해 총을 쏘았지만 탄알이 빗나간 꿈

당신이 범죄자라고 누가 고발할 꿈입니다. 그러나 증거 부족으로 당신은 석방될 것입니다.

● 권총으로 사람을 쏘아 죽인 꿈

당신은 사랑을 잃게 됩니다.

● 권총을 내던진 꿈

장사가 번창할 것입니다. 군인이 권총을 던져 버린 꿈을 꿨다면 발탁될 것입니다.

● 당신이 권총에 맞은 꿈

오래지 않아 당신은 결혼을 하거나 혹은 친척의 혼례에 참석하게 됩니다.

● 권총을 구입하는 꿈

당신은 관직이 오르고 권세도 커질 것입니다.

◍ 권총을 판 꿈
당신은 형사 사건에 연관되어 많은 돈을 잃게 됩니다.

◍ 권총 장사를 한 꿈
당신은 영예로운 직함을 얻게 됩니다.

◍ 남의 권총을 빼앗는 꿈
강도들을 만나게 됩니다.

◍ 권총에 탄알을 넣은 꿈
위급한 시각에 당신은 벗들의 도움을 받게 됩니다.

◍ 권총 한 자루를 얻은 꿈
당신은 덕과 명망이 높아지고 심지어 적들의 칭찬까지 받게 됩니다.

◍ 남에게 권총을 준 꿈
당신이 적에게 도전하여 큰 재난을 일으킬 것입니다.

◍ 권총을 훔친 꿈
어려운 생활을 하게 됩니다.

◍ 권총을 잃어버린 꿈
당신은 가족과 생사고락을 함께 하게 됩니다.

화약

◍ 화약을 본 꿈
수험생의 꿈에 화약이 보이면 시험에서 일등 할 것입니다.

◍ 화약을 만든 꿈
좋은 자리로 전직될 꿈입니다.

칼/검(劍)

● 칼을 본 꿈

재난이 생길 징조입니다. 군대의 지휘관이나 한 무리의 우두머리가
꿈에서 칼을 보았으면 적과의 전쟁에서 전멸의 우려가 있습니다.

● 예리한 검을 본 꿈

당신은 위험에 부딪치게 됩니다. 여인이 꿈에 아주 예리한 보검을 보
았다면 도둑이나 강도가 당신 집에 찾아들 것입니다.

● 검이 칼집에 들어 있는 꿈

요긴한 시기에 벗들의 도움을 받게 됩니다.

● 검이 벽에 걸려 있는꿈

생활이 즐겁고 편안할 것입니다.

● 검으로 남을 찌른 꿈

당신이 적의 공격을 받게 됩니다.

● 남이 검으로 당신을 찌른 꿈

모든 근심 걱정이 없어질 것입니다.

● 남에게 검을 준 꿈

당신은 관운이 형통할 것입니다.

● 다른 사람이 선물하는 검을 받은 꿈

군인은 훈장을 받을 것이고, 상인은 경쟁자를 밀어낼 것입니다.

삼지창

● 삼지창을 본 꿈
모든 곤란이 다 없어지고 맙니다.

● 삼지창으로 다른 사람을 공격한 꿈
적이 당신에게 손실을 조성할 것입니다.

● 남이 삼지창을 들고 당신에게 진격해 온 꿈
당신 생활이 평안할 것입니다.

⓯ 돼지띠 생에 대해서

정직하고 솔직하고 단순하며 아주 강인하다. 이 해에 태어난 사람은 튼튼하고 용감하여 주어진 임무에 모든 힘을 기울여 몰두한다. 그리고 그 일을 끝까지 해낸다. 그는 겉으로는 거칠고 쾌활해 보일지 모르지만 한 꺼풀만 들추면 순금이 틀림없다.

돼지띠는 당신이 마주치는 가장 자연스러운 사람 중의 하나일 것이다. 문자 그대로 된 사람이며 그는 결코 당신의 뒤통수를 치는 일이 없다. 그는 양띠나 토끼띠처럼 우주적 조화를 추구하기 때문에 인기가 있고 따르는 무리가 많다.

물론 다른 사람들과 다투고 의견 차이도 있지만 그에게 공성한 선택의 여지가 주어진다면 불평불만을 하지 않는다. 대결상태에서 남의 화를 돋구고 상황을 악화시키는 것을 꺼리며 과거는 과거로 묻어둔다.

너그러운 돼지띠는 항상 처음부터 신중하게 움직여 타인과 탁월한 신뢰관계를 쌓지만 그렇지 않다면 그것은 결코 노력이 부족해서가 아니다. 그 놀라운 참을성으로 한번에 한 가지 일을 꾸준히 밀고 나간다. 그는 훌륭하고 엄격한 교사의 자질이 있다. 하지만 자유분방한 쾌락 추구로도 유명하다. 그의 부정적인 특성들이 들어날 때는 비행을 저지르기도 한다.

돼지띠는 용띠처럼 당신을 현혹시키지 않고 원숭이띠나 호랑이띠처럼 홀리지도 않으며 뱀띠처럼 최면을 쓰지 않는다. 천천히 당신의 마음을 끌어서 마침내 그 없이는 지낼 수 없게 만든다.

▶내궁합·사주·팔자 中에서

23장

서류·문서·글 등에 관한 꿈

광고

● 신문에 실린 광고를 본 꿈

새로운 지식을 얻을 징조이며 혹은 꿈 꾼 사람이 직장에서 승진할 수도 있습니다.

● 어떤 광고 때문에 자기가 곤경에 빠진 꿈

스스로의 노력만 있으면 어떤 일이든 성공이 있게 될 징조입니다.

책

● 독서를 한 꿈

남자는 사랑을 얻게 됩니다. 여자가 꿈에 독서를 했다면 남편이 전보다 배로 아끼고 사랑해 줄 것입니다. 학생은 시험에서 성적이 우수하게 나올 것 입니다.

● 좋은 책을 읽은꿈

처녀가 이 꿈을 꾸면 지식 있고 수양 높은 남자에게 곧 시집갈 것입니다. 기혼 남자가 책 읽는 꿈을 꾸었으면 귀공자를 낳게 될 것이고 이 아들은 장차 세계에서 유명한 학자가 될 것입니다. 그리고 기혼 여자가 책 읽는 꿈을 꾸면 덕(德)이 있고 재능이 있는 딸을 낳을 길조입니다. 상인이 책을 읽는 꿈을 꾸었다면 이는 곤경에서 벗어날 꿈입니다.

● 나쁜 책을 읽은 꿈

명예가 형편없이 떨어질 수 있습니다.

● 적이 독서를 한 꿈

적들의 명성과 위엄이 세상에 크게 떨쳐질 것입니다.

🍀 아내가 독서를 한 꿈
오래지 않아 기쁜 소식이 있을 것입니다.

공문

🍀 관청에 내는 문서나 혹은 증서에 사인을 한 꿈
파산할 흉조입니다.

🍀 다른 사람을 시켜 공문에 사인한 꿈
명예도 이익도 모두 얻게 되는 꿈입니다.

법률

🍀 법원으로 가는 꿈
빚으로 지내던 생활을 끝낼 꿈입니다.

🍀 자기가 법원의 변호사가 된 꿈
이름이 크게 날릴 꿈입니다.

🍀 법정 심판에 참석한 꿈
결혼한 여자가 이 꿈을 꾸면 남편이 화를 낼 것입니다.

🍀 법률을 열심히 공부하는 꿈
오래지 않아 큰돈을 벌 꿈입니다.

편지

🍃 편지를 쓴 꿈

사랑을 얻을 꿈입니다. 여자가 꿈에 편지를 썼다면 영예가 드높아지
고, 상인은 장사가 국외까지 발전됩니다.

🍃 편지를 많이 받은 꿈

명성을 크게 날릴 꿈입니다.

🍃 편지를 많이 부쳤거나 혹은 많이 받은 꿈

장사가 호전될 꿈입니다.

🍃 편지가 한통 뿐인 꿈

사랑이 계속 발전할 꿈입니다.

🍃 한 청년의 연애편지를 받는 꿈

편지를 받은 처녀는 마음에 드는 남자에게 시집가게 될 것입니다.

🍃 편지를 받지 못한 꿈

장사에서 손해를 보고 살림이 가난해질 꿈입니다.

사전

🍃 사전이 보인 꿈

수심과 고난의 시달림을 받을 흉조입니다.

🍃 사전이 없어진 꿈

고난의 시기에 친구의 버림을 받게 됩니다.

🍃 잃었던 사전을 다시 찾은 꿈

사나운 운수를 당할 꿈자립니다.

신문

● 신문이 보인 꿈
돈이 생길 꿈입니다.

● 신문을 읽는 꿈
당신의 명성이 널리 알려질 것을 의미합니다. 여자가 이런 꿈을 꾸었
다면 자신으로 인해 남편의 명예가 한층 더 높아질 것입니다. 상인은
장사가 성공합니다. 정치가가 이런 꿈을 꿨다면 감옥에 들어갑니다.
그러나 공무원이 이런 꿈을 꿨다면 덕망이 높아지고 명예가 올라갑
니다.

● 누가 자기더러 신문을 읽으라고 한 꿈
이는 당신이 정부 관료의 존중을 받게 될 꿈자리입니다.

● 신문을 사고 또 그것을 좍좍 찢어버린 꿈
퇴직을 당하거나 혹은 시험에서 낙제를 할 징조입니다.

● 신나서 신문을 펼쳐 남에게 보여 준 꿈
이는 명예와 이익에 모두 이익이 있을 꿈입니다.

● 신문을 산 꿈
근심 걱정이 생깁니다.

● 신문을 파는 꿈
장사가 잘될 징조입니다.

통지/경고

🌸 통지나 경고를 받은 꿈
당신은 액운이 내려 연달아 송사를 해야 합니다.

🌸 남에게 통지를 전하는 꿈
당신이 발탁당하는 길조입니다. 하지만 노인 혹은 환자가 꿈에 통지를 받으면 재난이 생깁니다. 감금된 범인이 꿈에 통지를 받았다면 머지않아 석방될 상서입니다.

🌸 적에게 통지를 보내는 꿈
적들과 화해할 꿈입니다.

소설

🌸 소설이 보인 꿈
새 사람을 사귈 꿈입니다.

🌸 소설을 읽는 꿈
당신의 장사와 사업이 모두 순조로울 것입니다. 하지만 학생이 꿈에 소설을 읽거나 샀다면 그의 시험 성적은 별로 좋지 않을 것입니다.

🌸 소설을 쓰는 꿈
당신이 더욱 부유해질 상서입니다.

🌸 다른 사람과 소설 내용에 대해 의논하고 평한 꿈
당신이 총명하고 능란함을 의미합니다.

🌸 자기 연인에게 소설을 선물한 꿈
이는 그녀가 연인의 사랑을 받게 될 좋은 징조입니다.

시

🌸 시를 쓰는 꿈
당신의 수입이 감소됩니다. 회사원이 꿈에 시를 썼다면 재난이 닥칠
것입니다. 학생은 시험에서 뛰어난 성적을 따낼 것입니다.

🌸 시를 읊은 꿈
이 꿈을 꾼 남자는 사회의 존경을 받을 것이고, 여자가 꿈에 시를 읊
었다면 남편의 아낌과 사랑을 평생 누리게 됩니다.

🌸 시 낭송회에 참석한 꿈
당신은 자기가 해낼 수 있는 직무를 담당하게 됩니다.

글

🍃 글을 짓는 꿈
당신의 이름이 전국에 날릴 것입니다.

🍃 남이 글 짓는 것을 본 꿈
근심 걱정에 싸이게 됩니다.

🍃 아내가 글을 짓고 있는 꿈
부부가 갈라서게 됩니다.

🍃 환영사를 읽은 꿈
당신의 명성이 널리 알려집니다.

🍃 땅바닥에 써 있는 글을 읽은 꿈
어떤 사람이 당신을 해하려는 음모를 꾸밀 것입니다.

🍃 돌에 새긴 문장을 읽은 꿈
당신의 뛰어난 지성으로 인해 세상에 이름을 떨치게 됩니다.

● 사람들을 격려하기 위해 글을 쓴 꿈
당신의 직책이 높아지고 직위가 오를 것입니다.

● 판결문을 쓴 꿈
법관이 이 꿈을 꾸면 국민의 추대를 받게 됩니다.

24장

음식에 관한 꿈

음료, 주류에 관한 꿈

술

● 술을 마신 꿈
좋은 상서입니다.

● 많은 술이 병에 담겨 있는 꿈
생활이 부유해집니다.

● 아내나 정부에게 술 한 잔을 권한 꿈
부부간의 애정은 변함없을 것입니다.

● 남편에게 술을 권한 꿈
부인은 오래지 않아 임신하게 됩니다.

● 벗과 함께 술을 마신꿈
생활이 행복하고 안일할 것입니다.

● 술을 보기만 하고 마시지 않은 꿈
굶주림을 겪어야 할 꿈입니다.

● 술을 파는 꿈
친한 사람과 충돌이 생길 꿈입니다.

● 벗에게 술을 선물하는 꿈
생활이 행복하고 아무런 근심 걱정 없을 꿈입니다.

● 술을 크게 한 모금 마신 꿈
재난이 닥칠 징조입니다.

- 술을 실컷 마신 꿈
  이는 결혼할 길조입니다. 하지만 환자가 꿈에 술을 마셨다면 병세가 악화됩 니다.

- 고위 인사와 함께 술을 실컷 마신 꿈
  운수가 좋아 관운이 형통하고 이름이 천하에 날릴 꿈입니다.

- 남을 양식집에 초대하여 당신이 손님에게 술을 권한 꿈
  당신 명성과 위엄이 크게 떨치고 관운이 형통할 것입니다.

- 자신이 술을 마신 꿈
  보배로운 재물이 들어 올 좋은 징조입니다.

- 다른 사람이 술 마시는 꿈
  이는 일 처리에 덤벙거려 자신이 손해를 입을 꿈자립니다.

음료수

- 과일 주스를 시원하게 마신 꿈
  상서입니다.

- 아내나 혹은 연인이 과일 주스를 실컷 마신 꿈
  한평생 즐겁고 행복할 꿈자리입니다.

산유

- 산유(酸乳)가 보인 꿈
  행복이 찾아 올 좋은 징조입니다.

- 산유를 그릇으로 담아서 구입하는 꿈
  수확이 있을 것이지만 먹여 살릴 식솔이 너무 많아 별로 남는 것이 없을 것 입니다.

● 산유를 담은 그릇이 땅에 떨어졌거나 산유가 쏟아진 꿈
　이는 액을 당할 사나운 꿈입니다.

● 산유나 단맛 나는 음료를 마신 꿈
　좋은 운수가 생길 것입니다.

우유

● 우유가 보인 꿈
　당신이 병에 걸릴 꿈입니다.

● 우유를 마신 꿈
　이는 당신이 커다란 손실을 입을 흉조입니다.

● 우유를 판 꿈
　운수가 좋을 꿈입니다.

● 우유를 바닥에 엎지를 꿈
　당신은 고위직에 오르게 될 것입니다.

● 어린이에게 우유를 먹인 꿈
　이 꿈을 꾼 여자의 집안이 행복하고 평안해질 것입니다.

● 물소의 젖을 짜는 꿈
　커다란 유산을 상속받게 될 것입니다.

● 염소젖을 짜는 꿈
　당신이 영예를 획득할 꿈입니다.

● 우유를 저울에 다는 꿈
　장사가 흥할 꿈입니다.

과즙/과일 주스

🍃 **과즙을 마신 꿈**
신체가 건강하고 생활이 부유하고, 행복할 꿈입니다. 기혼 여자는 임신하게 되고, 상인은 장사에서 이익을 볼 것입니다. 환자는 머지않아 신체가 건강하게 될 것입니다.

🍃 **남이 과일 주스를 마시는 꿈**
당신이 하는 모든 일이 틀어지기 시작할 것입니다.

🍃 **아내가 과일 주스를 마신 꿈**
아내가 병에 걸려 의료비 지출이 많아질 것입니다.

🍃 **남편이 과즙을 마신 꿈**
오래지 않아 남편과 별거할 것입니다.

🍃 **친구가 과즙을 마신 꿈**
당신이 공금을 횡령할 것입니다.

🍃 **과일 주스를 만든 꿈**
당신에게 손실이 있을 것입니다.

🍃 **남에게 과즙을 주는 꿈**
사람들이 당신을 좋아할 것입니다.

🍃 **남이 준 과즙을 받은 꿈**
새로운 친구를 사귀게 될 것입니다.

차

● 차를 마신 꿈

남자에게는 생활이 즐겁고 행복할 것이고, 여인은 남편이 당신을 더욱 사랑 할것입니다. 미혼 남자가 이런 꿈을 꾸면 어진 여자와 결혼하게되고, 미혼 여자는 돈 많은 상인에게 시집을 가게 됩니다. 열애 중인 남자가 이 꿈을 꾸면 그들의 애정이 더욱 깊어집니다. 상인은 해외로 출국하고, 환자에게는 귀한 손님이 찾아오십니다.

● 남편에게 찻잔을 받쳐 들어 권한 꿈

임신부가 머지않아 분만하게 됩니다.

● 차를 끓인 꿈

재수 없는 그날이 다가옵니다.

음식에 관한 꿈

 식품

수많은 식량을 본 꿈
당신이 낙심할 일이 생깁니다. 여자가 이 꿈을 꾸면 경제가 쪼들립니다.

양식이 떨어진 꿈
당신에게 재물은 늘어나고 지출은 줄어들게 됩니다.

식품을 받은 꿈
장사에 온힘을 기울이면 큰돈을 벌게 될 것입니다.

식품을 공급한 꿈
당신 지갑에 돈이 떨어질 것입니다.

 밥

밥이 보인 꿈
사업이 순조로울 징조입니다.

밥을 먹는 꿈
병에 걸릴 꿈자립니다.

아침밥을 먹은 꿈
이는 어리석은 일을 저지를 꿈입니다.

● 밥을 짓는 꿈
남자가 이 꿈을 꾸면 딴 살림을 할 징조입니다.

● 산 사람에게 밥을 먹이는 꿈
재산과 보물이 들어올 길조입니다.

● 죽은 사람에게 밥을 먹이는 꿈
질병과 굶주림을 의미합니다.

● 산해진미를 먹는 꿈
큰 재난이 생길 것입니다.

● 조밥에 된장국을 먹는 꿈
운동 경기에서 일등을 할 꿈입니다.

● 쌀밥을 먹은 꿈
당신이 큰돈을 벌어 대단히 기뻐할 꿈입니다. 기혼 여자가 꿈에 쌀밥
을 먹었다면 해산하게 됩니다. 미혼 남자는 오래지 않아 결혼하게 되
고, 환자는 건강을 회복하게 됩니다.

고기

● 싱싱하지 않은 고기를 먹은 꿈
당신이 병에 걸릴 꿈입니다.

● 익은 고기를 먹은 꿈
부자가 될 꿈입니다.

● 생육(生肉)을 먹은 꿈
집안에 분쟁이 생길 꿈입니다.

● 인육(人肉)을 먹는 꿈
크게 돈을 벌어 백만장자가 될 징조입니다.

● 자신이 살찐 뚱보가 된 꿈
앞으로 부자가 되고 옷차림에 신경 쓸 꿈입니다.

● 고기 장사를 하는 꿈
마음에 드는 연인과 결혼할 꿈입니다.

● 정육점이 보인 꿈
집안 살림이 궁핍할 꿈자리입니다.

● 고기를 삶은 꿈
장사가 호전될 징조입니다.

● 고기가 썩은 꿈
병에 걸릴 꿈입니다.

● 사자 고기나 혹은 승냥이 고기를 먹는 꿈
당신의 신경이 혼란스러워질 징조입니다.

● 머리를 떼버린 짐승의 고기를 먹은 꿈
돈을 벌게 될 꿈입니다.

부침개

● 밀가루 부침개를 본 꿈
이는 배불리 먹지 못하거나 혹은 굶어 죽을 꿈입니다.

● 불에 구운 떡이 많이 있는 것을본꿈
생활이 부유해질 꿈입니다.

● 가게에서 불에 구운 떡을 하나 사 온 꿈
생존을 위해서는 필사적으로 싸워야 할 꿈입니다.

● 부침개를 만든 꿈
가정생활이 개선될 것입니다. 왜냐하면 이러한 꿈은 여인의 생활이
근검함을 의미하기 때문입니다.

🍃 가는 곳마다 부침개를 부치고 있고 자신이 또 스스로 부침개를 먹고 있는 꿈
자신들이 행복하게 생활할 좋은 꿈입니다.

🍃 부침개를 여러 사람에게 나눠주는 꿈
좋은 이름이 널리 알려질 징조입니다.

🍃 부침개를 태운 꿈
누군가 죽을 나쁜 꿈입니다.

🍃 부침개를 사는 꿈
장사가 잘될 좋은 징조입니다.

떡

🍃 밀가루를 발효시켜 만든 떡을 본 꿈
당신 지갑이 무일푼이 됩니다. 여자가 이 꿈을 꾸면 가족과 언쟁을 하게 됩니다.

🍃 발효해 만든 밀가루 떡을 먹은 꿈
건강이 갈수록 나빠질 것입니다. 환자가 이 꿈을 꾸면 병상에서 오랫동안 일어나지 못합니다.

🍃 남에게 발효시켜 만든 밀가루 떡을 준 꿈
좋은 벗을 사귀게 됩니다.

빵

🍃 빵을 본 꿈
기쁜 소식이 있을 꿈입니다. 여인이 이 꿈을 꾸게 되면 오래지 않아 친정으로 가게 됩니다.

📎 빵을 먹는 꿈
생활이 즐겁고 행복할 꿈입니다. 여인이 이 꿈을 꾸면 아이의 신체가 튼튼할 것이고, 상인은 장사가 번창할 것입니다. 환자가 이 꿈을 꾸면 건강이 회복됩니다. 여행자가 꿈에 빵을 먹었다면 여행이 성공할 것입니다.

📎 남이 빵을 먹는꿈
재난이 생길 꿈입니다.

 김치

📎 김치를 먹은 꿈
당신의 건강은 갈수록 나빠질 것입니다. 기혼 남자가 김치를 먹었다면 결혼식에 초대되어 갈 것이고, 미혼 남자는 연인을 더욱더 사랑하게 될 것입니다. 환자가 꿈에 김치를 먹었다면 건강이 곧 회복될 것입니다.

📎 김치를 만드는 꿈
상서로서 집안 살림에 근심 걱정이 모두 없어질 것입니다.

📎 김치를 파는 꿈
벗이 손실을 볼 꿈입니다.

📎 남에게 김치를 주는 꿈
가장 친한 벗과 소식을 끊을 꿈입니다.

📎 상한 김치를 먹는 꿈
재난에 부딪칠 꿈입니다.

야채국

● 야채 국을 본 꿈

오래지 않아 기쁜 소식이 들려옵니다. 여자 꿈에 야채 국을 보았다면 오래지 않아 초청되어 결혼식에 참석하게 됩니다.

● 야채 국을 먹은꿈

이는 오래지 않아 귀중한 예물을 선물 받을 상서입니다. 기혼 여자가 이런 꿈을 꾸면 임신하게 되고, 환자는 병세가 호전됩니다. 상인은 출국하여 큰 돈을 벌게 됩니다. 하지만 여행자가 꿈에 야채수프를 마셨다면 여행 중에 병이 생길 것입니다.

● 남에게 야채 국을 준 꿈

집에 기쁜 일이 생깁니다.

소시지

● 소시지를 먹는 꿈

남자는 파산할 것이고, 여자는 배가 아플 것입니다.

● 소시지를 만드는 꿈

불길한 꿈입니다.

● 소시지를 사는 꿈

손님이 찾아올 꿈입니다.

양념, 간식 등에 관한 꿈

식초

🍃 식초를 만드는 꿈

남자가 이 꿈을 꾸면 친척에게 화를 내거나 혹은 친구와 다툼이 생기게 됩니다. 여자는 큰소리로 말다툼하기 좋아하는 여자가 될 것이고, 그리하여 온 집안이 그녀 때문에 조용하고 편안할 날이 없을 것입니다. 환자가 식초 만드는 꿈을 꾸었다면 성격이 조급하고 난폭하게 되어 의사, 간호원과 크게 싸워 치료를 제대로 받지 못해 병세가 악화됩니다. 상인이 식초를 만드는 꿈을 꾸면 고객과 말다툼을 하여 장사에 손실을 보게 됩니다.

🍃 남에게 식초를 주는 꿈

당신 명성과 위엄이 널리 알려질 것입니다.

🍃 남이 주는 식초를 받은 꿈

오래지 않아 위험에 처합니다.

고추장

🍃 고추장을 먹은 꿈

운수가 좋으며 오래 살 꿈입니다. 노인이 고추장을 먹었다면 자손이 번창하고 마음이 유쾌해질 꿈자리입니다.

● 다른 사람이 고추장을 들고 있는 꿈
불길한 꿈입니다.

● 고추장을 만드는 꿈
신체가 건강해질 꿈입니다.

겨자

● 겨자를 본 꿈
몸이 쇠약해지고 불행해질 꿈입니다.

● 겨자씨를 손에 쥔 꿈
장사는 부진하고 곤란이 첩첩산중으로 당신의 길을 가로막을 것입니다.

● 겨자기름을 짠 꿈
장사에서 큰돈을 벌 것입니다.

● 당신에게 준다고 집 주변에 겨자씨를 잔뜩 뿌린 꿈
당신이 중병으로 누운 후 장기간 일어나지 못할 것입니다.

● 낯선 사람이 겨자씨를 당신에게 선물한 꿈
이는 당신이 벗들의 도움으로 돈을 벌 사업을 찾을 수 있음을 의미합니다.

● 자신이 겨자씨를 맷돌에 간 꿈
이 꿈을 꾼 여자는 시집에 행복과 즐거움을 줄 것입니다.

● 겨자기름으로 마사지하려고 스스로 겨자씨를 맷돌에 간 꿈
이 꿈을 꾼 환자는 오래지 않아 건강을 회복할 것입니다.

● 겨자씨를 구입한 꿈
새로운 재난이 닥칠 것입니다.

후추

● 후추를 본 꿈

신체가 건강해집니다. 하지만 환자가 꿈에 후추를 보게 되면 병상에서 일어나지 못하고 생명이 위급해질 것입니다.

● 후추를 먹은 꿈

건강한 남자가 이 꿈을 꾸면 병이 생깁니다. 그러나 환자가 꿈에 후추를 먹으면 오래지 않아 건강이 회복됩니다.

● 후추 장사를 한 꿈

오래지 않아 전염병이 발생합니다.

● 후추를 맷돌에 가는 꿈

이웃이 앓아눕게 되고 당신이 가서 돌보지 않을 수 없게 됩니다.

● 낯선 사람이 당신에게 후추를 선물한 꿈

꼭 필요할 때 낯선 사람이 당신에게 도움을 줄 것입니다.

● 주택 둘레에 후추가 잔뜩 뿌려져 있는 꿈

가정에 귀찮은 일이 생길 것입니다.

● 당신 반찬에 후추가 너무 많이 들어 있는 꿈

당신과 아내 사이가 벌어질 것입니다.

● 어떤 사람이 당신 머리에 후추 알을 뿌린 꿈

모든 고난이 다 지나가 버립니다.

● 손에 쥐었던 후추를 땅에 흘린 꿈

여행 중 당신이 어리석은 짓을 하여 손실을 입게 됩니다.

소금

🍃 소금을 먹는 꿈
당신의 신체가 건강해지고 생활이 행복할 길조입니다. 기혼 여자가
이 같은 꿈을 꾸게되면 잘생기고 건강한 아기를 낳게 됩니다. 환자가
이 꿈을 꾸면 신체가 튼튼하고 건강해질 것입니다.

🍃 소금을 만든 꿈
이는 걱정과 불행이 닥쳐올 흉조입니다.

🍃 소금을 산 꿈
가정에 식솔이 불어납니다.

🍃 소금을 판 꿈
사람들이 당신을 좋아할 것입니다.

🍃 소금 가루를 낸꿈
가정 살림을 잘 꾸릴 것입니다.

🍃 음식에 소금을 넣은 꿈
이는 당신에게 재난과 빈곤이 닥칠 불길한 징조입니다.

양념

🍃 양념으로 음식의 맛을 조절한 꿈
남자는 오래지 않아 초청되어 연회에 참석하겠지만, 여자는 병으로
앓게 됩니다. 환자가 이 꿈을 꾸면 병이 오래도록 낫지 않습니다.

🍃 조미료를 산 꿈
자녀가 결혼하여 자립하게 됩니다.

🍃 양념들을 판매한 꿈
당신이 무일푼이 될 꿈입니다.

🍃 양념을 먹은 꿈
상인은 집을 떠나 외출하고, 여자는 남편이 부유해집니다.

백설탕

🍃 백설탕을 먹은 꿈

결혼한 남자는 운수가 좋을 것이고, 기혼 여자는 고운 아기를 낳을 것입니다. 미혼 남자가 이런 꿈을 꾸면 몸가짐이 의젓하고 성질이 온화한 처녀와 결혼하게 됩니다. 하지만 환자가 이런 꿈을 꾸면 오랫동안 병이 낫지 않을 것입니다.

🍃 백설탕을 만든 꿈

당신은 유익한 일자리를 맡아 할 것입니다.

🍃 백설탕을 구입한 꿈

행복한 생활이 곧 시작됩니다.

🍃 백설탕을 판매한 꿈

사업이나 장사가 손실을 입게 됩니다.

🍃 백설탕을 남에게 선물한 꿈

친구의 반대를 받게 됩니다.

🍃 백설탕을 가진 꿈

당신 이름이 널리 알려지고 관운도 형통될 것입니다.

크림

🍃 크림(cream)이 보인 꿈

고난을 이겨낼 수 있습니다.

🍃 크림을 먹은 꿈

정든 사람과 결혼하고 또 승진될 꿈입니다. 상인이 크림을 먹는 꿈을 꾸면 좋은 일이 생길 것입니다.

🍃 크림을 구입하는 꿈

운수가 좋을 꿈입니다.

◢ 우유에서 크림을 걷어내는 꿈
사업과 생활이 매우 순조로울 꿈입니다.

버터

◢ 버터(butter)가 보인 꿈
운수가 좋을 징조입니다.

◢ 버터 장사한 꿈
운수가 사나워 그날그날을 겨우 굶지나 않고 살아가는 형편일 것입니다.

◢ 버터에 유해 물질을 섞어 넣은 꿈
친구의 속임에 넘어갈 징조입니다.

◢ 누가 자기를 향해 버터를 뿌린 꿈
이는 큰 재난에 부딪칠 흉한 꿈자립니다.

◢ 버터를 먹은 꿈
회사원은 승진될 것이고, 상인은 재물 운이 트일 것입니다.

◢ 버터를 구입한 꿈
운수 좋을 꿈입니다.

◢ 우유에서 버터를 걷어 내는 꿈
사업이 대단히 순조로울 꿈입니다.

꿀

◢ 꿀을 먹는꿈
행복과 쾌락을 상징하는 꿈입니다. 환자가 꿈에 꿀을 보면 신체가 건강해질 징조입니다.

🍃 꿀을 사는꿈
병에 걸릴 꿈자립니다.

🍃 꿀을 젓는꿈
떠돌이 생활을 하며 지낼 꿈입니다.

🍃 꿈을 파는꿈
부자가 될 꿈자립니다.

🍃 어느 여자가 꿀을 선물로 보낸 꿈
이는 연인이 당신과 결혼할 것을 응낙할 꿈자립니다. 기혼 남자에겐
아내의 지극한 사랑을 받을 징조입니다.

잼(Jam)

🍃 잼(jam)을 먹는 꿈
생활이 행복할 꿈자립니다. 기혼 여자가 사과 잼을 먹은 꿈을 꾸면
예쁘게 생긴 아들을 낳을 꿈입니다. 환자는 건강을 회복합니다.

🍃 잼을 담은 포장이 터져 버린 꿈
당신이 잠시 어리석은 짓을 해서 자신의 행복을 망쳐 버릴 꿈입니다.

🍃 잼을 만드는 꿈
좋은 일자리가 생길 꿈입니다.

건과

🍃 건과가 보인 꿈
부자가 됩니다.

🍃 낯선 사람이 당신에게 건과를 선물하는 꿈
오래지 않아 당신은 친척의 결혼식에 참석할 것입니다.

🌸 건과를 먹은 꿈
이는 위병에 걸릴 꿈입니다.

🌸 건과를 판 꿈
자녀는 많이 낳을 꿈입니다.

 # 사탕/과자

🌸 사탕·과자를 먹은 꿈
좋은 운수가 찾아올 것입니다. 기혼 여자는 초청되어 친정 결혼식에 참석하게 되고, 미혼 남자는 당신의 결혼식을 성대하고 호화롭게 치를 것입니다.

🌸 사탕·과자를 만든 꿈
당신이 눈병에 걸릴 것입니다. 여자가 이런 꿈을 꾸면 곤경에 빠지게 됩니다. 환자가 꿈에 사탕·과자를 먹었다면 병이 오랫동안 낫지 않을 것입니다. 죄수에게는 친구가 면회를 올 것입니다.

🌸 남에게 사탕·과자를 선물한 꿈
당신은 발탁됩니다.

🌸 남이 준 사탕·과자를 받은 꿈
당신 권세가 더 커질 것입니다.

🌸 많은 과자를 본꿈
운수가 좋을 징조입니다.

🌸 흰색 과자를 본꿈
행복할 꿈입니다.

🌸 연한 황색 과자를 본꿈
곧 결혼할 꿈입니다.

🌸 검게 탄 과자가 보인 꿈
가족 중 누가 앓아누울 꿈입니다.